Bosquejos Expositivos de la Biblia

NUEVO TESTAMENTO

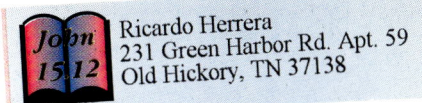

WARREN W. WIERSBE

BOSQUEJOS EXPOSITIVOS DE LA BIBLIA

NUEVO TESTAMENTO
TOMO V COLOSENSES–APOCALIPSIS

CARIBE

© 1995 **Editorial Caribe, Inc.**
P.O. Box 141000
Nashville,TN 37214-1000 EE.UU.

Título del original en inglés:
Wiersbe's Expository Outlines
on the New Testament
© 1992 SP Publications, Inc.
Publicado por *Victor Books*

A menos que se indique lo contrario,
los pasajes bíblicos con lenguaje contem-
poráneo son traducciones libres del inglés.
El resto se tomó de la Versión RV,
© 1960, Sociedad Bíblica en América Latina.

Traductor: *Miguel A. Mesías*

ISBN: 0-89922-583-7

Reservados todos los derechos.
Prohibida la reproducción total o
parcial de esta obra sin la debida
autorización de los editores.

Impreso en EE.UU.
Printed in U.S.A.

Contenido

Prefacio	9
Colosenses	11
1 Tesalonicenses	25
2 Tesalonicenses	41
1 Timoteo	49
2 Timoteo	69
Tito	83
Filemón	95
Hebreos	101
Santiago	139
1 Pedro	157
2 Pedro	175
1 Juan	183
2 Juan	197
3 Juan	199
Judas	201
Apocalipsis	205

Dedicado con aprecio
y agradecimiento
a la memoria del
Dr. D.B. Eastep (1900-1962),
amoroso y fiel pastor,
talentoso expositor
de la Palabra
y piadoso mentor
de todos los pastores.

PREFACIO

El propósito de esta colección es llevarle a través de la Biblia, darle la oportunidad de estudiar cada libro y capítulo, y descubrir cómo encajan en la revelación total que Dios nos ha dado de Cristo y de su obra redentora. Los estudios son concisos y prácticos, especialmente apropiados para clases de Escuela Dominical y grupos de estudio bíblico que deseen examinar la Palabra de Dios de una manera sistemática.

Estos estudios surgieron de las lecciones que preparé para la Calvary Baptist Church, Covington, Kentucky, Estados Unidos, cuando ministré allí entre 1961 y 1971. Mi piadoso predecesor, el Dr. D.B. Eastep, había confeccionado «The Whole Bible Study Course» [El curso de estudio de toda la Biblia], el cual llevaba al estudiante a recorrer toda la Biblia en siete años, tres en el Antiguo Testamento y cuatro en el Nuevo. Las lecciones se reproducían y se distribuían semana tras semana a los estudiantes de la Escuela Bíblica. Finalmente, cuando empezaron a llegar peticiones de parte de otras iglesias que querían seguir el mismo plan de estudios, las lecciones fueron compiladas en forma de cuadernos y publicadas por Calvary Book Room [Sala de lectura Calvario], el ministerio de literatura de la iglesia. Miles de juegos de estos bosquejos se han distribuido por todo el mundo y el Señor se ha complacido en bendecirlos de manera singular.

Cuando decidí que era tiempo de publicar estos estudios en una forma más permanente, hablé con Mark Sweeney, de la Editorial Victor Books; y él se mostró más que dispuesto a trabajar junto a mí en el proyecto. He revisado y puesto al día el material, y añadido bosquejos en 1 y 2 Crónicas que no estaban en los estudios originales; pero no ha habido ningún cambio en la posición teológica o las interpretaciones básicas.

Si usted ha usado alguno de los volúmenes de mi serie *Usted puede*, reconocerá en estos estudios un enfoque similar. Sin embargo, en esta colección hay material que no se halla en dicha serie; y el enfoque aquí es capítulo por capítulo antes que versículo por versículo. Incluso, si tiene mi *Bible Exposition Commentary* [Comentario expositivo de la Biblia], hallará este volumen útil en sus estudios.

Quiero dejar constancia de mi profundo aprecio a la esposa del Dr. D.B. Eastep, por los muchos años que dirigió el Calvary Book Room, y quien supervisó la publicación y distribución de la obra original *Bosquejos expositivos de la Biblia*. Ella y su personal aceptaron esta difícil tarea como un ministerio de amor, por el cual el Señor les recompensó abundantemente. No puedo ni empezar a nombrar a cada una de las amadas personas de la Calvary Baptist Church que han tenido parte en producir las hojas originales de las lecciones y luego los cuadernos, pero ellas saben quiénes son y que los amo y aprecio su ministerio sacrificial. Algunos ya están en el cielo y saben de primera mano cómo Dios ha usado en todo el mundo estos sencillos estudios para ganar a los perdidos y edificar a su Iglesia.

Robert Hosack, mi editor en la editorial Victor Books, merece un agradecimiento especial por su paciencia y estímulo, particularmente cuando batallaba por conseguir que el programa de la computadora trabajara de manera adecuada para poder editar el material con rapidez.

Finalmente, a mi esposa Betty que con toda seguridad la están considerando para una corona especial de manera que la recompensen por todas las horas que me dio para estudiar la Biblia y escribir mientras estos estudios estaban en preparación. No fue fácil para el pastor de una iglesia grande y en crecimiento, y padre de cuatro hijos activos, encontrar tiempo para escribir estas lecciones; pero Betty siempre estuvo lista para mantener la casa marchando normalmente, para controlar las llamadas telefónicas y las interrupciones, y para estimularme a practicar la filosofía de Pablo de «una cosa hago».

Mi oración es que esta nueva edición de los *Bosquejos expositivos de la Biblia* tengan un ministerio amplio y fructífero para la gloria de Dios.

Warren W. Wiersbe

COLOSENSES

Bosquejo sugerido de Colosenses

I. Doctrina: Declaración de la preeminencia de Cristo (1)
   A. En el mensaje del evangelio (1.1-12)
   B. En la cruz (1.13,14)
   C. En la creación (1.15-17)
   D. En la Iglesia (1.18-23)
   E. En el ministerio de Pablo (1.24-29)

II. Peligro: Defensa de la preeminencia de Cristo (2)
   A. Cuidarse de las filosofías huecas (2.1-10)
   B. Cuidarse del legalismo religioso (2.11-17)
   C. Cuidarse de la disciplina y el ascetismo que el hombre inventa (2.18-23)

III. Deber: Mostrar la preeminencia de Cristo (3–4)
   A. En la pureza personal (3.1-11)
   B. En el compañerismo cristiano (3.12-17)
   C. En el hogar (3.18-21)
   D. En el trabajo diario (3.22–4.1)
   E. En el testimonio cristiano (4.2-6)
   F. En el servicio cristiano (4.7-18)

Colosenses hace hincapié en Cristo, la cabeza del cuerpo, en tanto que Efesios lo hace en la Iglesia como el cuerpo de Cristo. Estas dos cartas se complementan mutuamente; a decir verdad, se puede encontrar muchos paralelos entre ellas. Al enfatizar en Cristo como la Cabeza de la Iglesia, Pablo muestra que nuestro Señor es todo suficiente para nuestras necesidades.

Notas preliminares a Colosenses

I. La ciudad

Colosas era una de tres ciudades (Hierápolis y Laodicea eran las otras dos) localizadas a unos doscientos kilómetros al sureste de Éfeso. Esta era un área rica tanto en riqueza mineral como en comercio, con una numerosa población judía y gentil. Estas tres ciudades estaban casi a la vista la una de la otra.

II. La iglesia

Pablo nunca visitó Colosas (véase 2.1). Durante sus tres años de ministerio en Éfeso «toda Asia» oyó el evangelio (Hch 19.10,26). Uno de los convertidos por Pablo en Éfeso fue un hombre llamado Epafras, cuya residencia estaba en Colosas. Epafras llevó el mensaje del evangelio a su regreso a su hogar y mediante su ministerio fundó la iglesia (1.4-7; 4.12,13). Este grupo tal vez se reunía en la casa de Filemón, el cual vivía en Colosas (Col 4.9; Flm).

III. La crisis

Pablo estaba ahora preso en Roma. Epafras fue a visitarle e informarle que una nueva enseñanza estaba invadiendo la iglesia y causando problemas. Esta herejía hoy se le conoce generalmente como el «gnosticismo», que procede de la palabra griega *gnosis*, la cual significa «conocer». Los gnósticos insistían en «el saber», o sea, profesaban tener un conocimiento superior de las cosas espirituales. Su doctrina era una extraña mezcla de verdad cristiana, legalismo judío, filosofía griega y misticismo oriental.

Por un lado, estos herejes enseñaban que toda la materia es mala, incluyendo el cuerpo; y por consiguiente Dios no podía entrar en contacto con la materia. ¿Cómo, entonces, fue creado el mundo? Por una serie de «emanaciones» de Dios, aducían. Y, puesto que Cristo tuvo un cuerpo humano, fue sólo una de estas «emanaciones» y no verdaderamente el Hijo de Dios. Los gnósticos proponían una compleja serie de «emanaciones» (incluyendo a los ángeles) entre el hombre y Dios, y de este modo negaban la preeminencia de Cristo.

Pretendían que su sistema le daba al creyente un «conocimiento pleno» especial, que otros no poseían. A los gnósticos les encantaba usar la palabra «plenitud» y por eso se encuentra que Pablo la usa muchas veces en esta carta. Su doctrina exigía prácticas legalistas (2.16) y estricta disciplina de la carne (ascetismo, 2.18-23). «¡No toques, no gustes, no manejes!» Era parte de sus reglas. Enseñaban que ciertos días eran santos y que ciertos alimentos eran pecaminosos. El sistema gnóstico tenía una apariencia de espiritualidad, pero sin valor espiritual (véase Col 2.21-23).

IV. La correspondencia

Tal parece que Pablo envió de regreso a Colosas a Onésimo y a Epafras, junto a Tíquico, con las cartas a los cristianos colosenses, a los efesios (Ef 6.21,22) y a su amigo Filemón. Algunos eruditos piensan que la carta a los cristianos de Laodicea (Col 4.16) es la que nosotros conocemos como Efesios.

Colosenses hace hincapié en la preeminencia de Cristo. Al leerla, note cómo se repiten las palabras «todo», «plenitud» y «lleno» (véanse 1.9-11,16-20,28; 2.2,3,9,10,13,19; 3.8,11,14,16,17,20,22; 4.9,12). El tema de Pablo es «Cristo es todo y en todos» (3.11) y que estamos «completos en Él» (2.10). Puesto que los creyentes están completos en Cristo, ¡Él es todo lo que necesitan! El legalismo, las filosofías de cosecha humana, dietas estrictas, observación obligatoria de días santos, disciplina de la carne, todo esto debe desaparecer cuando se le da a Cristo su lugar de preeminencia. Colosenses es un ruego por la madurez espiritual (nótese la oración en 1.9-12). Las prácticas religiosas hechas en la carne pueden aparentar espiritualidad, pero no tienen ningún valor para la vida interna de la persona. Qué fácil es incluso para los cristianos evangélicos sustituir reglas de cosecha humana por la verdadera espiritualidad.

COLOSENSES 1

Mucha gente en el día de hoy, como los falsos maestros en Colosas, le dan a Jesucristo un lugar de eminencia, pero no le dan su lugar correcto de preeminencia. Él no es «un gran hombre entre los grandes»; es el Hijo de Dios, ¡Él tiene la preeminencia en todas las cosas! En este primer capítulo el apóstol declara la preeminencia de Cristo en varias áreas de la vida.

I. Preeminencia en el mensaje del evangelio (1.1-12)

Los falsos maestros tenían un mensaje, pero su mensaje no tenía ningún poder. Enseñaban acerca de los ángeles, «emanaciones» de Dios, reglas legalistas y disciplina corporal, pero su mensaje no tenían ningún poder para transformar vidas. En estos versículos Pablo repasa el efecto que el evangelio de Cristo tuvo en los colosenses. Él no había visitado personalmente a esta iglesia, pero había oído de Epafras las buenas nuevas de su salvación (vv. 4,7).

A. Cómo se salvaron.

Al parecer, Epafras oyó el evangelio de Cristo por boca de Pablo en Éfeso y llevó consigo este mensaje que cambia la vida al regresar a Colosas (v. 7). El testimonio debe empezar en casa (Mc 5.19). Epafras les dio «la palabra verdadera del evangelio» (v. 5), en contraste con las mentiras de los falsos maestros. La fe viene por el oír; estas personas oyeron el evangelio, creyeron y se salvaron.

B. Las evidencias de su salvación.

Estos creyentes demostraron fe, esperanza y amor (vv. 4-5,8). Solamente Jesucristo puede dar fe, cambiar un corazón egoísta en uno de amor y dar una bendita esperanza para el futuro. La Palabra dio fruto en sus vidas (v. 6); fruto es la evidencia de la verdadera salvación (Mt 13.23).

C. Pablo ora por el crecimiento (vv. 9-12).

Puesto que la salvación es una experiencia personal con Jesucristo y no la sencilla aceptación de un conjunto de doctrinas, un creyente puede experimentar crecimiento y desarrollo diario. Los herejes enseñaban una «plenitud» mística que sus seguidores al parecer podrían obtener; pero aquí Pablo afirma que cada creyente en Cristo puede ser lleno. Hemos sido hechos «completos en Él» (2.9,10); ahora ora para que puedan disfrutar esta plenitud en sus vidas diarias. Note las peticiones que hace: (1) que puedan conocer la voluntad de Dios ; (2) que anden de tal manera que agrade a Dios; (3) que se esfuercen por llevar fruto; (4) que comprendan mejor la Palabra; y (5) que conozcan el glorioso poder de Dios. Estas son cosas que los herejes les prometían falsamente a sus seguidores, pero estas bendiciones pueden hallarse sólo en Cristo. ¡Él es preeminente!

II. Preeminencia en la cruz (1.13,14)

Es su cruz la que hace que Jesucristo sobresalga, de los hombros arriba, más que cualquier otra persona en la historia. Los líderes religiosos han muerto, pero únicamente Cristo, el Hijo de Dios, murió en la cruz por los pecados del mundo. El cuadro que se presenta en estos versículos es el de un gran general que libera de la esclavitud a una nación y lleva al pueblo a una nueva tierra de bendición. ¿Qué ángel alguna vez murió para redimir a los pecadores (ponerlos en libertad)? ¿Qué reglas religiosas alguna vez dieron perdón? Es la cruz lo que coloca a Jesucristo por sobre todas las cosas.

III. Preeminencia en la creación (1.15-17)

Los maestros gnósticos aducían que Dios hizo los mundos mediante una serie de «emanaciones» de sí mismo y que Cristo era una de esas emanaciones. Pablo afirma que Cristo no es ninguna emanación de Dios, sino ¡Dios mismo! «Imagen» aquí significa «reproducción exacta». Cristo no sólo es una de las criaturas de Dios, sino lo más alto (primogénito) de toda la creación. ¡El término «primogénito» aquí no se refiere a tiempo (como si Cristo fuera lo que Dios creó en primer lugar), sino a posición! Todas las cosas fueron creadas por Él (véase Jn 1) y para Él: Él mantiene unidas todas las cosas («subsisten» significa «mantener unidas».)

IV. Preeminencia en la Iglesia (1.18-23)

La Iglesia es su cuerpo y Él es la Cabeza. La Iglesia es la nueva creación y Él es «el principio», o sea, el que da origen a la nueva creación. Su resurrección le da el título al trono de la preeminencia, porque es el «primogénito» de entre los muertos, es decir, el primero que resucitó de entre los muertos para nunca morir otra vez. Note la repetición de la palabra «todo» en este capítulo, mostrando el reinado universal de Jesucristo sobre todo lo que existe.

Los detalles del significado de «el cuerpo» se dan en Efesios 2.11ss; este pasaje describe cómo Cristo hizo la paz entre los judíos y gentiles, y reconcilió a ambos en un solo cuerpo, la Iglesia. Pero su cruz no sólo reconcilió a judíos y gentiles; también hizo posible la reconciliación de «todas las cosas», ¡el universo entero! Pablo aplica esto a los creyentes personalmente (vv. 21-23), recordándoles que Cristo ha cambiado por completo sus vidas y les ha reconciliado con Dios. Los falsos maestros pueden pregonar enmarañadas doctrinas acerca de los ángeles y de las «emanaciones», pero Cristo todavía tiene la preeminencia como la Cabeza de la Iglesia. Él es «el primogénito» de la creación (v. 15) y de los muertos (v. 18), lo que indica su prioridad y soberanía.

V. Preeminencia en el ministerio de Pablo (1.24-29)

¡Qué necio hubiera sido que Pablo sufriera por un Cristo que era sólo una «emanación»! ¡Por qué arriesgarse a la muerte para decirle a la gente que Jesús no es preeminente! Las primeras palabras de Pablo cuando vio al

Salvador glorificado fueron: «¿Quién eres, Señor?» El señorío de Cristo, su preeminencia sobre todas las cosas, era el latido de la vida y ministerio de Pablo. Él veía sus sufrimientos personales como sufrimiento por amor a Cristo. En el versículo 24 Pablo no dice que habían sufrido como Cristo sufrió, ni que sus sufrimientos eran parte del sufrimiento de Cristo en la cruz. Más bien lo que expresa es que así como Cristo sufrió por otros, también él sufría por otros, y su sufrimiento era por amor al cuerpo, la Iglesia. La palabra que se usa para «sufrimiento» aquí no es la misma que se usa para los sufrimientos de Cristo en la cruz. Habla más bien de sus sufrimientos durante su ministerio terrenal, sufrimientos que el pueblo de Dios experimenta al procurar vivir por Cristo en un mundo hostil.

Luego Pablo describe «el misterio»: esa verdad acerca de Cristo y de la Iglesia que había estado escondida en tiempos pasados, pero que ahora se revelaba (véase Ef 3). En realidad, Pablo habla de un misterio triple: (1) el misterio de la Iglesia, vv. 24-26; (2) el de cómo Cristo mora en el creyente (v. 27), y (3) el de la Persona de Cristo, la plenitud de Dios, 2.2-3.

Pablo tenía un ministerio equilibrado: predicaba, enseñaba y advertía; procuraba llevar la verdad a todos, no solamente a unos pocos; y su meta era presentar a cada creyente maduro (perfecto) en Cristo. La perfección cristiana no es una ausencia absoluta del pecado, sino madurez, crecer en Cristo en todas las cosas (Ef 4.15). El tema total de Colosenses es: «¡Cristo es todo lo que necesitan!» Somos hechos completos en Él, y esto es todo lo que se necesita. ¡Qué trágico cuando los cristianos sustituyen reglas, disciplinas y rituales de cosecha humana por la plenitud que tenemos en Cristo!

Pero Pablo no desempeña su ministerio por su propio poder; Dios obraba en él y entonces trabajaba para Dios. Véanse Filipenses 1.12,13 y Efesios 3.20,21.

COLOSENSES 2

En este capítulo Pablo llega al corazón del problema y denuncia a los falsos maestros. Asevera claramente la suficiencia de Cristo para toda necesidad. Da tres advertencias y estas son tan necesarias hoy como lo fueron en su día.

I. Cuídense de las filosofías huecas (2.1-10)

La preocupación de Pablo era tan grande que sostenía gran conflicto espiritual, luchando en oración contra Satanás, el cual trataba de descarriar a estos creyentes. Pablo sabía cómo vencer a Satanás: la oración y la Palabra de Dios (Ef 6.17,18). Anhelaba ver a estos santos unidos en Cristo, disfrutando de las riquezas de bendiciones en Él. Los falsos maestros tenían sus filosofías fascinantes, pero en Cristo tenemos «todos los tesoros de la sabiduría y del conocimiento» (v. 3). Cualquier filosofía de cosecha humana que no tiene lugar para Cristo, no es digna de nuestra consideración. Somos ricos en Él;

¿por qué rebajarnos a seguir doctrinas inventadas por los hombres? Que vengan esos maestros religiosos con sus «doctrinas escondidas»; nosotros tenemos toda la sabiduría escondida en Cristo y estamos escondidos «con Cristo en Dios» (3.3).

Las filosofías humanas son atractivas. Alardean de sabiduría e inteligencia y demasiado a menudo los cristianos jóvenes se dejan «seducir» por estas «palabras persuasivas» (v. 4). Qué trágico es cuando los jóvenes acuden a escuelas seculares y caen presa de las filosofías de cosecha humana que niegan a Jesucristo y la Biblia. «Miren que nadie los atrape» («os engañe», v. 8), advierte el apóstol. ¿Cómo ha de vencer el creyente estas filosofías?

A. Anden en Cristo (v. 6).

Así como son salvos por la fe, deben andar por la fe. Así como son salvos por la Palabra, deben andar de acuerdo a la Palabra. Así como son salvos por medio de la obra del Espíritu, deben andar en el Espíritu. La vida cristiana continúa como empezó, por la fe en Dios.

B. Crezcan en Cristo (v. 7).

Tengan raíces que se adentren bien en las riquezas de la Palabra. Tengan cimientos que sean fuertes, colocados sobre Jesucristo. ¡Cuán importante es que la Palabra de Dios nos enseñe! Los creyentes caen presa de las filosofías religiosas a menos que estén arraigados en Cristo, cimentados en la Palabra y edificados en la verdad bíblica.

C. Hagan la prueba con Cristo (v. 8).

Prueben todo sistema que suene altamente religioso preguntando: «¿Le da a Cristo el lugar de preeminencia?» Casi todo sistema religioso actual le da a Cristo un lugar de eminencia, pero sólo el verdadero cristianismo bíblico le da el lugar de preeminencia.

D. Acójanse a su plenitud (vv. 9-10).

Dense cuenta de que no hay sustituto para Cristo y que en Él tenemos todo lo que necesitamos. Cuando los creyentes se alejan para vivir mundanamente, o caen presa de sistemas inventados por los hombres, por lo general se debe a que sienten que les falta algo que Jesucristo no puede suplir. «Vosotros estáis completos en Él» ¡Qué maravillosa posición tenemos en Cristo!

II. Cuídense del legalismo religioso (2.11-17)

Estos falsos maestros habían mezclado el misticismo oriental con la filosofía griega y el legalismo judío... ¡vaya mezcla! Pero a la carne le encanta ser religiosa, siempre y cuando esa religión no tenga una cruz para crucificar a la carne. Los creyentes colosenses estaban involucrados en el legalismo judío: rituales, dietas, días de guardar y otras cosas por el estilo. «¡Ustedes están saliendo de la luz del sol y entrando en las sombras!», exclama Pablo (v. 17). «¡Se están olvidando de la realidad (el cuerpo de Cristo) por el símbolo!» Como el niño que admira la fotografía de su padre mientras que ignora su presencia, así estos cristianos se habían vuelto de la plenitud de Cristo al ABC («rudimentos», 2.8,20) del mundo.

Todo lo que necesitamos lo ha logrado Cristo en la cruz. La circuncisión mencionada en el versículo 11 no es la física del niño (Lc 2.21), sino más bien la muerte de Jesús en la cruz. Así como el agua del bautismo de Cristo fue un símbolo de su bautismo de sufrimiento en la cruz (Lc 12.50), su circuncisión como niño prefiguraba su acción de «echar fuera el cuerpo» cuando llevó nuestros pecados en el Calvario. «Su circuncisión espiritual en Cristo es mucho más maravillosa que los ritos físicos», afirma Pablo. «¿Por qué reemplazar a Cristo con Moisés? ¿Por qué tener un corte físico en lugar de una operación espiritual en el corazón? La circuncisión quita un fragmento de carne del cuerpo, pero nuestra identificación con Cristo echa fuera toda la naturaleza carnal».

Todo esto es posible mediante nuestra unión con Cristo, cuando el Espíritu nos bautizó en su cuerpo. Morimos con Él y resucitamos con Él. Las leyes del antiguo pacto ahora son puestas a un lado; Satanás ha sido derrotado completamente (v. 15); por consiguiente, disfruten de la libertad que tienen en Cristo. «Que nadie les juzgue», urge Pablo (v. 16).

III. Cuídense de las disciplinas inventadas por los hombres (2.18-23)

Cuánto le encanta a la carne el legalismo: ayunos, regulaciones en cuanto a alimentos, disciplinas corporales. Las celebraciones religiosas especiales con sus regulaciones hacen que la gente «se sienta espiritual». «Que nadie asuma el papel de árbitro en su vida» («privar», v. 18). Cuidado con la humildad afectada, una falsificación que trata de imitar humildad espiritual genuina. No es malo ejercer disciplina en el Espíritu de Dios, para la gloria de Dios; pero cuando se la hace en la carne y para nuestra alabanza, se convierte en pecado. Mientras que de todo corazón creemos que los creyentes no deben abusar de su libertad y convertirse en piedras de tropiezo (1 Co 8.9,10), ni por un minuto creemos que el simple hecho de abandonar ciertos hábitos o placeres automáticamente hace espiritual al creyente.

Nuestra relación con Cristo es una unión viva: Él es la Cabeza, nosotros somos miembros del cuerpo. Un cuerpo funciona mediante la nutrición, no por la legislación. ¿Quién puede decirle al estómago: «¡empieza a digerir!, ¡deja de doler!»? ¡Qué necedad! Sin embargo, la gente piensa que la vida del cristiano, tanto en lo personal como colectivamente en la iglesia, puede ser espiritual mediante regulaciones y disciplinas carnales. Creemos en normas («no améis el mundo»), pero rechazamos la idea de que la obediencia externa a las normas necesariamente produce espiritualidad interna. Estamos muertos a los elementos del mundo; estamos vivos en Cristo y Él es todo lo que necesitamos. Obedecer regulaciones hechas por los hombres (vv. 21-23) puede dar a algunas personas la impresión de espiritualidad, pero Pablo afirma sin rodeos que estas prácticas no pueden controlar o vencer a la carne.

Sí, estas regulaciones nos resultan atractivas y pueden parecer que nos ayudan a desarrollar piedad y espiritualidad superior, pero son inútiles en lo que respecta a Dios.

Este, entonces, es el tema principal de Colosenses: todo lo que el creyente necesita es Cristo. Los sistemas y regulaciones que los hombres hacen parecen muy espirituales, pero son sólo principios elementales mundanos («rudimentos», v. 20). Esto es vivir en el «jardín de infantes»; debemos graduarnos a un nivel más alto de cristianismo. Las disciplinas que los hombres imponen (ascetismo) son atractivas, pero a la carne le es imposible autocontrolarse, automejorarse, ni autoperfeccionarse. «¿Habiendo comenzado por el Espíritu, ahora vais a acabar por la carne?», pregunta Gálatas 3.3.

Nuestra unión con Cristo es viva. Esta vida no la puede controlar las leyes humanas, sino únicamente los principios que Dios ha puesto en el cuerpo. Sólo otra vida puede controlar la vida y tenemos su vida en nosotros.

COLOSENSES 3

No es suficiente que Cristo sea preeminente en el evangelio, la cruz, la creación y la Iglesia; también deben ser preeminente en nuestra vida. Pablo afirma muy específicamente cómo debemos «practicar la preeminencia de Cristo».

I. En pureza personal (3.1-11)

«Sí, pues, habéis resucitado con Cristo, buscad (fijad vuestra mente, vuestro afecto en) las cosas de arriba» (v. 1). En otras palabras, que su práctica terrenal sea digna de su posición celestial. Una vez estaban muertos *en* pecado (Ef 2.1-3), pero ahora han muerto *al* pecado. Cristo está en ustedes, la esperanza de gloria (1.27), y algún día pronto esa gloria se revelará (v. 4). En breve, dice Pablo, «¡vivan de acuerdo a lo que Cristo ha hecho por ustedes!» Este simple principio de vida cristiana es más poderoso que todas las reglas y regulaciones que los hombres pueden inventar. «Ustedes están completos en Él» (2.10); ahora vivan esa plenitud en la vida diaria.

Las religiones orientales, griegas y romanas dicen muy poco, o casi nada, respecto a la santidad personal. Una persona puede traer sacrificios, repetir rezos y oraciones, y después retirarse del altar e irse a cometer terribles pecados, y nadie pensará que es contradictorio. ¡Pero no es así en el cristianismo! La nueva vida interna exige que vivamos una nueva vida externa. Puesto que hemos muerto con Cristo, debemos hacer morir (v. 5) la conducta impura (véase Ro 6). «No vivan de la manera en que solían vivir», advierte Pablo, «en la manera en que viven los millares de inconversos. Cristo es su vida y ustedes han muerto con Él. Ahora, dejen que su vida se muestre a través de ustedes día tras día».

En los versículos 8-11 Pablo compara la nueva vida con cambiarse de vestidos: «Quítense los viejos pecados como se quitarían un vestido sucio y pónganse la nueva vida de santidad». Pero nótese que podemos hacer esto debido a que Cristo ya ha quitado el viejo hombre (v. 9); esto es, en Cristo el cuerpo de carne (la naturaleza pecaminosa) ha sido quitado mediante su verdadera circuncisión en la cruz (2.11). La circuncisión física para el judío del AT significaba entrar en una relación de pacto con Dios. Nuestra circuncisión espiritual en Cristo significa que la vieja naturaleza ha sido quitada y que ahora andamos en vida nueva.

II. En el compañerismo cristiano (3.12-17)

En Cristo no hay barreras (v. 11); somos uno en Él, y Él es Todo. Si Cristo es preeminente en nuestras vidas, podremos llevarnos bien con otros para su gloria. Si hay diferencias, la paz de Dios será el «árbitro» (que gobierne) en nuestros corazones según nos alimentamos en la Palabra y adoramos a Cristo. El compañerismo cristiano en la iglesia local no se puede legislar por una constitución, aun cuando las constituciones son útiles; el verdadero compañerismo o comunión debe venir desde adentro, del corazón de los creyentes. Si un creyente está fuera de la comunión con otro creyente, es porque uno o ambos han abandonado la comunión con Dios. «Hacedlo todo en el nombre del Señor Jesús», amonesta Pablo (v. 17). Lea Santiago 4 y verá que las guerras y las rencillas vienen cuando los cristianos hacen cosas por razones egoístas y no para la gloria de Dios. Compare 3.15-18 con Efesios 5.18-22 y verá que ser lleno de la Palabra produce las mismas bendiciones como ser lleno con el Espíritu. Ser lleno con el Espíritu significa ser controlado por la Palabra.

III. En el hogar (3.18-21)

El hogar debe ser el primer lugar donde empiece a trabajar nuestra fe. «Aprendan estos primero a ser piadosos para con su propia familia», ordena 1 Timoteo 5.4. Si la esposa toma su nutrición espiritual de Cristo, la Cabeza (2.19), será sumisa y obediente por causa de Él. Lea en Efesios 5.22ss y 1 Pedro 3 información adicional sobre este tema.

Por supuesto, el esposo también mostrará amor y ternura hacia su esposa y familia. La condición de cabeza del esposo en el hogar es un reflejo de la condición de Cabeza que es Cristo en la Iglesia, conforme a Efesios 5.23ss.

Los hijos deben obedecer a sus padres por causa de Cristo, para agradar al Señor. Es triste cuando los hijos que profesan ser cristianos se rebelan contra sus padres y por lo tanto pecan contra Cristo y contra la Iglesia. Los hijos cristianos deben vivir a la altura de su elevada posición en Cristo como miembros de su cuerpo.

Qué bendiciones vendrían a nuestros hogares si cada miembro de la familia dijera: «Viviré cada día para agradar a Cristo y hacerle preeminente en todo». Habría menos egoísmo y más amor; menos impaciencia y más ternura; menos desperdicio de dinero en cosas necias y más vivir por las cosas que más importan.

IV. En el trabajo diario (3.22–4.16)

En los días de Pablo los esclavos eran parte de la familia, pero podemos aplicar las mismas verdades a los cristianos de hoy, sean empleados o patrones. Pablo recuerda a los siervos que tienen tanto amos según la carne como un Amo celestial, Cristo. El empleado cristiano debe trabajar para honrar y agradar a Cristo. «Sirviendo al ojo» (v. 22) significa trabajar cuando el patrón está observando. ¡Pero el Amo celestial siempre está vigilando! No debemos ser complacedores de hombres, sino complacedores de Cristo.

«Con corazón sincero» implica un corazón con una sola meta: honrar a Cristo. Qué bendición es saber que los empleados cristianos son en realidad ministros de Cristo mientras operan sus maquinarias, usan sus herramientas, conducen sus vehículos, o trabajan en cualquiera que sea la vocación que tienen.

El trabajo debe venir del corazón: «Hacedlo de corazón, como para el Señor». El trabajo a medias es un testimonio pobre. Al obrero infiel y de corazón a medias Cristo lo juzgará cuando Él vuelva, de modo que nos conviene hacer lo mejor que podamos por amor a Cristo.

Los patrones deben conducir sus asuntos como cristianos. No es correcto que el patrón cristiano trate mal a sus obreros cristianos porque todos están en Cristo. Debe darles lo que es justo y equitativo. En estos días de contratos sindicales, las regulaciones del gobierno y las condiciones económicas competitivas, para el empleador cristiano es un desafío darle a Cristo el primer lugar en sus negocios, pero Dios promete honrar al creyente que así lo hace. Si el empleador pone a Cristo primero y le da preeminencia, podrá presentarse ante su Amo con un corazón limpio.

Demasiados cristianos se regocijan en las grandes doctrinas de los capítulos 1–2, pero ignoran los deberes de los capítulos 3–4. El creyente que vive una vida superficial y desobediente realmente no cree en la toda suficiencia de Cristo. Cuando el cristiano depende de la Cabeza (su Salvador resucitado y glorificado) para su nutrición, dirección y sabiduría, descubrirá la vida cristiana madura en su plenitud.

COLOSENSES 4

Pablo continúa con su aplicación de la preeminencia de Cristo en nuestra vida.

I. En el testimonio cristiano (4.2-6)

Pablo estaba preso en Roma, pero esto no lo detuvo en su esfuerzo por testificar de Cristo. Les dice a los creyentes cómo ser testigos eficaces de Cristo.

A. *Velar y orar.*

«Velar» lleva la idea de estar alerta, orando con los ojos abiertos. Esta verdad aparece primero en Nehemías 4.9, cuando el enemigo amenazaba a los judíos mientras estos trataban de reconstruir las murallas de Jerusalén. «Oramos[...] y pusimos guarda», fue la solución de Nehemías; ¡y resultó! La oración nunca debe ser sustituto para nuestra vigilancia. Cristo nos enseña que velar y orar es el camino a la victoria sobre la tentación (Mc 14.38). Debemos velar y orar por oportunidades para testificar y servir. Sin duda Pablo tenía sus ojos abiertos mientras oraba por ese carcelero filipense; cuando el apóstol vio al hombre empuñar su espada gritó con fuerza y lo detuvo (Hch 16.27,28). Si cada creyente orara por los perdidos y vigilara para ver las puertas de oportunidad que Dios abre para testificar, ganaríamos más personas para el Salvador.

B. *Andar en sabiduría.*

«Los de afuera» se refiere, por supuesto, a los perdidos que no pertenecen a la familia cristiana. Qué triste es estar «afuera»: sin Cristo, sin esperanza, sin paz, sin perdón. Es importante que nosotros, los cristianos, vivamos sabiamente entre los perdidos, porque los inconversos miran nuestras vidas y tratan de hallar cosas que criticar. Primera de Tesalonicenses 4.12 nos amonesta a andar honradamente con los de afuera. ¡Qué terrible testimonio es que un cristiano sea deshonesto con un inconverso! Es mucho mejor que los creyentes sufran la pérdida antes que arruinen su testimonio y traigan reproche al nombre de Cristo. Nos preguntamos qué pensarán los inconversos de Cristo y del evangelio cuando ven que los cristianos con quienes negocian no pagan sus cuentas o no guardan sus promesas.

C. *Hablar santamente.*

La sal de la santidad siempre debe sazonar nuestro hablar. Los judíos del Antiguo Testamento usaban sal en sus sacrificios, simbolizando la pureza y la preservación de lo que es bueno. Los griegos llamaban *káritas* (gracia) a la sal, porque le daba sabor a las cosas. Nuestro hablar no debe ser corrompido (Ef 4.29); la sal (la gracia de Dios) detiene la corrupción. Una palabra irreflexiva de crítica, un comentario dudoso, una palabra colérica, puede destruir en un minuto todo el testimonio cristiano que otros han tratado de edificar.

«Redimiendo el tiempo» (v. 5) significa «aprovechando la oportunidad». Como cristianos debemos estar alertas para aprovechar cada oportunidad para testificar por Cristo y ganar a otros.

II. En el servicio cristiano (4.7-18)

Aun cuando admiramos a Pablo como el gran apóstol, no debemos olvidar a los muchos cristianos consagrados que le ayudaron en su ministerio. Ningún pastor, evangelista o misionero puede hacer solo la obra del Señor. «Somos colaboradores de Dios» (1 Co 3.9).

Tíquico (vv. 7-8) había estado con Pablo por varios años. Lo acompañó desde Éfeso (Hch 20.4) cuando iba de regreso a Jerusalén y quizás era ciudadano efesio. Había trabajado con Pablo allí por esos tres años. Tíquico iba a llevar la carta a los colosenses y a los efesios (Ef 6.21,22). Este hombre tenía delante de sí un viaje largo y peligroso. ¡Cuán agradecidos estamos de que fue fiel para entregar la Palabra, de otra manera no podríamos estudiarla ahora! Véase también 2 Timoteo 4.12.

Onésimo (v. 9) era el esclavo fugitivo de Filemón, a quien Pablo había ganado para Cristo. El apóstol enviaba ahora a Onésimo de regreso a su hogar en Colosas. (Lea la carta de Filemón.) Él y Tíquico viajaron juntos, con Onésimo, llevando la preciosa carta a su amo, Filemón.

A Aristarco (v. 10) lo vemos durante el tumulto en Éfeso (Hch 19.29), donde se le menciona como un cristiano destacado. También acompañó a Pablo (Hch 20.4) y estuvo con él durante la terrible tormenta en el viaje a Roma (Hch 27.2). ¡Qué fiel cristiano fue al «quedarse» con Pablo en las buenas y en las malas!

Marcos (v. 10) es Juan Marcos, primo de Bernabé. Años antes, Marcos había «caído en mal» ante Pablo (Hch 13.13; 15.36-41). Es posible que los colosenses sabían de su fracaso, pero Pablo quería que recibieran a este joven y le mostraran amor. Cuando escribió su última carta, Pablo admitió que Marcos era «útil» en el ministerio (2 Ti 4.11). Necesitamos perdonar los fracasos de otros y darles a los creyentes la oportunidad de «hacer bien» en la obra del Señor.

Jesús, o Justo (v. 11), era un creyente judío. Su nombre hebreo era Josué, que se traduce «Jesús» en el griego. Su otro nombre significa uno que obedece la Ley (Justo). Trabajó con Pablo y le animó (estimuló). ¡Qué ayuda fue para el apóstol durante esos días en la prisión!

Epafras (vv. 12-13) era un gentil y probablemente el pastor fundador de la iglesia de Colosas. Este hombre piadoso creía en el ministerio de la Palabra de Dios y en la oración (1.7; 4.12). ¡Qué guerrero de oración era él! No simplemente «repetía oraciones»; rogaba «encarecidamente [agonizando]». Es la misma palabra que se usa para el esfuerzo de los atletas en las competencias. Si los cristianos oraran con tanto ardor como ellos compiten, veríamos más de las bendiciones de Dios. Epafras oraba para que los colosenses estuvieran firmes, «perfectos y completos» en la voluntad de Dios (véase 1.28,29). Quería que vivieran su «plenitud» en Cristo. Sin embargo, sus oraciones no eran sólo por los colosenses; también sentía celo por los santos en las ciudades circunvecinas. ¡Qué amor cristiano!

Lucas (v. 14) era el médico gentil que se unió a Pablo en Troas (Hch 16.10) y posteriormente escribió los libros de Lucas y Hechos. Lucas y Demas se mencionan de nuevo en 2 Timoteo 4.10,11: «Sólo Lucas está conmigo[...] Demas me ha desamparado». Se puede resumir la vida de Demas en tres versículos: «Demas[...] mi colaborador» (Flm 24); «Os saluda[...] Demas» (Col 4.14); «Demas me ha desamparado» (2 Ti 4.10). Puesto que Colosenses y Filemón se escribieron en el mismo tiempo, la caída de Demas debe haber sido rápida. ¡Qué tragedia!

En sus instrucciones para concluir, Pablo envía saludos a algunos de los santos y les dice a los colosenses y a los de Laodicea que intercambien sus respectivas cartas. Pudiera ser que la epístola a los de Laodicea sea la que nosotros conocemos como Efesios. «Toda la Escritura es útil» (2 Ti 3.16), de modo que no debemos descuidar nada de la Palabra de Dios. Pablo concluye advirtiendo a Arquipo que no desmaye, sino que cumpla su ministerio en el Señor. Tal vez Arquipo era el hijo de Filemón, puesto que también se menciona en esa carta (Flm 2).

El saludo de gracia usual de Pablo cierra la carta, señalándola como auténtica.

1 TESALONICENSES

Bosquejo sugerido de 1 Tesalonicenses

I. Personal: «Damos gracias[...] haciendo memoria» (1–3)
   A. Cómo nació la iglesia (1)
      1. Un grupo elegido (1.1-5)
      2. Un grupo ejemplar (1.6-7)
      3. Un grupo entusiasta (1.8)
      4. Un grupo expectante (1.9,10)
   B. Cómo se nutrió la iglesia (2)
      1. Un mayordomo fiel (2.1-6)
      2. Una madre gentil (2.7,8)
      3. Un padre preocupado (2.9-16)
      4. Un hermano cariñoso (2.14-20)
   C. Cómo se estableció la iglesia (3)
      1. Mediante la Palabra (3.1-5)
      2. Mediante la oración (3.6-13)

II. Práctica: «Os rogamos» (4–5)
   A. Andar en santidad (4.1-8)
   B. Andar en amor (4.9,10)
   C. Andar en honradez (4.11,12)
   D. Andar en esperanza (4.13-18)
   E. Andar en luz (5.1-11)
   F. Andar en gratitud (5.12,13)
   G. Andar en obediencia (5.14-28)

Cada capítulo de esta epístola termina con una referencia a la Segunda Venida de Cristo. Pablo la relaciona a: la salvación (1.9,10); al servicio (2.19,20); a la estabilidad (3.13); a la tristeza (4.18); y a la santificación (5.23).

Notas preliminares a las epístolas a los Tesalonicenses

I. La ciudad

Usted puede ubicar en su mapa la moderna ciudad de Salónica y, al hacerlo, habrá hallado el sitio de la antigua ciudad de Tesalónica. Originalmente se la llamaba Terma, debido a las fuentes termales del área, pero alrededor de trescientos años antes de Cristo, Casandro, rey de Macedonia, le cambió el nombre en honor a la hermana de Alejandro del Grande. Era una ciudad libre, con su propio gobierno y también la capital de Macedonia. Tesalónica se erguía en la importante Vía Ignacia, la más importante carretera romana.

II. La iglesia

El registro se halla en Hechos 17.1-15. Pablo, Silas y Timoteo salieron de Filipos y viajaron cincuenta kilómetros hacia Anfípolis, luego cuarenta kilómetros más hasta Apolonia. Es interesante notar que no se realizó ningún ministerio en ninguna de esas ciudades. Su siguiente etapa les llevó alrededor de sesenta y cinco kilómetros más allá, hasta Tesalónica, donde Pablo ministró en la sinagoga alrededor de tres semanas y vio muchas personas convertidas. En la ciudad había un grupo grande de prosélitos gentiles («griegos piadosos», Hch 17.4) en la sinagoga y respondieron entusiastamente junto con algunos de los judíos. Esta clase de éxito enardeció a los judíos ortodoxos y fraguaron un motín para abochornar a los cristianos y obstaculizar el ministerio de Pablo. Los creyentes estimaron que era mejor que Pablo y su grupo se fueran, lo cual hicieron, yendo primero a Berea. Pablo dejó a sus compañeros en Berea y siguió solo hasta Atenas. Cuando Timoteo se le unió allí, el apóstol le envió de regreso a Tesalónica para animar a la nueva iglesia (1 Ts 3.1-3). Finalmente, todos se reunieron en Corinto (Hch 18.5). Timoteo informó respecto al estado de la pequeña iglesia de Tesalónica. Fue desde Corinto, alrededor del año 50 d.C., que Pablo escribió 1 Tesalonicenses. Segunda de Tesalonicenses la escribió pocos meses más tarde.

III. La correspondencia

La primera carta tenía varios propósitos: (1) animar y confirmar en las cosas de Cristo a los nuevos creyentes; (2) responder a las falsas acusaciones hechas contra Pablo y su ministerio, 2.1-12; (3) explicar que el cristiano muerto participará de la Segunda Venida de Cristo; (4) advertir a los cristianos en contra de la inmoralidad pagana, 4.4ss; (5) recordar a los miembros de la iglesia que honren y sigan a sus líderes espirituales, 5.12,13; y (6) advertir a los creyentes que habían dejado sus trabajos y estaban ociosos debido a que pensaban que Cristo volvería pronto, 2.9.

Segunda de Tesalonicenses se escribió pocos meses más tarde. Las persecuciones en contra de la iglesia empeoraban (2 Ts 1.4-5) y la gente necesitaba estímulo. Los «ociosos» en la iglesia no habían vuelto al trabajo (2 Ts 3.6-12). Para empeorar más las cosas, la gente estaba confundida respecto al Día del Señor (la tribulación), ¡pensando que ya estaban atravesándola! Es posible que la iglesia hubiera recibido una epístola falsa, que decía ser de Pablo (2.1-3) y que enseñaba que el Día del Señor ya había empezado. (Note la frase «el día del Señor» en 2 Ts 2.2 se refiere al período de la tribulación sobre la tierra que sigue al Rapto de la Iglesia.) Pablo escribió 2 Tesalonicenses para: (1) animar a la iglesia a perseverar a pesar de las pruebas; (2) explicar los sucesos que conducirían al Día del Señor; (3) advertir a los entremetidos que volvieran a sus trabajos. Nótese que en 2 Tesalonicenses 3.17,18 Pablo da su «marca característica» de modo que la gente pudiera detectar fácilmente en el futuro cualquier carta falsificada.

Tenga presente que 1 Tesalonicenses analiza *el Rapto*, o sea, la venida de Cristo en el aire por la Iglesia, en tanto que 2 Tesalonicenses se refiere a *la revelación*, o sea, a la venida de Cristo con la Iglesia a la tierra, para derrotar a sus enemigos y establecer su reino. «El día del Señor» mencionado en 2 Tesalonicenses es el período de tribulación que viene a la tierra después del Arrebatamiento de la Iglesia. Primera de Tesalonicenses 1.10 y 5.9 enseñan claramente que la Iglesia no atravesará la tribulación.

1 Tesalonicenses 1

Es maravilloso cuando un pastor puede pensar de su iglesia y decir: «¡Damos gracias siempre por todos ustedes!» Pablo amaba a la iglesia de Tesalónica; estas personas estaban en su corazón y él se preocupaba por su bienestar espiritual. En este capítulo Pablo nos dice qué clase de iglesia dejó en esa perversa ciudad. Cuando vemos las características de esta iglesia, debemos examinar nuestras vidas y preguntarnos: «¿Estoy contribuyendo para que mi iglesia sea modelo en el Señor?»

I. Era un pueblo elegido (1.1-5)

La palabra «iglesia» en el griego es *ekklesía*, que significa «un grupo llamado fuera». La iglesia no es un club social; es un organismo espiritual, una organización compuesta de gente a quien Dios ha llamado «de las tinieblas a su luz admirable» (1 P 2.9). Este llamamiento es por pura gracia (Ef 1.3ss). Aunque estamos en el mundo, espiritualmente no somos del mundo (Jn 15.19). Estos santos vivían en Tesalónica, pero moraban en Cristo. En 2 Tesalonicenses 2.13,14 Pablo explica el milagro de este llamamiento. Dios envió a Pablo y a Silas a Tesalónica con la Palabra de Dios. La gente oyó la Palabra, creyó y fueron salvos. Después de recibir a Cristo descubrieron que Dios los había escogido en Él mediante la gracia. Lea también 1 Pedro 1.1-4.

El misterio de la elección de Dios y de la decisión del hombre nunca será completamente explicado de este lado del cielo. Simplemente tenga en cuenta que la Biblia enseña ambas cosas. «¿Cómo se reconcilian estas dos verdades?», le preguntó una vez un hombre a Spurgeon. El predicador replicó: «Nunca trato de reconciliar amigos». Estas dos verdades gemelas de la elección y la decisión no son contradictorias; son complementarias. En lo que respecta a Dios el Padre, fuimos salvos cuando Él nos escogió en Cristo antes de la fundación del mundo (Ef 1.4); en lo que respecta al Espíritu fuimos salvos cuando respondimos a su llamado y recibimos a Cristo; y en lo que respecta al Hijo fuimos salvos cuando Él murió por nosotros en la cruz.

¿Cómo sabía Pablo que estas personas eran salvas? Debido a la evidencia en sus vidas:

A. *Obra de fe.*

Cuando la persona genuinamente confía en Cristo, esa fe se mostrará por las obras. Las obras no salvan, pero la fe sin obras no es una fe que salva. La verdadera fe cristiana trae como resultado una vida cambiada. Véase Santiago 2.14-26.

B. *Trabajo de amor.*

Las personas no salvas viven para sí mismas (Ef 2.1,2), pero el verdadero creyente está dispuesto a trabajar por amor. Tiene un nuevo motivo para vivir; ama a Cristo y ama a otros. Véase Hebreos 10.24,25; también Romanos 8.35-39.

C. Paciencia de esperanza.
Los perdidos están sin esperanza. Los creyentes están firmes en medio de las tribulaciones de la vida porque saben que Cristo viene otra vez. Los creyentes no tienen por qué darse por vencido en tiempos de tribulación, porque saben que el Salvador viene para librarlos (1 P 1.1-9; 4.12-16).

Se ha hecho notar que los versículos 9-10 hacen un paralelo con estas tres evidencias de la salvación: la obra de la fe (se convirtieron de los ídolos a Dios); el trabajo de amor (servían al Dios vivo); la paciencia de la esperanza (esperaban el regreso de Cristo). La fe, la esperanza y el amor son las evidencias de la verdadera salvación (Col 1.4,5; Ro 5.1-4).

II. Era un pueblo ejemplar (1.6,7)

¡Es maravilloso cuando los «oidores» se convierten en «seguidores»! Estas personas oyeron la Palabra, la recibieron con entusiasmo, la creyeron y sufrieron por recibirla. La Palabra imparte fe (Ro 10.17) y trae gozo (Hch 8.8,39; Jer 15.16). Después que creyeron, estos nuevos cristianos siguieron a Pablo, se unieron al compañerismo local y se convirtieron en ejemplo para todos los que les rodeaban. No fueron sólo seguidores de Pablo, sino también de las iglesias (2.14); porque en el NT se espera que los cristianos sean parte vital de una congregación local. Su testimonio se extendió por toda el área y ayudó a llevar a otros a Cristo.

III. Era un pueblo entusiasta (1.8)

Hacía unos pocos meses que estas personas se habían salvado. No tenían la instrucción que la mayoría de los santos tienen hoy y sin embargo, eran entusiastas al testificar de Cristo. Testificaban mediante su andar («ejemplo», en el v. 7) y su hablar (v. 8). El verbo «divulgar» da la idea de tocar la trompeta. Mientras estos santos esperaban que sonara la trompeta para llamarlos al hogar (4.16), «tocaban la trompeta del evangelio» fuerte y claramente ante todos sus amigos perdidos. Demasiado a menudo somos como los fariseos, tocando la trompeta por nosotros mismos en lugar de hacerlo por Cristo y el evangelio (Mt 6.1-4).

IV. Era un pueblo expectante (1.9,10)

La Segunda Venida de Cristo es el tema básico de este libro. Cada capítulo relaciona su regreso con una verdad básica (véase el bosquejo sugerido). En este capítulo vemos que la venida de Cristo es la bendita esperanza del salvo. En tanto que los perdidos adoran y sirven ciegamente a sus ídolos, los salvos sirven al Dios vivo y se regocijan en la esperanza viva de que Cristo vendrá otra vez.

¿Cómo se supone que los cristianos deben esperar el regreso de Cristo? Trabajando mientras que Él viene (véase Mt 24.44-51). En 5.1-11 Pablo advierte a los santos a estar vigilantes y alertas, y a que no duerman ni se embriaguen como la gente del mundo. La bendita esperanza de la venida de

Cristo debe ser más que una doctrina en nuestro credo: debe ser una dinámica de nuestras vidas.

¿Cómo sabemos que Cristo viene otra vez? Dios demostró que Cristo es su Hijo al levantarlo de entre los muertos. Léase cuidadosamente en Hechos 17.22-34 el argumento que Pablo presenta. Cristo no podría venir otra vez si estuviera muerto y si su cuerpo se hubiera descompuesto en una tumba judía. No podemos separar la esperanza viva del Cristo vivo (1 P 1.1-5).

Pablo les había instruido respecto a la venida de Cristo y el tiempo de tribulación que Dios había prometido que vendría sobre un mundo que rechaza a Cristo. Pero se cuida de destacar que la Iglesia no participará en esa tribulación. El verbo «librar» en el versículo 10 está en tiempo presente: «quien nos libra»; o podría reformularse como un título: «Jesús, el Libertador». La Iglesia no atravesará la tribulación. Léase 1.10 y 5.1-9, así como 2 Tesalonicenses 1 y 2. El próximo acontecimiento en el calendario de Dios es la venida de Cristo en el aire, en cuyo tiempo será el Arrebatamiento de la Iglesia para recibirle. Luego vendrán siete años de tribulación sobre la tierra. Cuando la copa de la iniquidad empiece a desbordarse en la tierra, Cristo y la Iglesia regresarán para derrotar a Satanás y sus huestes, e implantar el reinado de Cristo por mil años (véase Ap 19.11–20.5).

1 Tesalonicenses 2

El capítulo 1 describe a la iglesia ideal; el capítulo 2 muestra un cuadro del pastor o siervo cristiano ideal. Pablo nos ha dicho cómo el evangelio llegó a Tesalónica; ahora nos dice cómo ministró a los jóvenes creyentes. Esto es un bosquejo del «programa de seguimiento» que usaba Pablo y explica por qué la mayoría de sus convertidos permanecieron fieles al Señor y por qué sus iglesias crecieron. Nos da cuatro cuadros del obrero cristiano ideal.

I. El siervo fiel (2.1-6)

¡Qué tremendo privilegio «que se nos confiase el evangelio»! (2.4). Con frecuencia hablamos de la mayordomía de las cosas materiales, pero necesitamos también recordar que cada creyente es un mayordomo del evangelio y de la Palabra. Dios dio el mensaje a Pablo (1 Ti 1.11); Pablo a su vez lo encargó a Timoteo (1 Ti 6.20) y se esperaba que este lo confiara a personas fieles de las iglesias, quienes a su vez lo encargarían a otros (2 Ti 2.2). La principal responsabilidad de un administrador es ser fiel (1 Co 4.1,2); y es en base a esta fidelidad que seremos probados y recompensados cuando Cristo venga.

Para ser fiel a su mayordomía el creyente debe estar dispuesto a sufrir. A Pablo y a Silas les habían tratado vergonzosamente en Filipos (Hch 16.19-24) y podían haber dado toda clase de excusas para unas vacaciones. Pero sabían que Dios les había confiado el evangelio y que tenían que llevar el mensaje a otras ciudades. En lugar de atemorizarse, eran intrépidos para proclamar las buenas nuevas.

El mayordomo fiel debe vivir para agradar a Dios, no a los hombres (v. 4). Es tentador comprometer el mensaje para ganar amigos, pero Dios no puede bendecir al mayordomo cuyo mensaje y ministerio no están acordes al patrón divino. En el versículo 3 Pablo afirma que su mensaje no es de engaño ni de error; o sea, era la verdadera Palabra de Dios. Su motivo era puro y no de impiedad; y sus métodos eran limpios, no engañosos (o «cebando el anzuelo» como para pescar). El versículo 5 afirma que Pablo no recurría a lisonjear a las personas para obtener ganancia personal. Pablo siempre honró a los obreros fieles y alababa donde se debía; mas no usaba lisonjas para ganar convertidos ni para influir en los seguidores. (Véanse Gl 6.10ss; Jn 8.29; Hch 4.18-21.)

II. La madre gentil (2.7,8)

Parece extraño que Pablo se autocompare en el versículo 7 con una «nodriza que cuida con ternura». (Considérese también 1 Co 4.14,15 donde afirma que como padre espiritual había «engendrado» a los santos en Corinto mediante el evangelio.) En 2.9-13 Pablo usa la imagen de un padre, pero el pensamiento principal aquí es el del cuidado amoroso. Los nuevos cristianos necesitan amor, alimento y cuidado cariñoso, así como la madre lo daría a sus hijos. Los niños recién nacidos necesitan la leche de la Palabra (1 P 2.2) y deben «graduarse» al alimento sólido (1 Co 3.1-4; Heb 5.11-14), al pan (Mt 4.4; y véase Éx 16, el maná) y la miel (Sal 119.103).

La manera en que la madre alimenta al hijo es casi tan importante como el alimento que le da. Qué importante es que nosotros, que somos cristianos más viejos, alimentemos a los jóvenes creyentes con amor y paciencia.

III. El padre preocupado (2.9-16)

Nótese el ministerio «paternal» de Pablo: trabajó (v. 9a), predicó (v. 9b), se comportó (v. 10), exhortó (v. 11) y sufrió (v. 14). Un padre debe velar por su familia y sacrificarse por su bienestar. Los hijos son grandes imitadores y es importante que las vidas de los «padres espirituales» sean ejemplares.

Pablo podía haber reclamado sus derechos como apóstol y exigido que la iglesia lo sostuviera (2.6); pero en lugar de eso, sacrificadamente trabajaba con sus manos para ministrar en la iglesia. Los padres no imponen a sus niños pequeños el pago por el cuidado que reciben. Pablo también se cuidaba de vivir una vida santa (a Dios), justa (ante el hombre) y sin tacha (ante sí mismo).

Uno de los deberes de los padres es exhortar y educar a sus hijos, y Pablo hizo esto en Tesalónica. Proveyó enseñanza individual y personal («a cada uno de vosotros»), así como en el ministerio público de la iglesia. Los líderes espirituales no dependen únicamente de su ministerio público; sus hijos espirituales necesitan además estímulo y consejo personal. El ministerio triple de Pablo como padre era: (1) «exhortar» o persuadir; (2) «consolar» o estimular; y (3) «encargar» o testificar. Pablo no sólo les enseñó la Palabra, sino que les animaba a partir de sus propias experiencias en el Señor.

El apóstol se regocijaba de cómo sus hijos espirituales recibieron la Palabra de Dios. Sabía que el Espíritu de Dios obraría en sus vidas si ellos recibían la Palabra y creían en ella. Si unimos Filipenses 2.12-13, Efesios 3.20-21 y 1 Tesalonicenses 2.13, veremos que Dios obra en nosotros mediante su Palabra, su Espíritu y la oración.

Por último, Pablo advirtió a su familia espiritual respecto a los enemigos que los perseguirían. Si los cristianos se convierten en seguidores del Señor (1.6) y de las iglesias (2.14), pueden esperar que Satanás y sus seguidores los persigan.

IV. El hermano cariñoso (2.17-20)

¡Cómo le encantaba a Pablo llamar «hermanos» a estos santos! Usa la palabra veintiún veces en las dos epístolas a los Tesalonicenses. (Por supuesto, esto incluía también a las hermanas.) Se veía a sí mismo como uno de ellos, una parte de la familia. En el versículo 17 dice que se había «separado» de ellos por un corto tiempo, como un hijo lejos del hogar. Los quería, oraba por ellos y deseaba grandemente verlos de nuevo. Después de todo, la prueba de nuestra vida espiritual no es lo que hacemos cuando estamos en la iglesia con «la familia», sino cómo nos conducimos cuando estamos lejos de la iglesia. Pablo no era la clase de miembro de la iglesia que «se tomaba unas vacaciones» de la casa de Dios.

Como se mencionó antes, cada capítulo de esta epístola termina con una referencia al regreso de Cristo. En el capítulo 1 esto se relaciona con la salvación; aquí en el capítulo 2 se relaciona con el servicio. ¿Por qué pudo Pablo ministrar fielmente y con amor a estos santos? Porque los veía a la luz de la venida de Cristo. ¡Esperaba el día glorioso cuando se regocijaría por ellos en la presencia de Cristo! Jesús sufrió la cruz «por el gozo puesto delante de Él» (Heb 12.2); este «gozo» es sin lugar a dudas el de presentar la Iglesia a su Padre (Jud 24). Por el mismo gozo Pablo sufrió toda clase de sufrimientos. ¿Nos regocijamos en que contemplaremos a Jesús un día?

1 TESALONICENSES 3

La palabra clave en este capítulo es «afirmar» (vv. 2,3,8,13). Los nuevos cristianos atraviesan tiempos de prueba y aflicción (vv. 3,5); y a menos que estén afirmados en el Señor, el diablo los perturbará. Pablo no estaba satisfecho simplemente con que estas personas hayan sido salvadas (cap. 1) y nutridas (cap. 2); querían verlas afirmadas en la fe (cap. 3), capaces de andar (cap. 4). Después de todo, los niños deben aprender a ponerse de pie antes de aprender a caminar. ¿Qué medios usó Pablo para confirmar a estos creyentes en la fe?

I. Les envió un hombre (3.1,2)

¡Qué ayuda fue el joven Timoteo para Pablo! Todo Pablo debe tener su Timoteo: el joven que trabaja con el mayor. Pablo sabía cómo seleccionar y preparar líderes cristianos, y Timoteo fue uno de sus mejores. Este joven había demostrado su valía por varios años en su iglesia local (Hch 16.1-3) antes que Pablo lo reclutara para que fuera su ayudante. El joven Timoteo (quizás adolescente) no empezó su ministerio enseñando o predicando; fue el «ministro» de Pablo para ayudarle en las tareas de los viajes y vida diaria. En realidad Timoteo reemplazó a Juan Marcos, quien se fue cuando la jornada se puso difícil. La estimación de Pablo por Timoteo la vemos en Filipenses 2.19-24 y en sus dos epístolas a Timoteo.

Dios usa creyentes dotados para fortalecer a la Iglesia (Ef 4 y véanse Hch 14.21-23; 15.32,41). Pablo estaba dispuesto a quedarse en Atenas solo con tal de que Timoteo pudiera volver a Tesalónica para animar a los creyentes y confirmarlos en la fe. Si los miembros de la iglesia «adoptaran» a los nuevos cristianos, los animaran, les enseñaran y tuvieran compañerismo con ellos, habría menos bajas espirituales. Los santos maduros en la iglesia deben ayudar a los cristianos más jóvenes a crecer en Cristo.

II. Les escribió una carta (3.3,4)

El creyente se edifica por la Palabra de Dios (2 Ts 2.15-17; Ro 16.25-27; 2 P 1.12). Nótese cómo Pablo les recuerda la Palabra que ya les había enseñado. Les había advertido respecto a las aflicciones que vendrían, pero al parecer se habían olvidado de lo que les había enseñado. No hay sustituto para la Palabra de Dios. El cristiano que ignora la Biblia es presa de todo viento de doctrina y nunca se edifica en el Señor (Ef 4.11-16). Timoteo les recordaba la Palabra que Pablo les había enseñado, y esto les animó y les confirmó.

Léase en Hechos 17.1-4 una descripción de cómo Pablo ministró la Palabra en Tesalónica. Discutía, lo cual sugiere debate o controversia; declaraba la Palabra, lo cual implica explicar su significado (Lc 24.32,45); y exponía ciertas verdades, lo cual significa que presentaba la evidencia para ellas y las presentaba de manera ordenada para que todos las vieran; y anunciaba, lo que quiere decir que proclamaba el evangelio. El pastor y obrero cristianos deben asegurarse de tener un ministerio equilibrado con la Palabra. No es suficiente predicar y declarar la Palabra; también debe haber enseñanza, demostración, explicación. La palabra «declarar» (Hch 17.3) puede significar «poner la mesa»; por consiguiente el obrero espiritual deben «poner el alimento en la mesa» para que todo santo, joven o anciano, pueda alcanzarlo y participar de él.

III. Oraba por ellos (3.5-10)

El ministerio doble de la Palabra de Dios y de la oración es lo que afirma una iglesia. Si todo lo que hay es enseñanza y predicación y no oración, las personas tendrán luz, pero sin poder. Si todo lo que hay es oración, pero no enseñanza de la Palabra, ¡tal vez tenga un grupo de entusiastas que tienen más calor que luz! El pastor, maestro de la Escuela Dominical, misionero u obrero cristiano que habla con Dios respecto a su pueblo y luego le habla al pueblo acerca de Dios, tendrá un ministerio equilibrado y firme. El ministerio de Cristo consistía tanto en la Palabra como en la oración (Lc 22.31,32). Samuel ministraba así (1 S 12.23 y no se olvide de la última frase); igualmente el Padre, los apóstoles (Hch 6.4) y el mismo Pablo (Hch 20.32).

La preocupación de Pablo no era tanto la seguridad o felicidad de ellos, sino su fe. En este capítulo se usa cinco veces la palabra «fe». Satanás es el enemigo de nuestra fe, porque si puede lograr hacernos dudar de Dios y de su Palabra, nos privará del gozo de toda la bendición que tenemos en Cristo. Pablo quería que tuvieran fe (v. 10) madura (perfecta). La fe no es un depósito que se ubica en el corazón y nunca cambia; es como el grano de mostaza que parece muy pequeño, pero contiene vida y puede crecer. Pablo quería ver que estas personas abundaran en amor, fueran afirmadas en la esperanza y que crecieran en la fe; fe, esperanza y amor.

No hay sustituto para una vida sólida de oración. A los cristianos se les ordena orar los unos por los otros y por los perdidos. Cuando hay un ministerio en el cual se combina la oración y la Palabra, Satanás es derrotado y la Iglesia confirmada.

IV. Les recordó la venida de Cristo (3.11-13)

Como ya lo hemos notado antes, el tema de las epístolas a los Tesalonicenses es la Segunda Venida de Cristo. Ninguna verdad confirma al creyente con más rapidez o mejor que esta. En medio de la prueba y la tribulación, estos creyentes podían tener seguridad y animarse con la promesa de su venida. Cuando las tentaciones se presentaran en el camino, como ocurría a diario en esas ciudades paganas, ellos podían mantenerse limpios al recordar que Cristo podía venir ese mismo día. Si se fatigaban de trabajar y testificar, podían cobrar nueva fuerza y valor al contemplar la esperanza del regreso del Señor. Ninguna verdad en la Biblia tiene un efecto mayor en el corazón, la mente y la voluntad del creyente que la de la Segunda Venida de Cristo.

Léase Lucas 12.42-48 para ver lo que le ocurre al siervo que se olvida de la venida de Cristo. Este hombre no dijo nada abiertamente; sólo dijo en su corazón: «Mi Señor tarda en venir». No le gustaba que Cristo viniera. ¿Es de sorprenderse acaso que este siervo se descarrió y no podía llevarse bien con los demás siervos?

Pablo ansiaba afirmar sus corazones para que fueran irreprensibles; nótese también 5.23. Se espera que los cristianos sean sin mancha y sin tacha (Flp 2.15). Esto no quiere decir que sean absolutamente sin pecado, porque la perfección no es posible sino cuando Cristo vuelva. El niño pequeño, copiando su nombre en el pizarrón, no lo hace sin equivocarse, porque es sólo un niño; pero si hace lo mejor que puede, es sin tacha. Si vivimos según la luz que Dios nos ha dado y procuramos crecer en Él, podemos tener vidas sin tacha a la vista de Dios. La expectación diaria de la venida de Cristo ayudará al creyente a mantener limpia su vida (1 Jn 2.28–3.3).

1 Tesalonicenses 4

Pasamos ahora a la segunda mitad de la carta, la cual da instrucciones prácticas a estos nuevos creyentes en Cristo. La palabra clave es «conducirse» (4.1,12) y Pablo les ruega que obedezcan la Palabra (4.1,10,12,14). A la conducta cristiana se la compara con la manera de conducirse por varias razones: (1) exige vida, porque el pecador muerto no puede conducirse; (2) requiere crecimiento, porque un bebé no puede conducirse; (3) demanda libertad, porque alguien atado no puede conducirse; (4) exige luz, porque nadie puede conducir en la oscuridad; (5) no puede ser algo escondido, sino que todos los presencian; y (6) sugiere progresar hacia una meta. Pablo describe la clase de conducta que el creyente debe tener.

I. Conducirse en santidad (4.1-8)

Aquí Pablo se refiere al matrimonio y al hogar. Los votos matrimoniales en las ciudades paganas no decían nada en cuanto a la pureza, de modo que había gran peligro de inmoralidad en estos nuevos cristianos. A pesar de que el amor y la pureza ciertamente prevalecían en muchos hogares paganos, la atmósfera general de estas ciudades (antes de que llegara el evangelio) era de lujuria y vida licenciosa. El cristiano tiene la responsabilidad de edificar un hogar cristiano que glorifique a Dios, de modo que Pablo empieza aquí.

La inmoralidad es básicamente egoísmo y robo. Así que Pablo les exhorta a que vivan para agradar a Dios y no a sí mismos. Había puesto el ejemplo (2.4) y ahora espera que ellos lo sigan. Les había ordenado, de parte del Señor, que vivieran en santidad y pureza por el poder de Dios. La voluntad de Dios para sus vidas era la santificación. La palabra *santificar* simplemente significa «apartar para un propósito». Usted puede alquilar el Hotel Jefferson en la ciudad de Washington, D.C., pero no la Casa Blanca. Esta última ha sido santificada, apartada para un propósito especial. El creyente ha sido apartado para Dios; es un santo, alguien apartado. Tenemos la responsabilidad cada día de dedicarnos más y más a Dios de modo que en cuerpo, alma y espíritu (5.23) le pertenezcamos por completo. Nada mancha más a la persona que el pecado sexual (2 Co 7.1; 1 Co 6.13-20). Los que violan sus votos matrimoniales pecan contra Dios, contra sí mismos y contra los demás cristianos; en verdad Dios los castigará.

En el versículo 4 se hace referencia a tener a la esposa en santidad y honor, o sea, como «vaso» más frágil (1 P 3.7), el cual ha sido comprado por la sangre de Cristo y santificado por el Espíritu (1 Co 6.9-11), y que se debe usar para la gloria de Dios. Menospreciar las advertencias de Dios respecto al pecado sexual es contristar al Espíritu Santo e incitar el castigo. Recuérdese a David, Sansón, Judá y otros personajes de la Biblia que cayeron en este pecado y pagaron un alto costo.

II. Conducirse en amor (4.9-10)

No era necesario que les escribiera del amor; les había enseñado al respecto y Dios mismo les enseñó a través del Espíritu (Ro 5.5). El amor es una de las características del nacimiento del creyente (1 Jn 3.14; 1 P 1.22; 1 Jn 4.9-12). «¡Mirad, cómo se aman unos a otros!», exclamaron los perdidos al observar la comunión y el compañerismo en la iglesia primitiva. Pero no es suficiente que amemos sólo a los que pertenecen a nuestro compañerismo; como estas personas de Tesalónica debemos amar cada vez más a todo el pueblo de Dios y también a los perdidos (3.12).

III. Conducirse en honradez (4.11,12)

Ahora Pablo habla respecto a la vocación del creyente y sus relaciones con los inconversos en el mundo. Uno de los problemas de la iglesia en Tesalónica era que algunas personas malentendieron la promesa de la venida de Cristo, dejaron sus trabajos y se convirtieron en «parásitos» viviendo a costa de otros cristianos. Véase en 2 Tesalonicenses 3.5-15 la amonestación de Pablo. «Que procuréis tener tranquilidad» (v. 11) literalmente significa «esforzarse por estar tranquilos»; o sea, no impacientarse ni preocuparse e involucrarse en las actividades del mundo. «Ocuparos en vuestros negocios» y por consiguiente no se metan en negocios ajenos. Es triste cuando los cristianos no tienen nada que hacer y se entremeten en la vida de otros. El cristiano que trabaja honestamente un día de trabajo y que se cuida de mantener un buen testimonio, influirá en el inconverso (véanse Col 3.22-25; 4.5). Los que no trabajan no deben comer (2 Ts 3.10). No practiquemos una «caridad» contraria a las Escrituras tomando el dinero del Señor para sostener a los «holgazanes cristianos» estimulándoles en su manera haragana de vivir.

IV. Conducirse en esperanza (4.13-18)

Este es el pasaje clásico sobre el Rapto de la Iglesia. La tristeza había venido sobre la vida de estos santos y se preguntaban si dejarían atrás a sus muertos cuando Cristo volviera. Pablo les asegura que sus muertos se levantarían primero y que todos los santos se reunirían para recibir al Señor en el aire. No debe confundirse el Rapto de la Iglesia (encontrándose con Cristo en el aire) con la revelación del Señor, el momento cuando Él vendrá con sus santos a la tierra para juzgar a los pecadores y establecer su reino (2 Ts 1.7-12). El Rapto (encontrándose con Cristo en el aire) puede ocurrir en cualquier momento; pero la revelación (regresando con Cristo) será alrededor de siete años después del Rapto.

Es natural que los cristianos se lamenten cuanto sus seres queridos mueren; pero no deben desesperarse como lo hace la gente del mundo que no tiene esperanza. Ciertamente Cristo espera que lloremos y sintamos la soledad (véase Jn 11.33-36) como si atravesáramos el valle; pero en medio de nuestra tristeza debe haber el testimonio de la esperanza viva que tenemos en Cristo (1 P 1.3). Nótese los consuelos que tiene el creyente en tiempos de aflicción:

A. El consuelo del creyente de que la muerte es sólo dormir.

«Durmieron en Cristo» en el versículo 14 literalmente es «puesto a dormir mediante Jesús». Independientemente de cómo muera un creyente, Jesucristo está allí para llevarlo a dormir. Por supuesto, el alma va a estar con Cristo (Flp 1.20-24; 2 Co 5.6-8); es el cuerpo el que duerme, no el alma. La palabra «cementerio» significa «un lugar para dormir»; es el lugar donde los cuerpos duermen, esperando la resurrección.

B. El consuelo de la reunión celestial.

Lo más duro respecto a la muerte es la separación de nuestros seres queridos; pero cuando Cristo venga «estaremos siempre con el Señor». Los santos que estén vivos no precederán a esos que murieron; todos seremos arrebatados para recibir juntos a Cristo.

C. El consuelo de la bendición eterna.

«Estaremos siempre con el Señor». Obtendremos nuevos cuerpos (1 Jn 3.1-3; Flp 3.20,21). Pablo dice que el cuerpo que sepultamos en el cementerio es como la semilla que espera la cosecha (1 Co 15.35-38). Por supuesto, el cuerpo vuelve al polvo y el polvo se vuelve una parte de la tierra (Gn 3.19). La Biblia no enseña en ninguna parte que Dios levanta y une cada partícula del cuerpo del creyente. Lo que sí enseña es que el cuerpo de resurrección tiene identidad con el cuerpo que fue sepultado. Así como la semilla que se planta (y que muere) en la tierra tiene identidad y continuidad con la semilla que produce, el cuerpo de resurrección tendrá identidad y continuidad con el cuerpo que fue sepultado. La resurrección no es reconstrucción.

La palabra «arrebatados» (v. 17) está repleta de connotación. Significa: (1) arrebatar velozmente, porque no habrá advertencia (5.1-10); (2) arrebatar por la fuerza, porque Satanás tratará de impedir nuestro rapto al cielo; (3) pedir a alguien para uno mismo, así como el Novio pide a la novia; (4) mudarse a un nuevo lugar; y (5) librarse del peligro, porque la Iglesia no atravesará la tribulación (1.10; 5.9).

1 TESALONICENSES 5

El capítulo final da una serie de amonestaciones para instruir a los cristianos a vivir a la luz de la venida de Cristo. Al leer esas muchas exhortaciones vemos que había algunos problemas definidos en la joven iglesia. Había cristianos viviendo descuidadamente; algunos no respetaban a los líderes de su iglesia; otros abusaban de los servicios públicos; y había una necesidad general de unión y amor entre los santos. Estas amonestaciones recalcan cómo la iglesia local puede vivir en armonía y pureza.

I. Sean vigilantes (5.1-11)

Aquí Pablo presenta una serie de contrastes entre los cristianos y los perdidos:

A. *Luz/tinieblas.*

La venida de Cristo, en lo que respecta al mundo, será súbita e inesperada, como un ladrón en la noche; pero no así para el creyente. Nosotros esperamos que Él venga. Los incrédulos están en tinieblas; su entendimiento está entenebrecido (Ef 4.18; 5.8); aman la oscuridad (Jn 3.19-21; Ef 5.11); están bajo el control del poder de las tinieblas (Ef 6.12); y se encaminan hacia las tinieblas eternas (Mt 8.12). Pero el cristiano se asocia con la luz, porque Dios es luz y Cristo es la luz del mundo (Jn 8.12). El cristiano es un hijo de la luz (Ef 5.8-14), aunque en un tiempo fue también tinieblas. El cambio que se produjo está descrito en 2 Corintios 4.1-6; Colosenses 1.13 y 1 Pedro 2.9. Puesto que los cristianos pertenecen al día, deben vivir en la luz y estar preparados para la venida de Cristo.

B. *Conocimiento/ignorancia.*

A Satanás le agrada tener a las personas en oscuridad (Hch 26.18). Judas estaba en tinieblas (Jn 13.27-30) y también Ananías y Safira (Hch 5). El mundo ignora los planes de Dios porque ha rechazado a Cristo y a la Biblia. Léase en Isaías 8.20 por qué incluso los líderes inteligentes del mundo andan en tinieblas cuando se trata de comprender lo que están pasando en el mundo. Se dejan llevar por las apariencias y dicen: «¿Dónde está la promesa de su venida?» (véase 2 P 3). Pero el cristiano que lee la Biblia y mantiene sus ojos abiertos sabe la manera en que Dios obra en este mundo y no anda en ignorancia.

C. *Expectación/sorpresa.*

El mundo no salvo vive en falsa seguridad, como la gente antes del diluvio (Gn 6) o como los habitantes de Sodoma y Gomorra (Gn 18–19). Pablo hace dos comparaciones respecto a la venida de Cristo: (1) el ladrón, que habla de la sorpresa y de cómo están desapercibidos los afectados; (2) la mujer dando a luz, que habla de lo repentino y el sufrimiento que está involucrado. Cuando Cristo saque a la Iglesia del mundo, empezará el Día del Señor, un período de siete años de tribulación y sufrimiento para el mundo. Así, el Día del Señor vendrá al mundo como ladrón en la noche, pero no así para el creyente.

D. *Sobriedad/embriaguez.*

Los cristianos que esperan la venida de Cristo están despiertos y alertas; no se embriagan como los del mundo. «Velemos» y «durmamos» aquí no significa «estar vivos» o «estar muertos» como en 4.13-18; sino que significan respectivamente «estar alerta» y «estar descuidados». Cuando Cristo venga los cristianos deben estar viviendo en limpieza y consagración.

II. Respeten a sus líderes (5.12,13)

La familia de la iglesia debe tener liderazgo espiritual, y este liderazgo recae en el pastor o pastores y en los diáconos. La iglesia puede establecer cuantas organizaciones le plazca (siempre que estos grupos se organicen de acuerdo a las pautas bíblicas). El pastor, sin embargo, debe guiar y dirigir al rebaño conforme Dios dirige. Es cierto que necesita y quiere las oraciones y el consejo del pueblo, en especial de los líderes elegidos; pero todos en la iglesia deben respetar el liderazgo que Dios provee. Los cristianos deben: (1) aceptar a sus líderes (Ef 4.7-11; 1 P 5.1-5); (2) honrarlos, reconociendo el trabajo que hacen; (3) ámandolos; y (4) siguiéndolos (Heb 13.7-9,17,24). Dondequiera que hay una iglesia desunida con frecuencia es porque el pastor no asume la responsabilidad de liderazgo, o porque los miembros le impiden que dirija. Téngase presente que el liderazgo no es dictadura. El líder da ejemplo, paga el precio y procura ayudar a otros en amor cristiano. El dictador usa la ley, no el amor; no guía, arrea; y sus motivos son egoístas, incluso aunque piensen que lo hace por el bien de la iglesia.

III. Sean considerados los unos con los otros (5.14,15)

No es suficiente tener liderazgo en la iglesia; también debe haber compañerismo, donde cada miembro haga su parte del trabajo. Primera de Pedro 4.7-11 nos recuerda que cada cristiano es un administrador de un don espiritual y que debemos usarlo para el bien de otros y la gloria del Señor. Pablo especifica ciertas clases de cristianos que necesitan ayuda especial: (1) A los ociosos: a los descuidados que no se dejan gobernar, los que se salen de los límites, se les debe amonestar. (2) A los de poco ánimo: a los desalentados se les debe animar. (3) A los débiles: los que no han madurado en el Señor (Ro 14.1-5), se les debe apoyar hasta que puedan caminar en el Señor. Nuestra actitud hacia todas las personas debe ser de paciencia y amor, nunca devolviendo mal por mal (Ro 12.17-21).

IV. Sean agradecidos (5.16-18)

«Alégrense, oren, den gracias» suenan como amonestaciones ordinarias; pero cuando se les añade los adverbios se tiene un desafío real: «Estad siempre gozosos. Orad sin cesar. Dad gracias en todo». El cristiano que anda con el Señor y mantiene comunión constante con Él verá muchas razones para regocijarse y dar gracias todo el día.

«Orad sin cesar» no quiere decir un constante repetir de oraciones (véase Mt 6.7). La verdadera oración es la actitud del corazón, el deseo del corazón (Sal 10.17; 21.2; 37.4; 145.19). Cuando nuestros corazones desean lo que Dios desea, estamos orando siempre conforme el Espíritu intercede por nosotros y en nosotros (Ro 8.26,27).

V. Tengan cuidado en la adoración (5.19-21)

En la iglesia primitiva «profetizar» era la obra inmediata del Espíritu; el profeta daba el mensaje de Dios. Pero Satanás es el falsificador, de modo que es necesario probar los mensajes (véanse 1 Co 12.10; 14.29-33). El peligro era que los creyentes «podían excederse» en abusos emocionales o ir al otro extremo, apagar el Espíritu al rechazar sus revelaciones. «Examinadlo todo, retened lo bueno» (v. 21) es la admonición que debemos seguir siempre que oigamos o leamos un mensaje de la Palabra.

VI. Sean fieles en su conducta diaria (5.22-28)

«Especie de mal» quiere decir «toda forma de mal». Por supuesto, ningún santo debería permitir en su vida ninguna cosa que otros podrían entender mal o criticar. Si nos rendimos a Dios, Él es fiel para edificarnos en santidad. La oración, el amor fraternal y la atención a la Palabra de Dios nos santificará y nos mantendrá preparados para el regreso de Cristo.

2 TESALONICENSES

Bosquejo sugerido de 2 Tesalonicenses

Saludo (1.1,2)

I. Estímulo en el sufrimiento (1)
    A. El sufrimiento nos ayuda a crecer (1.3-5)
    B. El sufrimiento nos prepara para la gloria (1.6-10)
    C. El sufrimiento glorifica a Cristo hoy (1.11,12)

II. Aclaración respecto al Día del Señor (2)
    A. La apostasía debe venir (2.1-3)
    B. El templo se debe reconstruir (2.4-5)
    C. Debe quitarse lo que lo detiene (2.6-12)
    D. La Iglesia debe completarse (2.13-17)

III. Establecimiento en la vida cristiana (3)
    A. Oración y paciencia (3.1-5)
    B. Trabajar y comer (3.6-13)
    C. Oír y hacer (3.14-15)

Despedida (3.16-18)

Comparación de los temas de 1 y 2 Tesalonicenses

1 Tesalonicenses	2 Tesalonicenses
1. La venida de Cristo en el aire por la Iglesia, 4.13-18	1. La venida de Cristo a la tierra con su Iglesia.
2. La presente edad de gracia	2. El futuro Día del Señor
3. La obra del Espíritu en la Iglesia	3. La obra de Satanás en el mundo («el misterio de iniquidad»), 2.7
4. Recordarles lo que les había enseñado	4. Corregir las enseñanzas falsas que habían oído

2 TESALONICENSES 1

La iglesia atravesaba persecución (1.4-7) y algunos de los creyentes pensaban que ya estaban en el Día del Señor, aquel tiempo de tribulación en el cual el mundo entero será juzgado. Es posible que una carta, al parecer de Pablo, había llegado a la iglesia (2.1,2) o que algunos de los profetas de la iglesia habían dado este mensaje falso en alguna reunión pública. En cualquier caso, Pablo escribe para explicar el programa de Dios para la edad y animar a estos cristianos que sufrían a que permanecieran fieles al Señor. Destaca tres propósitos detrás del sufrimiento.

I. El sufrimiento nos ayuda a crecer (1.3-5)

«La sangre de los mártires es la semilla de la Iglesia» escribió Tertuliano el padre de la Iglesia; y la historia demuestra que es verdad. Un cristiano chino devoto dijo: «El sufrimiento en China ha multiplicado las bendiciones porque ha purificado a la iglesia». Los cristianos tesalonicenses tenían una reputación de una fe creciente, esperanza constante y amor abundante (1 Ts 1.3); y sus experiencias difíciles hacían que creciera su fe, esperanza y amor.

Todavía más, su testimonio seguía creciendo también, porque todas las iglesias habían oído de ellos y su postura por el Señor. Pablo podía gloriarse de ellos en todas las iglesias. Su firmeza y perseverancia era un estímulo para otros creyentes.

Nótese también que crecían en paciencia (v. 4). «La tribulación produce paciencia» (Ro 5.3). Por supuesto, en el NT «perseverancia» no es simplemente «esperar a que pase»; es firmeza en perseverar en el Señor, seguir avanzando cuando es difícil. El cristiano que ora por más paciencia debe esperar más tribulación, porque la tribulación es la herramienta espiritual que Dios usa para hacernos pacientes.

Cuando viene el sufrimiento, o bien nos desarrollará o nos destrozará. Si aceptamos el sufrimiento, nos rendimos a la voluntad de Dios y por fe continuamos fieles, entonces el sufrimiento nos hará crecer. Si resistimos el sufrimiento, nos quejamos a Dios y nos damos por vencidos en incredulidad, entonces el sufrimiento destrozará y debilitará nuestro testimonio. Véase 1 Pedro 4.12-19.

II. El sufrimiento nos prepara para la gloria (1.6-10)

Pablo no mira el sufrimiento como una carga, sino como una bendición, un privilegio. Sufrir por Cristo es un don (Flp 1.29). Cuando Pablo dijo que deberían ser «tenidos por dignos del reino de Dios» (v. 5) no sugería que podían ganarse un lugar en el cielo por sus méritos. «Dignos» describe aptitud, idoneidad, no mérito. Dios nos hace aptos mediante el sufrimiento para la gloria que está por delante. El sufrimiento y la gloria no pueden separarse (Mt 5.10-12; 1 P 4.12-14; 5.1). Nuestro sufrimiento aquí ahora es nada más que la preparación para la gloria que se ha de revelar (Ro 8.18; 2 Co 4.16-18).

Pero la perseverancia en el sufrimiento es también un testimonio para el mundo perdido. Puede parecer que Dios no juzga los pecados del mundo, pero esto no es verdad. Si andamos en incredulidad nos desanimaremos pensando que Dios no vindica a los suyos (véanse Sal 73 y Habacuc), pero Dios prepara juicio para el malo. Sabiendo esto, podemos descansar con confianza. Dios «recompensará» el juicio; o sea, retribuirá al malo en la misma medida y en la misma clase que han retribuido a los cristianos. Faraón ahogó a los niños de Israel y Dios ahogó al ejército egipcio en el Mar Rojo. Judas traicionó a Jesús para que lo colgaran en un madero y Judas mismo fue y se ahorcó en un árbol. Saúl intentó matar a David con la espada y él mismo murió por la espada. Los pecadores cosechan lo que siembran.

Cuando Cristo venga a la tierra con su Iglesia, juzgará a los malos que estén vivos en la tierra. Sufrirán el infierno eterno por dos razones: no conocieron a Dios (ignorancia voluntaria, Ro 1.18-32), y no obedecieron a Dios (desobediencia voluntaria). Dios ordena a los pecadores que se arrepientan (Hch 17.30); rechazar a Cristo es desobediencia. Por supuesto, el mundo no estará listo para la súbita venida de Cristo en juicio (Ap 19.11-21) y lo tomará desprevenido. El orden de los acontecimientos es: (1) el regreso secreto de Cristo en el aire por la Iglesia, lo cual puede ocurrir en cualquier momento; (2) el Día del Señor (1 Ts 5.1ss); (3) el surgimiento y crecimiento en poder del hombre de pecado; (4) la venida súbita de Cristo a la tierra con la Iglesia; (5) el juicio de los pecadores y Satanás apresado y atado por mil años (Ap 19.11–20.3).

III. El sufrimiento glorifica a Cristo hoy (1.11,12)

Jesucristo será glorificado en sus santos en ese día (v. 10); pero los creyentes deben glorificarle cada día que viven. Esta es la petición de la oración de Pablo por los creyentes: que Dios pueda cumplir su propósito en sus vidas y que el nombre de Cristo sea glorificado a través de ellos. El ministerio de Pablo era la Palabra de Dios y la oración (véase Hch 6.4). Enseñaba al pueblo las verdades de Dios, luego oraba por ellos para que pusieran en práctica lo que les había enseñado.

Los creyentes podemos tener confianza en el sufrimiento debido a que Dios nos ha escogido y nunca nos olvidará. La buena obra que Dios empieza, la completará (Flp 1.6). Si tal parece que el mundo pecador está ganando hoy la batalla, podemos descansar en fe, sabiendo que mañana ese mundo perderá la batalla. Nuestra responsabilidad es vivir de manera digna este supremo llamamiento (v. 11) y permitir que Dios obre su perfecta voluntad en fe y poder. Nótese las «verdades gemelas» en este capítulo: fe y amor (v. 3); fe y paciencia (v. 4); fe y poder (v. 11).

¿Qué deben hacer los cristianos que están en la voluntad de Dios cuando atraviesan pruebas y tribulaciones dolorosas? Deben: (1) agradecer a Dios por su salvación y porque Él está con ellos; (2) someterse a la voluntad de Dios sin quejarse; (3) pedir a Dios que les dé sabiduría para comprender su voluntad; (4) observar en busca de oportunidades para testificar y glorificar a Dios en la situación; (5) esperar con paciencia hasta que se cumplan los propósitos de Dios. Por supuesto, si estamos fuera de la voluntad de Dios y vienen los problemas (¡y vendrán!), debemos aceptar el castigo de su mano.

Este primer capítulo es un gran estímulo para el creyente en estos días de prueba. El mundo se precipita cuesta abajo hacia el infierno a velocidad vertiginosa. No quiere oír o no quiere prestar atención a la Palabra de Dios. Los cristianos fieles sufren mientras que los incrédulos impíos prosperan. Parece como si Dios se hubiera olvidado de los suyos. Pero no es así, dice Pablo. El creyente puede «descansar» (v. 7) —y esta palabra quiere decir «aflojar la tensión»—, sabiendo que Dios está obrando en el mundo. Un día Él vindicará a los suyos y ejecutará su venganza contra los perdidos.

2 TESALONICENSES 2

En este capítulo Pablo llega al meollo de su carta, su explicación respecto al Día del Señor y al hombre de pecado. Los cristianos estaban «temblando» en lugar de estar confirmados (1 Ts 3.2,13) debido a que se les había dicho (falsamente) que el Día del Señor ya había venido. «Está cerca» en el versículo 2 debe leerse como «ya está presente». Pablo explica que ciertos acontecimientos deben ocurrir antes de que este día de ira y juicio venga sobre el mundo.

I. La apostasía debe tener lugar (2.1-3)

La palabra «apostasía» quiere decir «abandonar la fe». Aquí se refiere a alejarse de la verdad de la Palabra de Dios. A pesar de que había sin duda falsos maestros en los días de Pablo, la iglesia en su mayor parte estaba unida en las verdades de la Palabra de Dios. Si usted encontraba a otro cristiano, sabía que esa persona creía en la Palabra de Dios, la deidad de Cristo y la salvación por la fe en Cristo. ¡Esto, ciertamente, no es verdad hoy en día! Vivimos en tiempos de «incredulidad cristiana»; gente que dice ser cristiana y sin embargo niega la deidad de Cristo, la inspiración de la Biblia y cosas por el estilo.

Esta apostasía, o abandono de la verdad, está prometida en 1 Timoteo 4 y 2 Timoteo 3. Hoy en día vivimos en tiempos de apostasía, lo cual indica que la venida del Señor está cerca. La iglesia profesante (la cristiandad) se ha alejado de la verdad.

II. El templo debe reconstruirse (2.4,5)

Pablo asegura el surgimiento de un dictador mundial, el «hombre de pecado, el hijo de perdición» (v. 3). No habla de un sistema mundial, sino de alguien que encabezará un sistema mundial. Este «hombre de pecado» contrasta con Cristo, el Salvador del pecado. Aquel es el hijo de perdición; Cristo es el Hijo de Dios. Aquel es un mentiroso; Cristo es la Verdad. Comúnmente llamamos a este hombre «el anticristo», lo cual significa tanto «contra Cristo» como «en lugar de Cristo». Este gobernante mundial recibirá el poder del diablo y unirá a las naciones de Europa en una gran federación (los diez cuernos de la estatua de Daniel 7). De acuerdo a Apocalipsis 17 el anticristo cooperará con el mundo apóstata para que aumente su poder y luego destruirá ese sistema religioso cuando ya no lo necesite más.

El programa es como sigue: (1) el Rapto de la Iglesia; (2) el anticristo empezará a subir al poder de una manera pacífica; (3) unirá a Europa y hará un pacto de siete años con Israel para proteger a esta nación (véase Dn 9); (4) después de tres años y medio romperá el pacto e invadirá Israel; (5) abolirá toda religión y se colocará a sí mismo para que se le adore (Ap 13); (6) al final del período de siete años de tribulación (Día del Señor), Cristo volverá a la tierra y destruirá al anticristo y su sistema. Tanto el AT como el NT predicen el regreso de los judíos a Palestina y la reconstrucción del templo judío. La «abominación desoladora» de Daniel 11.31 y Mateo 24.15 se manifestará cuando el anticristo se siente en el templo.

III. El que lo detiene debe ser quitado (2.6-12)

El misterio de iniquidad de Satanás ya está trabajando en el mundo y podemos ver sus actividades impías creciendo rápidamente. ¿Qué, entonces, detiene el programa maligno de Satanás y el surgimiento del anticristo? Dios tiene «el que lo detiene» en el mundo, el cual creemos que es el Espíritu Santo obrando en la Iglesia y a través de ella. Dios tiene sus «tiempos y sazones» determinados (1 Ts 5.1), e incluso Satanás no lo puede desviar de lo que ha decidido. Según el versículo 7 el que lo detiene es el Espíritu y Él seguirá deteniendo las actividades de Satanás hasta que «sea quitado de en medio» cuando venga el Arrebatamiento de la Iglesia. Por supuesto, el Espíritu todavía continuará obrando en la tierra, puesto que la gente creerá y se salvará después del Rapto; pero su ministerio de estorbar mediante el cuerpo de Cristo llegará a su fin. Esto le dará a Satanás curso libre para llenar la copa de la iniquidad hasta el borde.

Satanás trabajará mediante el anticristo con poderes milagrosos (vv. 9-10), así como los magos de Egipto imitaron los milagros de Moisés. Imitará los poderes de Cristo (véase Hch 2.22) y logrará que el mundo lo acepte y le adore. ¡Los hombres prefieren creer una mentira antes que la verdad! Por supuesto que a los verdaderos creyentes salvos después del Rapto no los engañarán, sino a los perdidos que al fin y al cabo acabarán en el infierno. Habrán creído la mentira, que es adorar y servir a la criatura antes que al Creador (Ro 1.25).

IV. La Iglesia debe completarse (2.13-17)

El Día del Señor se aplica a las naciones gentiles y a los judíos, pero no a la Iglesia. Es un día de ira y la Iglesia no está destinada para la ira (1 Ts 1.10; 5.9). El propósito de la tribulación es el castigo de los gentiles y la purificación de la nación judía, que para este tiempo habrá regresado a su propia tierra en incredulidad. Pero el anticristo no empieza a ascender al poder sino hasta que Cristo haya sacado a la Iglesia de la tierra. ¡Qué contraste entre la Iglesia y los seguidores del anticristo! Nosotros hemos sido salvos por creer en la Verdad; ellos están condenados porque creyeron una mentira. Nosotros hemos creído en las buenas nuevas del evangelio; ellos creen las falsas promesas del diablo. Nosotros hemos sido escogido para gloria; ellos están destinados al infierno.

Pablo hace una maravillosa aplicación: ¡estén firmes! No se dejen llevar por las convulsiones del mundo, trastornos políticos, ni la apostasía religiosa. Todas estas cosas deben suceder, pero Dios sigue todavía en el trono. A medida que el fin de la edad se acerca será cada vez más difícil vivir por Cristo y servirle. ¿Qué debe hacer el cristiano? ¡Aferrarse a la Palabra de Dios! No escuche las mentiras del diablo: las enseñanzas de las sectas, las promesas dulzonas de los falsos maestros. ¡Aférrense a la Palabra de Dios! Tenemos en Cristo y en su Palabra estímulo eterno y buena esperanza.

Debemos seguir trabajando. «Toda buena palabra y obra» (v. 17) es un buen lema para practicar en estos días de tinieblas. Persevere en esparcir la Palabra; en trabajar por Cristo. Al ganar a otros estamos edificando el cuerpo. Cuando el cuerpo quede completo, será arrebatado a la gloria. Esto es lo que Pedro quiere decir al afirmar «apresurándonos para la venida del día de Dios» (2 P 3.11,12). Mientras la Iglesia esté en el mundo, estorba el programa de Satanás; pero una vez que la Iglesia haya sido quitada Satanás tendrá mayor libertad. Procurará destruir a Israel y arruinar a la humanidad.

Estos son días grandes y de desafíos. ¡Ojalá seamos hallados fieles cuando Él venga!

2 TESALONICENSES 3

La Segunda Venida de Cristo es más que una doctrina para examinar y estudiar; es una verdad en la cual afirmar nuestras vidas y para hacernos mejores cristianos. No es suficiente saber respecto a su venida, o creerla; debemos practicarla en la vida diaria. Desafortunadamente algunos de los creyentes de Tesalónica abusaban de la doctrina de la venida de Cristo. En este capítulo final Pablo les exhorta a que cambien sus caminos. Hay tres admoniciones prácticas aquí.

I. Orar y ser pacientes (3.1-5)

¡Qué tremendo poder tiene el creyente en la oración! Aunque Satanás está trabajando en el mundo, todavía podemos orar a Dios y ver que Él responde. La petición de Pablo es para que oren por su ministerio de la Palabra. La única manera de contrarrestar las mentiras de Satanás es mediante la proclamación de la Palabra de Dios. La Palabra es viva (Heb 4.12) y Pablo desea verla que «corra» (v. 1) por todo el mundo. Donde la Palabra de Dios se ignore, Pablo anhela fervientemente verla glorificada. La Palabra en efecto tenía curso libre entre los creyentes de Tesalónica y estaba siendo glorificada porque la recibieron y la creyeron (1 Ts 2.13; 2 Ts 2.13).

También ora que los siervos de Dios puedan ser librados de los hombres perversos. Siempre que llevemos el evangelio Satanás levantará hombres irracionales (perversos) y malvados que se nos opondrán (véase Hch 18.1-12). Estos incrédulos se oponen a la Palabra misma e incluso a los que la esparcen. No podemos confiar en los hombres, pero podemos confiar en nuestro fiel Dios. «Él es fiel» (véase v. 3) es la frase favorita del cristiano perseverante.

Los creyentes tienen que ser pacientes al orar y esparcir la Palabra. Dios puede darnos esta paciencia conforme crecemos en nuestro amor por Cristo. El mayordomo que se impacienta mientras espera por su Señor tiene problemas con su corazón y obediencia (Mt 24.42-51). Pablo nos dice que amemos su aparición (2 Ti 4.8). Donde hay amor, habrá paciencia y esperanza.

II. Trabajen si quieren comer (3.6-13)

Algunos de los creyentes habían aplicado erróneamente la enseñanza concerniente al regreso de Cristo. «Si el Señor va a regresar pronto», razonaban, «¡debemos dejar nuestros trabajos y esperar su regreso!» A través de los siglos grupos marginales han cometido la misma equivocación. Han dejado el mundo, se han ido a una montaña y esperado que el Señor regrese, tan solo para volver avergonzados a sus hogares. ¡Qué necia puede ser la gente cuando resisten la clara enseñanza de la Palabra de Dios! Pablo amonesta a los verdaderos creyentes a que se alejen de estos cristianos holgazanes que desobedecían la Palabra, para que los ofensores se avergonzaran y corrigieran sus caminos equivocados (vv. 6,14). Los fieles debían tratar a los ofensores como hermanos, no como enemigos; pero no tenían por qué soportar su pecado.

Pablo señaló su enseñanza y ejemplo. Mientras estuvo con ellos, trabajó con sus manos para sostenerse él y sus colaboradores (véanse 1 Ts 2.9-12; Hch 20.33-35). Muchas veces les había enseñado que trabajaran fielmente como cristianos y suplieran para sus propias necesidades. «Si alguno no quiere trabajar, tampoco coma» era el principio que seguía Pablo. Por supuesto, la iglesia cuidaba de quienes tenían realmente necesidades y no podían trabajar (véanse Hch 6; 1 Ti 5); pero la iglesia no está obligada a ayudar a los que pueden trabajar pero no quieren hacerlo. Los que rehúsan trabajar se vuelven entremetidos; les sobra el tiempo e interfieren en los asuntos de otro. Esto crea un mal testimonio ante el inconverso (véase Col 4.5). La verdad de la Segunda Venida de Cristo debe impulsarnos a trabajar más duro y a ser fieles para obedecer su Palabra.

Cuando los cristianos fieles ven a los cristianos infieles vivir como lo hacen, con frecuencia se desaniman. «¿De qué sirve?», dicen. Pablo les anima: «No os canséis de hacer el bien» (v. 13). Ojalá seamos hallados fieles cuando Jesús venga y estemos delante de Él.

III. Oír la Palabra y hacerla (3.14-18)

La Palabra de Dios es para oír y obedecer. Los que se negaban a obedecer lo que Pablo decía, debían señalarlos y aplicárseles las medidas del caso. Esta acción no es disciplina oficial de la iglesia, según se analiza en 1 Corintios 5, sino acción correctiva personal aplicada por miembros de la misma de manera individual. No debemos alentar la holgazanería. Si cada cristiano obedeciera la Palabra de Dios, la iglesia sería más santa, más feliz y más eficaz en el testimonio y en el servicio.

Uno de los puntos fuertes de la iglesia de Tesalónica era su actitud hacia la Palabra de Dios. Oyeron y recibieron la Palabra, la creyeron (1 Ts 1.5,6; 2.13) y la enseñaron a otros. Pero evidentemente algunos de los creyentes se estaban endureciendo a la Palabra: la oían pero no la obedecían. La evidencia de su incredulidad y desobediencia se veía en cómo vivían y sus vidas eran una desgracia para la iglesia. Debemos ser oidores y hacedores de la Palabra (Stg 1.22-27).

La bendición de Pablo se refiere a la paz y la gracia. ¡Cuánto necesitan paz estos creyentes! Atravesaban gran tribulación; algunos habían muerto; algunos vivían desordenadamente. Podemos tener paz en nuestros corazones si nos sometemos a Cristo, creemos en sus promesas y esperamos su regreso. ¡Nada estimulará más al creyente que está atravesando pruebas como la esperanza del regreso de Cristo!

Esta paz viene de su presencia: «El Señor sea con todos vosotros». Este es el Dios de paz dándonos la paz de Dios (Flp 4.4-9).

Pablo añadió su rúbrica personal y bendición de gracia, lo cual era la manera en que concluía sus cartas, garantizando así su genuinidad. Satanás tiene sus falsificaciones y embustes, de modo que Pablo tiene el cuidado de asegurarles que su carta era auténtica y autorizada. Véanse 1 Corintios 16.21; Gálatas 6.11 y Colosenses 4.18.

1 Timoteo

Bosquejo sugerido de 1 Timoteo

I. La iglesia y su mensaje (1)
  A. Enseñar doctrina sana (1.1-11)
  B. Predicar un evangelio glorioso (1.12-17)
  C. Defender la fe (1.18-20)

II. La iglesia y sus miembros (2–3)
  A. Hombres que oran (2.1-8)
    1. Por los gobernantes (2.1-3)
    2. Por los pecadores (2.4-8)
  B. Mujeres modestas (2.9-15)
    1. En el vestido (2.9,10)
    2. En la conducta (2.11-15)
  C. Dirigentes consagrados (3.1-13)
    1. Pastores (3.1-7)
    2. Diáconos (3.8-13)
  D. Creyentes de buen comportamiento (3.14-16)

III. La iglesia y su ministro (4)
  A. Un buen ministro (4.1-6)
  B. Un ministro piadoso (4.7-12)
  C. Un ministro que crece (4.13-16)

IV. La iglesia y su ministerio (5–6)
  A. A los santos ancianos (5.1,2)
  B. A las viudas (5.3-16)
  C. A los líderes de la iglesia (5.17-25)
  D. A los siervos (esclavos) (6.1,2)
  E. A los que crean problemas (6.3-5)
  F. A los ricos (6.6-19)
  G. A los «educados» (6.20,21)

Notas preliminares a 1 Timoteo

I. Trasfondo

El libro de Hechos finaliza con la prisión de Pablo en Roma (Hch 28.30,31). En tanto que el NT no nos da ninguna idea clara de los últimos años de Pablo, la mayoría de los estudiosos concuerda con la siguiente cronología: Pablo fue puesto en libertad por César y obligado a salir de Roma después de haber estado preso como por dos años. Esto sería alrededor de la primavera del año 62 d.C. Con Lucas y Timoteo visitó Éfeso, donde descubrió que su profecía respecto a los «lobos» (Hch 20.29,30) se había cumplido, porque a la iglesia de Éfeso la invadieron falsos maestros. Sus advertencias en 1 Timoteo sugieren que esta falsa enseñanza era similar al gnosticismo que había atacado a la iglesia de Colosas. Pablo ministró allí por poco tiempo, luego se fue a Filipos. Dejó a Timoteo como su ayudante especial para que supervisara a la iglesia de Éfeso y se deshiciera de los maestros falsos. Su partida fue triste, de acuerdo a 2 Timoteo 1.4.

II. La carta

Es muy probable que Pablo estaba en Colosas disfrutando de la prometida visita a Filemón, cuando escribió esta primera carta al joven Timoteo (Flm 22). Pablo planeaba regresar pronto a Éfeso (1 Ti 3.14), pero los asuntos en la iglesia efesia eran tan urgentes que no se atrevió a dilatar su consejo a su ayudante. Esta carta está llena de estímulo para un obrero cristiano joven que enfrentaba muchos problema difíciles en una «iglesia de ciudad grande». Podemos resumir estos problemas como sigue:

(1) Timoteo era un joven que procuraba pastorear personas mayores (4.12; 5.1,2), y esto no es fácil hacer.
(2) Timoteo echaba mucho de menos a Pablo y quería tirar la toalla (1.3; 2 Ti 1.4).
(3) Timoteo era proclive a descuidar sus deberes pastorales y su vida devocional como líder cristiano (4.11-16)
(4) Timoteo había tomado algunas decisiones precipitadas, especialmente respecto a los dirigentes de la iglesia, y eso le había causado algunas dificultades (5.17-22).
(5) Timoteo tenía una tendencia hacia el ascetismo y la disciplina corporal que realmente le estaba haciendo daño físicamente (4.7,8; 5.23).
(6) Timoteo había admitido ante Pablo que las «tentaciones juveniles» le acosaban como plaga (2 Ti 2.22), lo cual no es sorpresa en la impía Éfeso.
(7) Había falsos maestros que necesitaban silenciarse (1.3ss).

(8) Timoteo precisaba consejo respecto a cómo manejar los asuntos de la iglesia, especialmente referente a los dirigentes y a las viudas (3.1ss; 5.3ss).

Una de las palabras clave en 1 Timoteo es «te encargo», algunas veces traducida como «te mando» u «ordeno» (1.3,5,18; 4.11; 5.7; 6.13,17). Era un término militar, refiriéndose a una orden que debía trasmitirse de rango en rango. Dios le había confiado el evangelio a Pablo (1.11), quien lo había trasmitido a Timoteo (1.18,19; 6.20). Timoteo estaba «encargado» de guardar este tesoro (2 Ti 1.13,14) y pasarlo a creyentes fieles que a su vez lo confiarían a otros (2 Ti 2.2). El lenguaje militar se entrelaza a través de ambas epístolas a Timoteo: 1.18; 5.14 (donde «ocasión» significa «una base de operaciones»); 2 Timoteo 2.3; 3.6.

El tema básico de 1 Timoteo se resume en 3.15: que la gente (no «tú») sepa la manera de conducirse como miembros de la iglesia local. Es un libro de «saber cómo» para el joven pastor y para el miembro de la iglesia. La iglesia local es la «columna y baluarte [cimiento] de la verdad», sin embargo la gente la descuida y abusa de ella al desobedecer la Palabra de Dios. Oremos mientras estudiamos 1 Timoteo para que seamos mejores cristianos y por consiguiente mejores miembros de la iglesia.

1 Timoteo 1

Timoteo quería renunciar y la primera preocupación de Pablo era animarle a que se quedara y acabara la tarea. Casi todos los obreros cristianos han querido tirar la toalla en alguna ocasión u otra, pero, como solía decir el Dr. V. Raymond Edman, antiguo presidente de la Universidad de Wheaton: «¡Siempre es demasiado pronto para darse por vencido!» En este capítulo Pablo anima al joven Timoteo al recordarle de su posición ante Dios y de que Él le llevará a la victoria.

I. Dios te ha confiado un ministerio (1.1-11)

Timoteo no estaba en Éfeso porque Pablo lo pusiera allí. Fue *Dios* quien le confió un ministerio en esa importante ciudad. Así como Dios había encargado un ministerio en manos de Pablo (1.11), le había dado a Timoteo una mayordomía especial y esperaba que fuera fiel. «Edificación de Dios» en el versículo 4 debería leerse «una mayordomía de Dios». Los falsos maestros en Éfeso ministraban su programa, no una mayordomía que le diera Dios. La primera responsabilidad de un administrador es ser fiel a su maestro (1 Co 4.1-7). Había falsos maestros en Éfeso que trataban de hacerse nombre para sí mismos como maestros de la Ley, pero que no sabían de qué hablaban. Se alejaron de la verdad de la Palabra y daban oído a fábulas (v. 4) e interminables genealogías, provocando más preguntas de las que podían contestar. ¡Qué cuadro de algunos maestros de hoy! Sus «ministerios» no edifican a los cristianos ni a la iglesia local, sino que en lugar de eso promueven argumentaciones y divisiones. En el versículo 5 Pablo contrasta a los falsos maestros y sus ministerios con el verdadero mayordomo de la gracia de Dios. El objeto del mayordomo de Dios es ver que las personas se amen unas a otras con un amor que viene de un corazón puro, una buena conciencia y una fe sincera. ¡Pero estos falsos maestros promovían divisiones interminables y charla vacía!

Pablo le explica a Timoteo la significación de la Ley. «Dios no nos dio la Ley para salvar a las personas», destaca Pablo, «sino para mostrarles cuánto necesitan ser salvos». Debe haber un legítimo uso de la Ley (véase Ro 7.16). En los versículos 9-10 Pablo menciona una lista de pecadores que están convictos y condenados por la Ley y si comparamos esta lista con Éxodo 20, veremos que se incluyen prácticamente los Diez Mandamientos.

Dios les encomendó a Pablo y Timoteo un evangelio glorioso, no un sistema de leyes (2 Co 3–4). «Sana doctrina» (v. 10) literalmente significa «enseñanza saludable», esto es, enseñanza que promueve la salud espiritual. Nuestra palabra «higiene» proviene de esta palabra griega. Nótese 2 Timoteo 1.13 y 4.3; tanto como Tito 1.9,13 y 2.1,2,8. En 2 Timoteo 2.17 Pablo advierte que las falsas enseñanzas comerán «como gangrena». (¡El Dr. Lucas debe haber apreciado las muchas referencias de Pablo a la ciencia médica!)

II. Dios te capacitará para que hagas tu trabajo (1.12-17)

Pablo se pone como ejemplo de alguien que Dios ha capacitado, por gracia, para servir eficazmente. La palabra «ministerio» en el v. 12 es *diaconía* en griego, de la cual procede nuestra palabra castellana «diácono» y significa «un siervo».

Timoteo estaba preocupado porque pensaba que era demasiado joven y le faltaban las cualidades necesarias para el ministerio. «¡Mírame!», dice el apóstol. «Fui blasfemo y asesino antes de que Dios me salvara. Si la gracia de Dios puede hacer de un asesino un misionero, también puede hacer que tengas éxito». Pablo siempre tenía cuidado de dar a Dios la gloria por su vida y ministerio (1 Co 15.10). Cualquiera que sirve al Señor (y todos los creyentes deben ser siervos) necesita depender de la gracia de Dios. Somos salvos por gracia (Ef 2.8,9), pero también servimos mediante la gracia (Ro 12.3-6). En el versículo 14 Pablo menciona tres fuerzas motivadoras en la vida: la gracia, la fe y el amor. Su amor por Cristo y por los pecadores perdidos le impulsaba a trabajar (2 Co 5.14ss); su fe en Cristo le daba poder (Ef 1.19); y la gracia de Dios obraba en su vida, capacitándole para servir a Dios (Heb 12.28).

Pablo consideraba su salvación un modelo (ejemplo) de lo que Dios haría por los pecadores perdidos, especialmente por su amada Israel. Los incrédulos de hoy no son salvos de la manera en que Pablo lo fue, o sea, al ver una luz y oír una voz; sino que son salvos por gracia, por medio de la fe, a pesar de sus pecados. El pueblo de Israel se salvará un día en el futuro así como Pablo se salvó en el camino a Damasco: verán a Cristo, se arrepentirán, creerán y serán cambiados.

En el versículo 15 tenemos el primero de las varias expresiones de «palabra fiel» que Pablo señala (véanse 3.1; 4.9; 2 Ti 2.11; Tit 3.8). Se piensa que estos son dichos de profetas del NT en la iglesia primitiva que resumían enseñanzas importantes. Los primeros cristianos no tenían Biblia escrita a la cual referirse; citaban estas «expresiones» como afirmaciones autorizadas de la fe.

III. Dios te ha equipado para la batalla (1.18-20)

La vida cristiana no es un patio de juegos; es un campo de batalla. Dios reclutó a Timoteo como soldado cristiano (2 Ti 2.3,4). Pablo le recuerda al joven pastor de su ordenación años atrás. Es evidente que algunos de los profetas de la iglesia local habían recibido la instrucción del Espíritu Santo para apartar a Timoteo y ordenarle para el servicio especial (véanse Hch 13.1-3; 1 Ti 4.14; 2 Ti 1.6). «¡Dios no te llama sin primero equiparte!», le estimula Pablo. «El hecho de que su Espíritu te selló es prueba de que Dios te ayudará a salir adelante en las batallas que se avecinan». Véase Filipenses 1.6. Timoteo debía usar la Palabra de Dios como una afilada espada de dos filos para vencer a Satanás (Ef 6.17; Heb 4.12).

No es suficiente, sin embargo, tener la doctrina correcta; el soldado cristiano también debe tener la vida correcta («fe y buena conciencia», v. 19). Pablo menciona la conciencia varias veces en sus cartas pastorales a Timoteo y a Tito (véanse 1 Ti 1.5,19; 3.9; 4.2; 2 Ti 1.3; Tit 1.15). La palabra «conciencia» es de origen latino y significa «conocer con». La conciencia es el juez interno que da testimonio de nuestras acciones (véase Ro 2.15). Es posible que el creyente mantenga una doctrina ortodoxa mientras que vive en pecado oculto; y este es el camino para el naufragio espiritual. «Desechar» la conciencia es abrir la puerta al pecado y a Satanás. Una «conciencia pura» se convierte en una «conciencia contaminada» y a fin de cuentas llega a ser una «conciencia encallecida» sin nada de sensibilidad espiritual.

Pablo menciona a dos hombres de Éfeso que tal vez le causaban problemas a Timoteo: Himeneo (2 Ti 2.17) y Alejandro (2 Ti 4.14). Estos dos hombres pertenecieron a la iglesia efesia y Pablo les disciplinó debido a su blasfemia, probablemente su enseñanza de falsa doctrina. La palabra «aprendan» en el versículo 20 significa «aprendan mediante la disciplina», sugiriendo que Satanás lidiará con ellos mediante circunstancias adversas. No era fácil para el joven Timoteo enfrentar a estos hombres con la verdad de Dios, pero tenía que hacerlo para preservar la pureza y el poder de la iglesia. Habría menos doctrinas falsas si los cristianos hubieran resistido a los falsos maestros de ayer.

1 TIMOTEO 2

En los capítulos 2–3 Pablo se refiere al ministerio público de la iglesia y los papeles que los diferentes miembros deben desempeñar. El capítulo 1 analiza el ministerio de la Palabra y su énfasis está en la oración. Los dos principales ministerios del pastor son la Palabra de Dios y la oración (Hch 6.4). Es triste ver a las iglesias privándoles a sus pastores de estos importantes ministerios al mantenerlos «ocupados» promoviendo un programa, complaciendo a la gente y practicando la política eclesiástica. Si las iglesias simplificaran su organización y purificaran sus motivos, los pastores podrían realizar la obra espiritual para la gloria de Dios.

Es importante que la iglesia tenga un ministerio equilibrado de la Palabra de Dios y la oración. La Palabra instruye a la iglesia; la oración la inspira a obedecer la Palabra. La iglesia que tiene abundancia de enseñanza bíblica, pero poca oración, tendrá «mucha luz pero poco calor». ¡Será ortodoxa, pero congelada! El otro extremo es la que tiene mucha oración y entusiasmo religioso, pero muy poca enseñanza de la Palabra; esto puede producir un grupo de personas con mucho celo, pero sin conocimiento.

I. El lugar de la oración en la iglesia local (2.1-8)

A. *Su importancia.*

Pablo menciona «antes que todo» a la oración. La iglesia local no ora debido a que se espera que lo haga; ora debido a que la oración es vital para la vida de la iglesia local. El Espíritu Santo obra en la iglesia mediante la oración y la Palabra de Dios (1 Ts 2.13; Ef 3.20,21). La iglesia que ora tendrá poder y hará un impacto duradero por Cristo. Nótese cómo los creyentes en Hechos se dedicaron a la oración y vencieron a sus enemigos. Pablo nos exhorta a orar, ¡es importante!

B. Su naturaleza.

Las oraciones de la iglesia deben incluir: (1) rogativas, que significa decirle a Dios nuestras necesidades; (2) acciones de adoración y alabanza; (3) intercesión, que involucra peticiones a favor de otros; y (4) acciones de gracias, o gratitud por lo que Dios ha hecho. Véanse Filipenses 4.6 y Daniel 6.10,11. Debemos orar por la familia de la iglesia, por supuesto, pero no debemos detenernos allí. «Todos los hombres» (v. 1) necesitan nuestras oraciones.

C. Sus metas.

El versículo 2 sugiere que la oración ayuda a mantener la paz en nuestra sociedad. En la medida en que los cristianos oran por los líderes gubernamentales, Dios rige y protege a su iglesia de los hombres impíos. El versículo 3 indica que, sobre toda otra cosa, la oración agrada a Dios y glorifica a Cristo. Si oramos sólo para satisfacer nuestras necesidades, tenemos un punto de vista muy bajo de la oración. Por supuesto, debemos orar por la salvación de los perdidos (vv. 4-7). Cristo murió por todos los hombres y Dios quiere que todos sean salvos (véase 2 P 3.9); por consiguiente, el Espíritu dirige al creyente a orar por los perdidos.

D. Sus condiciones.

El versículo 8 asienta las condiciones para la oración pública en la iglesia local: (1) «sin ira», amándose el uno al otro; (2) «manos santas», o sea, vidas limpias, obedientes; y (3) fe. Véase Marcos 11.20-26. Los hombres deben asumir el liderazgo en el ministerio de la oración de la iglesia.

II. El lugar de la mujer en la iglesia local (2.9-15)

El cristianismo, como ninguna otra fe religiosa, elevó la posición de la mujer y el niño. En lugar de criticar a Pablo por estas instrucciones, las mujeres deben agradecer a Dios por la bendición que la fe cristiana ha sido para ellas en todo el mundo. Pablo recalca de nuevo el principio de la cabeza (véanse Ef 5.22ss; 1 Co 11.1-16). La iglesia local que se niega a reconocer este principio puede crear confusión. Hay un principio triple en cuanto a la cabeza de la asamblea local: (1) Cristo es la Cabeza del cuerpo, Colosenses 1.18; (2) el pastor es la cabeza del rebaño, Hechos 20.28; y (3) el esposo es cabeza de la esposa, 1 Corintios 11.1-16; 1 Timoteo 2.12.

Pablo nos da las características de la mujer cristiana ideal en la iglesia.

A. Modestia (v. 9).

¡Pablo no dice que la mujer cristiana deba vestir ropas viejas o fuera de moda!

Más bien recalca que el ser interior es más importante que la apariencia externa (1 P 3.1-6). Los vestidos modestos glorifican a Cristo; las modas exageradas sólo hacen hincapié en la persona y hacen que el cristiano parezca mundano. Es posible que el cristiano sea moderno y sin embargo modesto.

B. *Pureza.*
«Profesan piedad». La piedad es una de las palabras favoritas de Pablo; véanse 2.2,10; 3.16; 4.7,8; 6.3,5,6,11; 2 Timoteo 3.5; Tito 1.1. Por supuesto, la piedad es simplemente una expresión abreviada de la «semejanza a Dios».

C. *Laboriosidad.*
Practica buenas obras (v. 10). Más tarde en esta carta (5.11-14) Pablo advierte respecto a la mujer ociosa que deambula de casa en casa y da la oportunidad a Satanás a llevarla al pecado. La mejor manera de predicar una mujer cristiana es con su vida.

D. *Humildad.*
En 1 Corintios 14.34-40 Pablo amplía este mandamiento. Así como Satanás logró meterse en Edén por medio de Eva, puede meterse en la iglesia local mediante alguna mujer sincera pero equivocada. (Los hombres equivocados también pueden ser un problema; véase 1 Ti 1.20.) Se instruye a la mujer que ejerza sumisión cuando la iglesia local se reúne en asamblea. Si surgen preguntas, antes que interrumpir la reunión, deben preguntarles a sus maridos en casa. Esta regla no impide a la mujer a enseñar ni guiar algún ministerio que le asigne la iglesia local.

Pablo apoya esta regla con un fundamento doctrinal sólido: Adán fue creado primero y tenía primacía en Eva. (Véase 1 Co 11.8,9.) El principio de una cabeza está escrito en el mismo curso de la naturaleza; cuando violamos este principio, estimulamos a la confusión. La iglesia corintia estaba confusa y era parcialmente carnal porque las mujeres estaban tomando el mando sobre los varones y ni hombres ni mujeres se sometían a la Palabra de Dios.

Pablo da una segunda razón para este principio: Satanás halla más fácil seducir a la mujer que a los hombres (v. 14; y véase 2 Co 11.3). Satanás engañó a Eva y pecó. Si Adán hubiera estado a su lado para protegerla, tal vez ella no hubiera cedido a las mentiras de Satanás. Adán pecó con sus ojos bien abiertos, escogiendo más bien estar con su esposa (ahora una pecadora) que caminar con Dios.

«Engendrando hijos» en el versículo 15 tal vez se refiere a la maldición de Génesis 3.16; en otras palabras, las mujeres piadosas se librarán en el peligro del alumbramiento. Algunos opinan que se refiere al nacimiento de Cristo, puesto que el vocablo griego original significa «a través de engendrar hijo», o sea, un hijo muy especial. Pero quizás la primera opinión es la mejor; véase también 5.14. Las madres en espera, que andan en la voluntad de Dios, pueden reclamar esta promesa.

1 TIMOTEO 3

A pesar de que la iglesia es un organismo, un cuerpo vivo y creciendo, unido en Cristo, también es una organización. Es más, todo organismo tiene que organizarse o muere. El cuerpo humano es un organismo vivo, pero también es una máquina altamente organizada. Si la iglesia local ha de realizar eficazmente sus tareas, debe tener liderazgo y esto implica organización.

I. El pastor del Nuevo Testamento (3.1-7)

Los términos «pastor», «anciano» y «obispo», se refieren al mismo oficio. Véanse Hechos 20.17,28 y Tito 1.5,7. Anciano es la traducción del vocablo griego *prebústeros* (que se traduce «presbiterio» en 4.14). La palabra simplemente significa una persona mayor, más madura. Los ancianos judíos (Lc 22.66) eran los adultos dirigentes, reconocidos por su madurez. En la iglesia primitiva se escogía a los pastores de entre los hombres más maduros de la congregación. El término obispo procede del griego *epískopos* y significa «supervisor». La iglesia episcopal obtuvo su nombre de esta palabra. El pastor local, entonces, es un anciano en término de madurez espiritual y un supervisor en términos de ministerio. Filipenses 1.1 da la constitución de la iglesia del NT: santos, obispos, diáconos. Era usual que las iglesias tuvieran más de un anciano o pastor.

A. *Requisitos como persona (vv. 2-3).*

«Irreprensible» no significa exento de pecado; más bien quiere decir «sin reproche». Literalmente la palabra significa «que no se le puede achacar nada»; esto es, que no hay nada en su vida que el enemigo puede usar para estorbar la obra ni arruinar el testimonio. Puesto que el libertinaje moral era un serio problema en esos días, se exigía que el pastor tuviera solamente una esposa; o sea, que no hubiera cuestionamiento respecto a sus normas en el matrimonio. Ha habido un debate prolongado (y acalorado) sobre si Pablo quería atacar la poligamia (un hombre teniendo más de una sola mujer a la vez) o el divorcio. «Sobrio» indica seriedad de propósito y dominio propio. «Prudente» quiere decir «sensato», refiriéndose al buen juicio y acción mesurada. «Decoroso» se podría traducir «ordenado»; sugiere una vida y testimonio bien ordenados. Debe ser un verdadero caballero. Debe amar a la gente y disfrutar al tener a otros en su hogar. «Apto para enseñar» se liga con Efesios 4.11, donde la referencia a «pastores y maestros» es a un mismo y solo oficio. Léase 1 y 2 Timoteo de nuevo para ver cuánto Pablo dice respecto a enseñar la Palabra. Aunque la abstinencia total no se exige explícitamente en la Biblia, sin duda se hace hincapié en la sobriedad; problemas modernos estimulan a la iglesia a adoptar una posición en contra del alcohol y la embriaguez. Un «pendenciero» (v. 3) es el que usa la fuerza física para lograr que otros estén de acuerdo con él y sabemos que «la ira del hombre no obra la justicia de Dios» (Stg 1.20). El pastor no debe tener hambre de dinero;

sino ser paciente con las ovejas; no debe ser contencioso (peleón, dado a discutir); sino libre de codicia, poniendo a Cristo y a la iglesia primero en su vida.

B. Requisitos como familia (vv. 4-5).
El pastor debe ser la cabeza de su familia y debe tener a sus hijos bajo control. ¡Esto no significa decir que a los hijos del pastor no se les permita ser niños! Lo que quiere decir es que deben respetar al Señor y a sus padres, y crecer siendo ejemplo, como lo deben ser todos los cristianos.

C. Requisitos como miembro de la iglesia (vv. 6-7)
No debe ser un recién convertido; si lo es, Satanás puede inflarlo con orgullo y llevarle a caer en pecado. Es peligroso empujar a los nuevos convertidos a posiciones de liderazgo. El pastor debe tener buen testimonio, incluso entre los no salvos («los de afuera», v. 7), porque de lo contrario su mala reputación derribará el testimonio de la iglesia. Es trágico cuando los pastores dejan deudas incobrables y promesas incumplidas. Esto hace daño al testimonio de la iglesia en la comunidad.

II. El diácono del Nuevo Testamento (3.8-13)
«Asimismo» indica que Dios tiene normas igualmente importantes para el diácono, porque debe trabajar con el pastor para guiar los asuntos de la iglesia. «Honesto» significa «tenido en alta estima». «Doblez» indica una persona de dos caras, un cuentista, alguien que dice una cosa a una persona y otra cosa a otra, tratando de ganarse el favor de ambas. Los líderes de la iglesia deben ser de una sola palabra. Las cuestiones del vino y del dinero ya se analizaron en el versículo 3. En el versículo 10 puede haber una advertencia en contra de usar los fondos de la iglesia para provecho personal. Los diáconos deben ser de limpia conciencia, viviendo lo que profesan.

La palabra «mujeres» en el versículo 11 tal vez se refiere a las esposas de los diáconos. Algunas versiones traducen «diaconisas». No tenemos ninguna evidencia clara en el NT de que la iglesia primitiva haya tenido diaconisas al igual que diáconos. En todo caso, estas normas se aplican también a las esposas de los diáconos. Nótese que tanto el pastor como el diácono deben someterse a prueba antes de encargarles el oficio, o sea, se les debe permitir ejercer sus dones en otros ministerios antes de elegirlos como líderes. La posición de diácono es para trabajar, no para figurar. Los dirigentes de la iglesia que son fieles ganan un grado honroso ante Dios y los hombres, y así son capaces de impulsar más la obra de Cristo.

III. La iglesia del Nuevo Testamento (3.14-16)
Mucho se ha escrito respecto a la «verdadera iglesia» o la «iglesia invisible». Ciertamente hay tal concepto en la Biblia, en el sentido de que todos los creyentes pertenecen a Cristo y son uno en Él. Pero el énfasis fundamental del NT es en la iglesia local y esta es tan «iglesia verdadera» como el «cuerpo

místico de Cristo» del cual se oye tanto. En el NT se esperaba que los cristianos se unieran a las iglesias locales y trabajaran para Dios. En estos versículos Pablo muestra la importancia de la iglesia local al describirla mediante varias figuras:

A. La casa de Dios.

Esto es, la familia de Dios en la tierra. Todos los creyentes son hijos de Dios y la iglesia es su familia. Véanse Gálatas 6.10 y Efesios 2.19. Pablo escribió esta carta para enseñar a la gente la manera de comportarse como miembros de la familia de Dios. Si la iglesia es la familia de Dios, es más importante que cualquier otra organización en la tierra.

B. Columna y baluarte de la verdad.

Este lenguaje es de arquitectura. La iglesia es lo que sostiene la verdad de Dios en este mundo. La palabra «baluarte» significa «fortaleza» o «cimiento»; un traductor la traduce como «sótano». En la medida en que la iglesia local es fiel para preservar, predicar y practicar la verdad, la obra de Dios prospera en la tierra. El cristiano infiel debilita el mismo cimiento de la verdad de Dios en el mundo.

C. El cuerpo de Cristo.

El versículo 16 es tal vez un himno cristiano primitivo, memorizado por los santos para cantarlo en sus cultos de adoración. El misterio de la piedad es el programa oculto de Dios para traer piedad a este mundo. Por supuesto, Cristo es el gran misterio de Dios y este canto lo exalta: Su nacimiento, muerte y resurrección; su ministerio terrenal. Es un resumen de la Persona y obra de Cristo, y la idea es que la iglesia local ahora continúa la obra que Él empezó. La iglesia en la tierra es el cuerpo de Cristo en la tierra (véase 1 Co 12.12), donde Pablo habla de una iglesia local, no de la Iglesia universal).

La iglesia es importante para Dios y debe ser importante para nosotros.

1 TIMOTEO 4

Este capítulo se refiere a la vida y labores espirituales del pastor. Indica que un verdadero ministro debe tener tres cualidades. Será:

I. Un buen ministro: Predicando la Palabra (4.1-6)

A. El peligro (vv. 1-3).

A la iglesia efesia ya se le había advertido respecto a las doctrinas falsas (Hch 20.29,30). Mediante las cartas de Pablo el Espíritu habla «claramente» que la iglesia verá la apostasía, un abandono de la verdadera fe (véase 2 Ts 2). La palabra griega que se traduce como «apostatarán» es la raíz de nuestra palabra castellana «apostasía». Pablo destaca también su causa: no la «inteligencia creciente de los eruditos», sino la influencia satánica de los demonios de modo que los creyentes profesantes nieguen las doctrinas básicas de la Biblia. ¡El problema no es con la cabeza, sino con el corazón!

¿Cuáles son las características de estos falsos maestros? Por una parte, predican una cosa pero practican otra. Son tales hipócritas que incluso tienen «cauterizada» la conciencia debido a su desobediencia voluntaria a la Palabra de Dios. Leen la Palabra, pero la soslayan mediante sus mentiras interesadas. Enseñan una falsa piedad, o sea, ascetismo, lo que quiere decir, abstenerse del matrimonio y de ciertos alimentos. Hay algunos grupos llamados «cristianos» que nunca han estudiado Colosenses 2 para descubrir que las disciplinas corporales no hacen automáticamente avanzar en la vida espiritual.

B. La respuesta (vv. 4-6).

«La palabra de Dios y la oración» (v. 5) resuelve la cuestión. En su Palabra Dios ha declarado que todos los alimentos son limpios (Gn 1.29-31; 9.3; Mc 7.14-23; 1 Co 10.23-26; Hch 10); y por la oración el cristiano agradece a Dios y dedica el alimento para su gloria (1 Co 10.31). El pastor debe enseñar estas cosas a su gente, alimentándola, tanto como a sí mismo, con doctrina «sana»; véanse las notas sobre 1.10. Un buen ministro se alimenta de la Palabra para poder alimentar a otros.

II. Un ministro piadoso: Practica la Palabra (4.7-12)

Así como la doctrina «sana» promueve salud espiritual, los mitos necios y ridículos de los falsos maestros producen enfermedad espiritual. ¡El ejercicio y los alimentos espirituales son una combinación feliz! Se ha sugerido que Timoteo se inclinaba hacia el ascetismo, la disciplina del cuerpo; y que Pablo aquí le enseña que debe hacer hincapié en las disciplinas y ejercicios espirituales antes que en los físicos. Si algunos cristianos pusieran en las cosas espirituales tanta energía y entusiasmo como lo hacen en el atletismo y el desarrollo muscular, ¡cuánto más fuertes serían ellos y también sus iglesias! «El ejercicio corporal para poco es provechoso», admite Pablo, «pero la piedad (el ejercicio espiritual, practicar la Palabra de Dios) para todo aprovecha, pues tiene promesa de esta vida presente, y de la venidera» (v. 8). Véase Hebreos 4.14.

El cristiano, especialmente el pastor, debe practicar la Palabra de Dios y ser conocido por su piedad (semejante a Dios). Esto puede significar llevar cargas y soportar sufrimiento (v. 10), pero vale la pena. Incluso los jóvenes pueden ser ejemplo de fe, como Pablo amonesta en el versículo 12: en palabra, en conducta, en amor, en espíritu (entusiasmo), en fe (fidelidad) y pureza.

III. El ministro que crece: Progresa en la Palabra (4.13-16)

«Para que tu aprovechamiento (avance pionero) sea manifiesto a todos», es la meta que Pablo fija en el versículo 15. Un pastor que crece formará una iglesia que crece, porque nadie puede guiar a otros a donde él mismo no ha llegado. ¿Cómo podía Timoteo, o cualquier creyente, para el caso, progresar en la vida cristiana?

A. La Palabra de Dios.

«Ocúpate en la lectura» (v. 13), o sea, la lectura pública de la Palabra de Dios en la iglesia. Por supuesto, la Palabra también debe explicarse y aplicarse. No es suficiente conocer los hechos de la Palabra; los creyentes también deben saber las doctrinas de la Palabra.

B. Dones espirituales.

Todo cristiano tiene algún don espiritual (Ro 12.3-8; 1 Co 12) y demasiado a menudo estos dones se echan a un lado en lugar de ejercerlos por fe. Cuando los ancianos (presbíteros) ordenaron al joven Timoteo, asistidos por Pablo (2 Ti 1.6), Dios le dio a Timoteo algunos dones espirituales para equiparle para su ministerio. Pero él había descuidado estos dones y necesitaba avivarlos de modo que el fuego que se apagaba pudiera resurgir. Espiritualmente hablando, lo que no usamos, lo perdemos; véase Hebreos 2.1-3.

C. Dedicación.

La expresión original en griego del versículo 15 dice: «Atiende a estas cosas; está en ellas». En otras palabras, entrégate por completo a ellas, sin compromiso ni distracción. Por cierto que la meditación es parte de esto, pero los mandamientos de Pablo son mucho más amplios. El cristiano que holgazanea en cuanto a los asuntos espirituales, jamás progresará.

D. Examen.

«Ten cuidado de ti mismo», viene primero. Examínate tú mismo, descubre dónde estás espiritualmente y a dónde te diriges. «La vida sin examen no vale la pena vivirla», dijo el antiguo filósofo Sócrates. Es fácil corregir la doctrina, pero es mucho más desafiante vivir la doctrina. Nunca salvaremos a otros si perdemos nuestro poder espiritual.

Al revisar estos versículos se puede ver que Pablo esperaba que Timoteo edificara la iglesia en la Palabra: que la predicara, la enseñara y la practicara. La Palabra debía ser tanto su alimento y guía personal, como el alimento para la iglesia. El pastor que invierte tiempo en la Palabra y la oración crecerá y será pastor de una iglesia creciente.

Podemos concluir preguntando: «¿Cómo puede el miembro de la iglesia ayudar a su pastor a crecer?» Una de las mejores maneras es protegiendo su tiempo, de modo que tenga oportunidad para estudiar y orar. Todo pastor quiere estar accesible cuando hay necesidad, pero ninguno puede darse el lujo de desperdiciar su tiempo en asuntos triviales. Otra manera es orar por él diariamente. Una tercera sugerencia es prestar atención a lo que predica. ¡Qué bendición es predicar a personas que quieren escuchar! Todo pastor tiende a desanimarse cuando los miembros de la iglesia no se aplican a seguir los mensajes de la Palabra. Finalmente, la iglesia debe proveerle de los medios necesarios para realizar el trabajo de la iglesia. Esto significa mayordomía fiel, traer los diezmos y las ofrendas al Señor. Más de un pastor piadoso y consagrado no puede hacer lo que Dios quiere, porque la iglesia está endeudada o tiene una precaria historia financiera. También, si la iglesia no le paga a su pastor un salario decoroso, aumenta sus cargas y puede estorbarle en su trabajo.

1 TIMOTEO 5

Estos dos capítulos finales se refieren a la iglesia y su ministerio en al menos siete clases de personas (véase el bosquejo de la página 535).

I. Los ancianos santos (5.1,2)

Puesto que era joven, Timoteo tenía que tener cuidado en sus relaciones con los creyentes ancianos en la iglesia. La palabra «anciano» aquí se refiere a edad, no a oficio. El pastor no debe reprender a los santos de mayor edad, sino exhortarlos y animarlos. «Míralos como lo harías con tus padres», aconseja Pablo. (Véase Tit 2.1-4.) La iglesia necesita reconocer las necesidades y problemas de los creyentes mayores, y procurar ayudarles. «Los santos ancianos» son importantes en la iglesia y los jóvenes necesitan de ellos más de lo que se dan cuenta. Véase 1 Pedro 5.1-7.

II. Las viudas (5.3-6)

Lea Hechos 6, 9.36-43 y Santiago 1.27. La iglesia primitiva cuidaba a las viudas necesitadas. La palabra «honrar» en el versículo 3 significa «fijar el valor», como en nuestra palabra «honorario», una cantidad que se paga a un orador por sus servicios. Timoteo tenía que tener cuidado de no malversar los fondos de la iglesia dando dinero a viudas que no lo merecían. En su día, tanto como ahora, habían engañadores que explotaban a la gente bajo la máscara de la religión. Tales personas usualmente visitaban las iglesias porque sabían que los santos de corazón blando les darían una contribución «por amor de Jesús».

Pero nótese que el versículo 4 dice que la familia tiene la primera responsabilidad para cuidar de los necesitados. Hijos y nietos deben mantener a sus padres y abuelos, y no esperar que la iglesia lo haga por caridad. Cualquier cristiano que no cuida de los suyos es peor que un incrédulo (v. 8). Es por esto que el pastor y los diáconos deben investigar cada caso de benevolencia y caridad, y también el porqué los creyentes individuales o los grupos en la iglesia no deben dar a lo que parecen obras de caridad ni realizar trabajo de caridad sin primero consultar con sus líderes espirituales. Demasiado dinero de Dios, que han dado fieles adoradores, se ha desperdiciado debido a que cristianos bien intencionados siguieron sus emociones en lugar de seguir la Palabra de Dios.

Pablo da los requisitos para que se «matricule» a las viudas («sea puesta en la lista», v. 9; que se inscriba su nombre en la lista); nótense los versículos 5 y 9-10. Véase también en Lucas 2.36,37 un ejemplo de esta clase de mujer. Primero, debía ser una viuda verdadera, sin familia que la sostenga o cuide. Debía ser piadosa, dada a la oración y a servir a otros. (Es muy probable que esas viudas que sostenía la iglesia servían en la iglesia en diferentes maneras, tal vez como Dorcas lo hacía.) Debía tener 60 años o más, y tener buen testimonio (v. 10), especialmente en su matrimonio.

En los versículos 11-16 Pablo se refiere a las viudas jóvenes y advierte a Timoteo que no las inscriba. Por un lado, las viudas jóvenes podrían prometer fidelidad para servir a Cristo y a la iglesia («su primera fe» en el v. 12 quiere decir «su primera promesa»), pero luego sentirían la tentación a empezar a buscar marido. «Quieren casarse» en el versículo 11, indica que el matrimonio se convierte en la pasión que consume sus vidas. Además, después de enfriarse espiritualmente dejan de servir a otros y empiezan a meterse en problemas (v. 13). Esto traería censura al nombre de Cristo y al testimonio de la iglesia. El mandamiento de Pablo es que las viudas jóvenes se casen, críen familias piadosas, se queden en casa y se cuiden de no darle a Satanás oportunidad para acusación. El versículo 16 resume el asunto; que los parientes y familiares cuiden a sus propios familiares necesitados, de modo que la iglesia no sea gravada.

III. Los líderes de la iglesia (5.17-25)

Al parecer Timoteo tenía problemas con algunos de sus dirigentes. Parte del problema quizás surgió debido a que había escogido y ordenado a algunos demasiado aprisa (v. 22). Otro factor era al equivocarse en su juicio de algunos de ellos (vv. 24-25) y había tomado decisiones precipitadas. Los pastores cometen errores, ¡incluso cuando sus corazones estén en buen camino! Pero también, los otros dirigentes se equivocan.

Timoteo, como el representante personal de Pablo en Éfeso, debía supervisar el trabajo de los ancianos del área. A estos hombres le pagaba la iglesia, puesto que el mandamiento de Dios es que los que enseñan la Palabra vivan de la Palabra (1 Co 9.1-14). Los ancianos fieles en realizar su trabajo debían recibir doble paga (honor, aquí, se refiere al dinero, como en el v. 3). Por supuesto, ¡un reconocimiento doble tampoco está fuera de orden! Pablo apoya el principio de que los cristianos paguen a sus ministros citando Deuteronomio 25.4 y refiriéndose a lo que Cristo dijo en Lucas 10.7.

Pero, ¿qué hacer con los líderes de la iglesia que causaban problemas? Antes que todo, busque los hechos. Si todas las iglesias practicaran 1 Timoteo 5.19, tendríamos menos iglesias que se dividan. Cualquier acusación debe respaldarse al menos por dos testigos. Se debe evaluar el asunto con sinceridad sin mostrar ninguna parcialidad (v. 21). ¡Qué fácil es juzgar a otros creyentes, o llegar a conclusiones a partir de unos pocos hechos (o rumores)! Cuando se descubra que la acusación es verdad y los testigos y los hechos apunten en tal dirección, se debe analizar públicamente al dirigente ofensor.

La sugerencia aquí es que el ofensor confiese sus pecados y le pida perdón a la congregación. Si el pecado de un líder lo conocen al menos dos personas, se puede estar casi seguro que otros también lo saben; y los pecados públicos exigen confesión y restitución pública.

Muchos cristianos mundanos acuden aprisa al versículo 23 para apoyar sus malos hábitos. Aunque la Biblia no exige abstinencia total, sí estimula la temperancia; en todo caso, este versículo se aplica a una situación especial. Para empezar, Pablo instaba a Timoteo a que cuidara su cuerpo; y por más que le demos rienda a la imaginación no podemos creer que beber alcohol mejorará nuestro cuerpo. El bebedor es con frecuencia la persona con el cuerpo más enfermo. El vino que Pablo prescribió estaba destinado a ayudarle a Timoteo en los problemas que tenía en su estómago; era medicina, no una bebida social. (Algunos han sugerido que los problemas de Timoteo con los líderes de su iglesia le habían causado úlceras.) No es malo que los cristianos usen los medios disponibles para ayudar a Dios a contestar sus oraciones por sanidad. Pablo oró por Timoteo, pero también sugirió un remedio práctico para sus necesidades. Tal vez Timoteo estaba dejándose llevar por los falsos maestros que enfatizaban la disciplina corporal y el ascetismo, y esto afectó su salud.

Los dirigentes y líderes de la iglesia son importantes debido a que ayudan al pastor a llevar la carga. Pero el pastor siempre debe ser el pastor del rebaño. Lo mejor que un líder de la iglesia puede hacer es dejar que el pastor ejerza sus dones y ministerios espirituales sin obstáculo ni distracción. Entonces la iglesia prosperará.

1 TIMOTEO 6

Este capítulo continúa la explicación de Pablo respecto al ministerio de la iglesia a los diferentes grupos en la comunidad, particularmente a los que pueden causar problemas.

I. Los esclavos (6.1,2)

La esclavitud era una parte integral de la vida antigua; se estima que había más de sesenta millones de esclavos en el Imperio Romano. Muchos esclavos hallaron a Cristo, pero sus amos siguieron siendo incrédulos; por consiguiente, los esclavos cristianos podían sentirse inclinados a desobedecer y a reclamar libertad debido a que eran cristianos. Pablo les insta a dar buen testimonio ante sus amos inconversos, de modo que estos aprendan a respetar el nombre de Dios y su Palabra. Por otro lado, los esclavos que tenían amos creyentes se verían tentados a aprovecharse de ellos y Pablo prohíbe esta conducta. Véanse Efesios 6.5ss, Colosenses 3.22ss y 1 Pedro 2.18-25.

II. Los que causan problemas (6.3-5)

«No se preocupen de la doctrina», dicen algunos predicadores modernos, «lo que importa es la unidad espiritual». En esta sección Pablo refuta esta mentira: siempre que hay desunión en una iglesia es porque alguien realmente no cree o no practica la Palabra de Dios. Había que tomar medidas adecuadas contra los que enseñaban falsas doctrinas y que no estaban de acuerdo con las enseñanzas de Pablo.

El apóstol claramente describe a esta gente que causa problemas en la iglesia. Es orgullosa; quiere ser «gente importante» en la iglesia. Sin embargo, es ignorante, «nada sabe» (v. 4). Además, está enferma; porque la palabra «delira» en realidad significa «enfermo, contagiado». Después de rechazar la sana doctrina, se enfermaron espiritualmente. En lugar de alimentarse de las verdades de la Palabra de Dios, se alimentan de cuestiones vanas y del significado de las palabras; y todo esto conduce a las envidias, rencillas, constantes pleitos y la impiedad. Estas personas están «privadas» de la verdad; su única meta es el provecho personal. Si pueden usar la religión para avanzar hacia sus propias metas, eso es todo lo que les importa.

Nótese que Tito 3.10 ordena que al que causa problemas no se le debe permitir ser miembros de la iglesia después de que se le ha advertido dos veces. A los que causan problemas y van de iglesia en iglesia no se les debe recibir de nuevo en el compañerismo después de la segunda ofensa.

III. Los ricos (6.6-19)

El pensamiento de «ganancia» en el versículo 5 lleva a Pablo a analizar al cristiano y su riqueza. Usar la piedad como fuente de ganancia nunca traerá contentamiento; pero una vida piadosa, que es una vida de contentamiento, sin duda es de gran ganancia para una persona. ¡Cuán importante es que tengamos los valores correctos!

Es fácil interpretar mal los versículos 9 y 10. En el versículo 9 Pablo les advierte a los que *anhelan ser* ricos, o sea, los que fijan toda su atención en la búsqueda de riquezas. Esta clase de personas se inclina a caer en tentación y artimañas, y a la larga se hundirán en la destrucción. ¡Piense en todo lo que Lot perdió cuando puso sus ojos en las ricas llanuras de Sodoma! ¡O lo que Amán perdió (véase el libro de Ester), cuando puso su corazón en las riquezas y el honor! ¿Qué necesita un hombre para lograr contentamiento? Muy poco: alimento, vestido y una vida piadosa. Piense en la pobreza de Cristo, sin embargo, Él hizo ricos a muchos (2 Co 8.9).

El versículo 10 no enseña que el dinero sea la raíz de todo mal, ni siquiera que el amor al dinero es la raíz de todo mal; sino más bien que el amor al dinero es la raíz de toda clase de males. El dinero en sí mismo es neutral; básicamente está contaminado. Jesús llamó al dinero «riquezas injustas» (Lc 16.9,11) y Pablo lo denomina «ganancias deshonestas» (1 Ti 3.3,8; Tit 1.7,11). El dinero se puede invertir en la eternidad llevando a los perdidos a Cristo, o puede enviar a un hombre al infierno cuando se convierte en su dios. Ambos ejemplos se hallan en Lucas 16. Se puede romper cada uno de los Diez Mandamientos por causa del dinero. Por el dinero la gente ha negado a Dios, blasfemado su nombre, robado, mentido, asesinado, cometido adulterio y cosas por el estilo. La lujuria por las cosas materiales hace que la gente se aleje (yerre) de la fe y esto conduce al naufragio. Buscan el placer, pero todo lo que encuentran es dolor y sufrimiento.

Pablo entonces inyecta una advertencia a Timoteo, debido a que los líderes cristianos pueden ser arrastrados por los valores falsos y el deseo de la ganancia material. Demas abandonó a Pablo debido a que amó más al mundo (2 Ti 4.10); Judas vendió a Cristo por treinta piezas de plata. Nótese que Pablo llama al joven pastor Timoteo un «hombre de Dios» (v. 11). ¡Qué estímulo! Nótese también tres exhortaciones: huye, sigue, pelea. Huye de estas cosas: orgullo, codicia, falsas enseñanzas. Algunas veces lo mejor que puede hacer el soldado cristiano es correr. En 2 Timoteo 2.22 Pablo le ordena: «huye también de las pasiones juveniles». Esto es lo que José hizo cuando la mujer de Potifar le tentó (Gn 39). Pero no es suficiente huir. También debemos seguir y luchar. Pablo señala el maravilloso ejemplo de Cristo cuando testificó valientemente ante Pilato. «¡Servimos al Rey de reyes!», escribe Pablo. «Sé fiel hasta que Él venga. Cuando Él venga, te honrará por tu buen trabajo».

Los versículos 17-19 constituyen una instrucción positiva para los ricos, diciéndoles cómo usar sus riquezas para la gloria de Dios. Nótese que los llama «ricos de este siglo [mundo]». Es posible ser rico en este mundo y no ser rico para con Dios (véase Lc 12.13-21). Primero, estas personas deben ser humildes, aceptando su riqueza como una mayordomía de parte de Dios. Deben poner sus ojos en el Dador y no poner su confianza en lo recibido. Dios quiere que los suyos disfruten de las bendiciones de la vida; ¡la palabra «disfrutar» se halla en la Biblia! En Cristo, Dios «nos da todas las cosas en abundancia para que las disfrutemos». ¡Él nos las da «en abundancia»! Pero estas bendiciones materiales no son solamente para disfrutarse, también son para emplearlas, para usarlas para la gloria de Dios y ganar almas. El dinero se debe usar en buenas obras; se debe compartir; se debe invertir en cosas eternas, colocando un buen fundamento para el tiempo venidero. «Tesoros en el cielo» es la manera en que Jesús lo dijo en Mateo 6.

IV. Al «educado» (6.20,21)

«Ciencia» en el versículo 20 significa «conocimiento», pero para Pablo era un falso conocimiento. Sin duda se refería a los gnósticos (véase la introducción a Colosenses) que aducían tener «pleno conocimiento» respecto al universo, lo cual no tiene gran diferencia con algunos de los filósofos de la actualidad. Estos falsos maestros de Éfeso estaban molestando al joven Timoteo con sus teorías altisonantes y sus preguntas respecto a la Palabra de Dios; de modo que Pablo le advierte que no se enrede con estas «profanas pláticas sobre cosas vanas». La sabiduría de este mundo es necedad ante Dios (véase 1 Co 1–2).

¿Cuál era la responsabilidad de Timoteo? «Guarda lo que se te ha encomendado». Dios le había encomendado algo por medio de Pablo. Dios le había dado a Pablo el mensaje del evangelio, el depósito de la verdad (1.11), quien a su vez lo había encomendado a Timoteo (1.18,19). Este debía guardarlo (6.20) y darlo a otros (2 Ti 2.2). Esta es la tarea de la iglesia hoy; ¡ojalá seamos fieles en guardar el depósito y trasmitirlo a otros!

2 TIMOTEO

Bosquejo sugerido de 2 Timoteo

I. La apelación pastoral (1)
   A. El recordatorio del llamamiento de Dios (1.1-6)
   B. El recurso de la gracia de Dios (1.7-11)
   C. La recompensa ante el trono de Dios (1.12-18)

II. La apelación práctica (2)
   A. Cómo soportar el sufrimiento (2.1-13)
      1. Es parte de tu llamamiento (2.1-7)
      2. Es un privilegio de parte de Cristo (2.8-13)
   B. Cómo lidiar con los falsos maestros (2.14-23)
      1. Trazar bien la Palabra (2.14,15)
      2. Rechazar las mentiras y las fábulas (2.16-18)
      3. Procurar la vida piadosa (2.19-23)
   C. Cómo resolver los problemas de la iglesia (2.24-26)

III. La apelación profética (3)
   A. Una explicación del futuro (3.1-9)
   B. Un ejemplo del pasado (3.10-13)
   C. Una exhortación del presente (3.14-17)

IV. La apelación personal (4)
   A. ¡Predica la Palabra! (4.1-4)
   B. ¡Cumple tu ministerio! (4.5-8)
   C. ¡Apresúrate a venir a Roma! (4.9-18)
   D. ¡Saluda a mis amigos en Cristo! (4.19-22)

Notas preliminares a 2 Timoteo

I. Trasfondo

No tenemos los detalles respecto a los viajes de Pablo después de que fue puesto en libertad de su primera prisión en Roma. Tito 3.12 indica que visitó Nicópolis. Debe haber partido desde allí hacia Troas, donde, debido a que «tuvo que salir aprisa», había dejado su capote, sus libros y pergaminos (2 Ti 4.13) con Carpo, en cuya casa se hospedaba. Cómo o dónde lo arrestaron de nuevo, no lo sabemos. Lo que sí sabemos es que Nerón desató una terrible persecución en contra de los cristianos y que la segunda prisión de Pablo fue muy diferente a la primera (Hch 28). Ahora era un detestado preso en una cárcel romana y no un acusado «en su casa rentada» en espera del juicio. Al leer esta carta final, podemos sentir su soledad y su corazón destrozado mientras aguarda el juicio y el martirio seguro. «Solo Lucas está conmigo», escribe, y suplica a su hijo en la fe, Timoteo, que venga lo más rápido que le sea posible.

Si el Alejandro que se menciona en 2 Timoteo 4.14 es el mismo de Hechos 19.33, es posible que el arresto de Pablo ocurrió en Éfeso o en sus cercanías. Cuando hablaba con los ancianos de Éfeso, Pablo mencionó «las asechanzas de los judíos» (Hch 20.19) y es posible que Alejandro el calderero tenía algo que ver con este complot. Algunos estudiosos piensan que Alejandro estaba relacionado con el «Sindicato de los fabricantes de ídolos» y que estaba disgustado ante la primera huida de Pablo de Éfeso. Timoteo ya no era el líder en Éfeso. Tíquico había sido enviado para ocupar su lugar (4.12). Aparentemente Timoteo estaba trabajando como ministro y evangelista viajero en los alrededores de Éfeso. Pablo esperaba que Timoteo viniera a Roma porque sabía que el joven estaría en Troas (4.13) y Éfeso (1.16-18). Estas ciudades estaban en el camino a Roma.

II. Propósito

La carta es intensamente personal. Pablo está solo en Roma, aguardando el juicio y la muerte cierta. Anhela ver a su hijo Timoteo y animarle a tomar su lugar en el ministerio del evangelio. Pablo se ve rodeado de apostasía y derrota. El Dr. Sidlow Baxter, en la obra *Explore the Book* [Explore el Libro], destaca que el «algunos» de 1 Timoteo se había convertido en «todos» en 2 Timoteo. «Desviándose algunos» (1 Ti 1.6); «naufragaron en cuanto a la fe algunos» (1 Ti 1.19); «algunas se han apartado» (1 Ti 5.15); «algunos, se extraviaron» (1 Ti 6.10); «algunos, se desviaron» (1 Ti 6.21): es el tema de la primera carta. Pero en 2 Timoteo leemos: «me abandonaron todos» (2 Ti 1.15); «todos me desampararon» (4.16). Las iglesias se alejaban de la fe y

Pablo instaba al joven Timoteo a que fuera fiel a su llamamiento y cumpliera su ministerio. Entretejido entre las exhortaciones en esta carta están los sentimientos y preocupaciones personales del gran apóstol. Esta carta no es un «canto del cisne» en derrota; ¡es un himno de victoria!

Si seguimos la división de capítulos que consta en nuestra Biblia, vemos cuatro apelaciones de Pablo a Timoteo para animarle a ser un fiel ministro a pesar de las condiciones desalentadoras. El capítulo 1 es la apelación pastoral, en la cual Pablo le recuerda a Timoteo su llamamiento al ministerio y las responsabilidades y privilegios que esto implica. El capítulo 2 es la apelación práctica, en la cual Pablo procura resolver algunos de los problemas del joven ministro; su persecución por causa del evangelio, los falsos maestros y las dificultades en la iglesia. En el capítulo 3 Pablo usa la apelación profética, explicando el curso de los acontecimientos y la importancia de aferrarse firmemente a la Palabra. Por último, el capítulo 4 da la apelación personal del corazón del envejecido apóstol, urgiéndole a Timoteo a seguir siendo fiel porque a él (Pablo) pronto lo ejecutarían. No quería que Timoteo se convirtiera en otro Demas.

2 TIMOTEO 1

Al leer las dos cartas de Pablo a Timoteo se puede empezar a comprender los problemas de este joven ministro. Por un lado, vacilaba para lidiar de frente con los asuntos y resolverlos de acuerdo a la Palabra de Dios. Había «temor» (cobardía) en su vida, tal vez el temor del hombre que «pondrá lazo» (Pr 29.25). Enfrentaba las tentaciones usuales de un joven y sin duda no se sentía apto para la tarea. Para apoyarle y ayudarle a perseverar en la tarea Pablo le da cinco maravillosos estímulos.

I. Un amigo que ora (1.1-5)

Pablo enfrentaba el martirio, sin embargo, ¡dedicaba tiempo para orar por Timoteo! Al comparar 1 Timoteo 1.1 con 2 Timoteo 1.1 se puede ver que Pablo, enfrentando la muerte, pensaba ahora respecto a «la promesa de vida que es en Cristo Jesús», ¡y qué maravillosa promesa es esa! Le asegura a Timoteo su amor y oraciones y de que le recordaba noche y día.

Le recuerda a Timoteo que hay mucho por lo cual estar agradecido, a pesar de los problemas que estaba enfrentando. Le recuerda de su herencia piadosa y de la fe que Dios le ha dado, no sólo para la salvación, sino también para la vida diaria y el servicio cristiano. No sabemos si los seres queridos de Timoteo todavía vivían en ese tiempo; pero si vivían, ciertamente lo respaldaban en oración. ¡Qué bendición es tener amigos que oran! Qué estímulo es orar por otros y ayudarles en sus vidas espirituales. Véase 1 Samuel 12.23.

II. Un maravilloso don (1.6-7)

Uno de los problemas de Timoteo era la cobardía, su timidez para enfrentar los problemas y hacer la obra de Dios. Quizás su juventud contribuía a esto (1 Ti 4.12). Pablo le recuerda que estaba olvidándose del don que Dios le había dado (4.14) y que necesitaba avivarlo, como cuando alguien sopla los leños de una fogata que se está apagando a fin de reavivar la llama. Pablo no sugiere que Timoteo estuviera perdiendo su salvación, por cuanto esto es imposible, sino que estaba perdiendo su celo por el Señor y su entusiasmo por la obra del Señor.

En el versículo 7 Pablo escribe respecto al Espíritu Santo. El Espíritu no genera temor en nosotros (véase Ro 8.15), sino más bien poder, amor y disciplina (mente sana, dominio propio). ¡Todo cristiano necesita estas tres cosas! El Espíritu Santo es el poder en nuestras vidas (Hch 1.8; Ef 3.20-21; Flp 4.13). Pablo usa la palabra «poder» en todas sus cartas, excepto en la que escribió a Filemón. El Espíritu también nos da amor, porque el fruto del Espíritu es amor (Gl 5.22). Nuestro amor por Cristo, por la Palabra, por otros creyentes y por los perdidos debe proceder del Espíritu (Ro 5.5). El Espíritu también nos da disciplina y dominio propio; como resultado, no somos fácilmente arrastrados por nuestras emociones o circunstancias. Cuando el

Espíritu está en control, experimentamos paz y sosiego, y el temor y la cobardía se desvanecen. Nótese Hechos 4.1-22, el versículo 13 en especial.

III. Un llamamiento santo (1.8-11)

La gente de Éfeso sabía que Timoteo era amigo y colaborador de Pablo, ¡pero Pablo era un preso en Roma! «¡No te avergüences de mí ni del evangelio!», le amonesta Pablo. «Nuestro sufrimiento es nada más que una parte de nuestro llamamiento celestial como ministros». Cuando los cristianos sufren, lo hacen con Cristo (Flp 3.10). El mismo poder que nos salva, nos fortalece para la batalla. Pablo hace hincapié en que nuestro llamamiento es por gracia; no merecemos la salvación. Si Dios nos permite sufrir después de habernos dado tan maravillosa salvación, ¡qué derecho tenemos para quejarnos o darnos por vencidos! «Dios tiene un propósito en mente», aconseja Pablo. «¡Déjale cumplir ese propósito!»

El maravilloso propósito de Dios en el evangelio estuvo oculto en las edades pasadas, pero ahora se ha revelado. «Quitó» en el versículo 10 significa «inutilizado, desarmado». Dios no eliminó la muerte mediante la cruz, porque la gente todavía muere. Pero lo que hizo fue desarmar a la muerte, quitarle su aguijón, para el creyente. Cristo ha traído a la luz la vida e inmortalidad (la condición de nunca morir). Estas doctrinas están «en las sombras» en el AT, pero debemos ser precavidos y no construir alguna doctrina de la inmortalidad, la muerte ni la resurrección, a partir de pasajes del AT únicamente. Muchas sectas falsas usan Job, Eclesiastés y algunos de los Salmos para defender tales doctrinas extrañas como la de que el alma va a dormir.

IV. Un Salvador fiel (1.12-14)

¡Qué estímulo saber que Cristo es fiel y puede guardar a los suyos! «Yo sé a quién he creído» era la confianza de Pablo, y no «espero» o «pienso». Hay dos maneras de leer el versículo 12 y tal vez Pablo tenía a ambos en mente. Pablo dice que sabe que puede confiar en que Cristo le guardará a él y a su alma; pero también dice que sabe que Cristo le capacitará para guardar lo que Él le ha encomendado. Es posible traducir esta expresión como: «Él puede guardar lo que me ha encomendado». Cristo le había encomendado el evangelio a Pablo (1 Ti 1.11) y este estaba seguro de que le capacitaría para guardarlo con seguridad (1 Ti 6.20; 2 Ti 4.7). Repase 1 Timoteo 1.1-11.

«Forma» en el versículo 13 significa «bosquejo». La iglesia tenía ciertas definiciones de la sana doctrina y apartarse de ellas era pecado. Mediante el poder del Espíritu Timoteo debía aferrarse a aquel bosquejo básico de doctrina (v. 14). Los versículos 12 y 14 son paralelos: Cristo en gloria es poderoso para guardar lo que le había dado y el Espíritu en la tierra nos ayuda a guardar lo que Cristo nos ha dado.

V. Un ejemplo piadoso (1.15-18)

Todos en Asia habían abandonado a Pablo (véase también 4.16). Los dos hombres que menciona tal vez hayan sido miembros de la iglesia de Éfeso, personas que Timoteo conocía personalmente. Pero uno de ellos había permanecido fiel: Onesíforo («uno que rinde provecho o beneficio»). Este piadoso hombre era quizás diácono de Éfeso, porque el versículo 18 se puede traducir: «y en cuántas cosas sirvió por entero como diácono», puesto que la palabra griega que se traduce «ayudó» también significa «diácono».

Este hombre vino a Roma, buscó a Pablo y le sirvió sin temor ni vergüenza. «No se avergonzó de mis cadenas» (v. 16). ¡Qué ejemplo para que Timoteo siguiera y para que todos nosotros observemos! ¡Aquí había un diácono de la iglesia mostrando más celo, amor y valentía que su pastor!

Nótese que el versículo 17 dice que Onesíforo *estuvo* en Roma. Por lo visto ya no estaba allí y tal vez iba de regreso a Éfeso. A lo mejor llevó esta carta a Timoteo. En cualquier caso, en el versículo 16 Pablo saluda a los de la casa de este diácono. Enseñar que Onesíforo ya había muerto y que las palabras de Pablo en el versículo 18 constituyen una oración por los muertos, como algunos enseñan, es simplemente torcer las Escrituras. No tenemos ninguna evidencia de que Onesíforo haya muerto y sin duda Pablo nunca enseñó que los creyentes oraran por los muertos.

2 TIMOTEO 2

Pablo le recordó a Timoteo su llamamiento pastoral. Ahora se refiere prácticamente a la iglesia local y las responsabilidades especiales del pastor. Pablo presenta varios cuadros de la iglesia local, mostrando los diversos ministerios que Dios tiene para su pueblo y su pastor. La iglesia local es:

I. La familia de Dios (2.1)

«Hijo mío» sugiere, por supuesto, que Timoteo había nacido a la familia de Dios por fe en Cristo. Como escribió en 1 Corintios 4.15, Pablo le había «engendrado» por el evangelio. En Efesios 2.19 Pablo llama «familia de Dios» a la iglesia local. La iglesia local no es un club campestre santificado; es la familia de Dios que se reúne para compañerismo, adoración y servicio. La única manera de entrar a esta familia es mediante el nacimiento del Espíritu (Jn 3.1-6) y de la Palabra (1 P. 1.23).

II. Tesoro de Dios (2.2)

«Encarga» significa «deposita» y se refiere al tesoro de la verdad del evangelio que Pablo había encargado a Timoteo (1 Ti 6.20) y que Dios primero le había encomendado a Pablo (1 Ti 1.11). Por eso Pablo llama a la iglesia local «columna y baluarte de la verdad» en 1 Timoteo 3.15. Dios ha depositado en su pueblo la verdad de la Palabra de Dios. Es nuestra responsabilidad guardar este tesoro y compartirlo con otros. La tarea de la iglesia local no es preservar la verdad, como si fuera un museo; sino vivirla y enseñarla a las generaciones venideras. Nótese que Timoteo debe encomendar la verdad a «hombres fieles» y no indistintamente a cualquier creyente. ¡Cuán importante es ser fiel a la Palabra!

III. El ejército de Dios (2.3-4)

El llamamiento de Timoteo al servicio se halla en Hechos 16.3: «Quiso Pablo que éste fuese con él». La expresión «que fuese» literalmente significa «llevarle al campo como soldado». Este fue el momento de reclutamiento de Timoteo. Todo cristiano ya es un soldado en el ejército de Dios; lo que ocurre simplemente es que algunos son leales y otros no. Cristo, el Capitán de nuestra salvación, nos ha reclutado («tomó», v. 4) y debemos recibir de Él nuestras órdenes.

Los cristianos deben aprender a cómo soportar las penas por Cristo. Timoteo estaba desalentado debido a la persecución que enfrentaba, pero debía haber esperado persecución. La vida cristiana no es un patio de juego; es un campo de batalla. Nosotros mismos no tenemos la fuerza, sino que por la gracia del Señor podemos soportar y resistir contra las asechanzas del diablo (Ef 6.10ss). Es más, los soldados cristianos no deben enredarse con el mundo; su primera lealtad es a Cristo. ¡Dónde estaría un ejército si cada soldado tuviera un trabajo a tiempo parcial que le alejara de sus deberes militares! Nuestra tarea principal es agradar al Señor; no a otros, ni siquiera a nosotros mismos.

IV. El equipo de Dios (2.5)

En las cartas de Pablo hay más de dos docenas de referencias al atletismo: pelear, luchar, correr, por nombrar unas pocas. Los griegos y los romanos eran atletas (y espectadores) entusiastas y en este versículo Pablo usó los juegos olímpicos como una ilustración de la vida práctica del creyente. Sin que importe cuán hábiles fueran los atletas, tenían que obedecer las reglas del juego. Si ganaban la carrera, pero rompían las reglas, quedaban descalificados. «El que lucha como atleta» significa «participar en las competencias de los juegos». La iglesia local es el equipo de corredores de Dios dirigiéndose hacia la meta que Él ha fijado (véase Flp 3.12-14). Para que un atleta gane es imprescindible que tenga disciplina, dedicación y dirección, asimismo esas cualidades son imprescindibles para tener una vida cristiana victoriosa. Debe haber un sentido de equipo en la iglesia local. «Combatieron juntamente conmigo» en Filipenses 4.3 significa literalmente «fueron mis compañeros de equipo».

V. El huerto de Dios (2.6,7)

«Labrador» significa «granjero» y el cuadro aquí viene de la agricultura (véase 1 Co 3.6-9). La iglesia es un huerto y la semilla es la Palabra de Dios. Varios obreros plantan, riegan y cosechan la semilla a su debido tiempo. Timoteo no debía desanimarse si la cosecha no se obtenía de inmediato. Desarrollar un huerto fructífero demanda tiempo, paciencia y arduo trabajo. Como el labrador fiel, el pastor debe participar de las bendiciones que Dios envía. «A su tiempo segaremos, si no desmayamos» (Gl 6.9).

VI. El cuerpo de Cristo en la tierra (2.8-13)

Pablo le recuerda a Timoteo que él también sufría, pero que el sufrimiento de ambos tenía una doble bendición: Sufrían por Cristo y con Cristo, y su sufrimiento era para beneficio de la iglesia. Los versículos 11-13 pueden haber sido al principio un himno cristiano o una confesión de fe. Hacen hincapié en la unión del creyente con Cristo: cuando Él murió, nosotros morimos con Él como miembros de su cuerpo; resucitamos con Él; reinaremos con Él. ¡Nuestra infidelidad no cancela la fidelidad de Dios! «¿No tienes miedo de resbalarte por entre sus dedos?», le preguntó un incrédulo a una creyente. «¿Cómo podría?», replicó ella. «¡Yo soy uno de sus dedos!»

VII. La escuela de Dios (2.14-18)

A Timoteo lo estaban atacando los falsos maestros, así como atacan a la iglesia hoy. ¿Qué debemos hacer? Primero, recordar a la gente que se aferre a lo esencial y no discuta sobre palabras vanas y filosofías huecas. Segundo, asegurarnos de trazar bien la Palabra, siendo diligentes en manejarla cuidadosamente. «Trazar bien» implica «cortar» la Palabra con cuidado, de la manera en que un ingeniero construye una carretera, de modo que la gente entienda el programa de Dios para todas las edades. Pablo advierte que la falsa doctrina «carcomerá como gangrena» (v. 17) y que el único remedio es la «sana doctrina» de la Palabra de Dios. Cuando usted empieza a dar oídos a las fábulas de viejas o a los falsos maestros, se enfermará espiritualmente. Una mentira puede crecer como un tumor canceroso y destruir la fuerza espiritual del cristiano o de la iglesia local. Cada iglesia debe ser una escuela bíblica donde se enseñe la Palabra de Dios con precisión.

VIII. La casa de Dios (2.19-26)

Pablo describe a la iglesia local como una casa con un cimiento sólido y que contiene instrumentos de diferentes clases. Los judíos del AT a menudo escribían versículos de las Escrituras en las paredes de sus casas (véase Dt 11.20) y no era raro que también los gentiles escribieran consignas o frases en sus casas. En toda la casa de Dios hay dos afirmaciones escritas: una dirigida a Dios y otra dirigida al hombre (v. 19). Dios conoce a los suyos y otros deben conocer a los suyos debido a sus vidas santas. Cada cristiano es un instrumento en la casa grandiosa, pero algunos instrumentos están contaminados o sucios y no se pueden usar. A Timoteo se le advierte que se libre (purgar) de los instrumentos viles, para que no lo contaminen. Esta es la doctrina bíblica de la separación (2 Co 6.14–7.1). Los creyentes deben ser instrumentos apartados para honor, dignos («útiles») de que Cristo los use. Huir de las pasiones juveniles y seguir las cosas espirituales ayudarían a Timoteo a ser un instrumento preparado que Cristo podría usar para su gloria.

Los versículos 23-26 explican cómo lidiar con los problemas en la casa (familia) de Dios, de modo que no haya rencilla ni contención.

2 Timoteo 3

Pablo ahora mira a través de los años y con ojos de profeta nos dice lo que se debe esperar. Este capítulo es su apelación profética a Timoteo, su encargo a la luz del futuro de la Iglesia.

I. Una explicación del futuro (3.1-9)

La frase «en los postreros días» hace referencia a un período que en realidad empezó con la vida y ministerio de Cristo sobre la tierra (Heb 1.1,2). Sin embargo, el NT indica que la expresión «los postreros días» se refiere particularmente al estado de la Iglesia antes de la venida de Cristo. Estos serán «tiempos peligrosos», o sea, «difíciles, arduos para enfrentar». Esta es la misma palabra que se usa en Mateo 8.28 para describir al endemoniado gadareno. Debido a que la gente creerá «doctrinas de demonios» (1 Ti 4.1ss), este mundo llegará a ser un «cementerio demoníaco» así como Gadara. ¡Ya estamos en esos días!

«Hombres amadores de sí mismos» será la característica de los postreros días. Este amor de uno mismo conducirá a una actitud de avaricia y a un espíritu jactancioso. «Vanagloriosos» en realidad significa «fanfarrones». El afecto verdadero casi desaparecerá; y en su lugar prevalecerá el afecto contra naturaleza. «Crueles» significa «salvajes» y ciertamente que hoy es evidente una conducta salvaje. «Impetuosos» significa «imprudentes» o «desenfrenados»; y por cierto que vivimos en una edad de desenfreno, sea que se trate de la velocidad de los medios de transporte, el desperdicio del dinero o del desprecio a la vida humana.

Los versículos 5-8 indican que habrá abundancia de religión en los últimos días, pero que todo será mera imitación, una forma de piedad carente del poder transformador de Dios. El apartarse de la fe que Pablo predijo en 2 Tesalonicenses 2 ya está con nosotros hoy, ¡y sin embargo hay abundancia de religión! La Biblia continúa siendo el libro de mayor venta, sin embargo, la tasa de crimen sigue en aumento y los problemas se multiplican. Los verdaderos cristianos son la minoría. Estos falsos maestros de los días de Pablo hacían presa especialmente de las mujeres cargadas de pecado y arrastradas por sus pasiones, mujeres que estaban «siempre aprendiendo», pero que nunca llegaban en realidad a conocer la verdad.

Pablo comparó a los maestros apóstatas con los encantadores egipcios

Janes y Jambres, quienes se opusieron a Moisés al imitar lo que él hizo (Éx 7.11ss). Satanás es un imitador y su evangelio e iglesia de imitación se esparcirá en los postreros días. Así como Moisés venció a estos imitadores por el poder de Dios que vino en gran juicio, la Iglesia a la larga vencerá a estos engañadores de los últimos días. «A estos evita», advierte Pablo (v. 5). Timoteo no debía enredarse con los engañadores que niegan a Cristo, incluso cuando esto signifique que nos cataloguen de «extravagante».

II. Un ejemplo del pasado (3.10-13)

Si Janes y Jambres fueron ministros de la obra de Satanás, Pablo es nuestro mejor ejemplo de un obrero de Dios. No tenía que esconder nada. Véase Hechos 20.17ss. Pablo menciona las ciudades en el área alrededor de la residencia de Timoteo, porque este estaba familiarizado con la región. Timoteo conocía la doctrina (enseñanza) de Pablo; su manera de vivir (conducta); el propósito que motivaba su vida (véanse Hch 20.24; 2 Ti 4.7); la fe que le sostenía en su juicio; la paciencia, el amor y la perseverancia que demostró, incluso cuando lo perseguían; y la maravillosa manera en que Dios le cuidó en todo eso. Pablo fue una lección objetiva divina para el joven Timoteo y nosotros debemos ser ejemplo para otros.

La persecución no es algo que los cristianos deban buscar deliberadamente, pero si viven vidas consagradas la persecución vendrá de manera automática (véase 1 P. 4.12-19). «Sí, y todos los que quieren vivir piadosamente» es la mejor traducción del versículo 12. Cuando nuestra voluntad está dedicada a Dios, Satanás nos atacará. Usted puede estar seguro de que durante estos postreros días será cada vez más difícil vivir por Cristo. Como nunca antes necesitamos cristianos que estén dispuestos, como Pablo, a vivir completamente por Cristo.

III. Una exhortación del presente (3.14-17)

Puesto que estos seductores satánicos van a continuar, ¿qué debe hacer el creyente? Continuar siendo fiel a la Palabra de Dios. La única respuesta a las mentiras de Satanás es la verdad de Dios. Si cada iglesia local volviera a la Palabra de Dios y si cada pastor y cada maestro de la Escuela Dominical enseñara la Palabra de Dios, los discípulos de Satanás serían derrotados.

La relación de Timoteo con la Biblia queda delineada en estos versículos. Empezó cuando era niño y de su madre y abuela aprendió las Escrituras del AT. Ellas no le enseñaron simplemente los hechos de la Biblia; también le dieron apoyo y entendimiento espiritual. Timoteo conocía por sí mismo la verdad de la Palabra; no dependía de otros para que defendieran la Palabra por él. Esta Palabra le impartió fe (Ro 10.17) y esta fe en Cristo le dio la salvación.

Los versículos 16-17 son un gran testimonio del origen y carácter divinos de la Biblia. Algunos dicen: «La Biblia sólo contiene la palabra de Dios». O: «La Biblia es inspirada de la misma manera en que Shakespeare se inspiró».

Pero Pablo no concuerda con semejantes afirmaciones. La Biblia es la Palabra inspirada de Dios. La palabra «inspirada» significa «exhalada, llena del aliento de Dios». El Espíritu de Dios capacitó a los hombres para que escribieran la Palabra de Dios (véase 2 P 1.20,21), porque el Espíritu de Dios es el «aliento» de Dios (Jn 3.1-8; Ez 37.1-14). Aun cuando hombres como Shakespeare tuvieron inspiración literaria de alta calidad, no escribieron las mismas palabras de Dios. «Toda la Escritura» significa que cada palabra de Dios es inspirada.

¿Cuál es el propósito de la Biblia? La salvación es el primer propósito (v. 15), por supuesto, pero también se incluye la vida cristiana. La Palabra es útil para enseñar (doctrina), producir convicción (redargüir), corregir y disciplinar (instruir). Capacita al hijo de Dios para que llegue a ser un hombre de Dios, maduro en las cosas del Señor. «Perfecto» (v. 17) no significa exento de pecado; significa «maduro». Y «enteramente preparado» quiere decir «completamente equipado» (vv. 16-17). Así, la Biblia transforma al niño del versículo 15 en una persona madura en Cristo; equipa a los santos para ser siervos. Es bueno que los creyentes tomen cursos de estudio y aprendan métodos de ministerio, pero la mejor manera para equiparse en el servicio a Dios es estudiar y practicar la Palabra de Dios. Los libros de estudio nos dicen cómo; pero la Biblia nos da la motivación y el poder para vivir lo que aprendemos.

Es interesante comparar los usos de la Biblia con el orden de las Epístolas: enseñanza: Romanos; redargüir: 1 y 2 Corintios; corregir: Gálatas; instruir en justicia: Efesios y Colosenses.

La más grande necesidad entre las iglesias y los creyentes de hoy es regresar a la Biblia. Si las iglesias no vuelven a la Palabra de Dios, los engañadores satánicos se harán cargo y millones de pecadores perdidos irán al infierno porque las mentiras religiosas los desviarán.

2 TIMOTEO 4

Este capítulo registra el mensaje final de la pluma inspirada de Pablo. Poco después de dictar estas palabras, Pablo sufrió el martirio por la causa de Cristo. No nos sorprende, pues, que hallamos en este capítulo una apelación personal intensa por la fidelidad de Timoteo al Señor y a su querido Pablo. En este capítulo hay cuatro «encargos» o admoniciones a las que cada creyente debe prestar atención.

I. ¡Predica la Palabra! (4.1-4)

Pablo cerró el capítulo anterior exhortando a Timoteo a continuar en la Palabra en su vida personal; ahora le exhorta a llevar esa Palabra a otros. Primero debemos recibir antes que podamos trasmitir. Tan importante era la predicación de la Palabra para Pablo y para el ministerio de la iglesia, que el apóstol le encarga (le da una «orden militar») a Timoteo que persista en predicar la Palabra. Y Pablo llama a Cristo como testigo del encargo que le da a Timoteo, recordándole que Cristo un día volverá y someterá a prueba a su ministerio.

«Predicar la palabra» (v. 2) implica conocer la Palabra, trazarla correctamente y hacerla comprensible y aplicable a las vidas de las personas. El gran expositor bíblico G. Campbell Morgan dijo una vez: «Nuestra primera obligación es impartir conocimiento y luego nuestro propósito debe ser guiar a la obediencia a los que hemos enseñado». También dijo: «Predicar no es proclamar una teoría, ni tampoco debatir respecto a una duda[...] Predicar es proclamar la Palabra, la verdad conforme ha sido revelada».

«Instar» significa «estar listo, expresar con urgencia»; y esta debe ser la actitud del ministro, sea o no el servicio conveniente. Compárese el versículo 2 con 3.16-17 y verá que los deberes de la predicación caen en paralelo con los propósitos por los cuales se ha dado la Palabra. El ministro de la Palabra no reprende, ni redarguye, ni exhorta con sus palabras, sino con la Palabra inspirada de Dios.

¿Por qué deben los cristianos proclamar la Palabra de Dios? «Porque vendrán tiempos» (v. 3) cuando la gente no querrá oír la Palabra de Dios... ¡y dicho tiempo ya ha llegado a nosotros! Muchos que asisten a las iglesias no quieren doctrina «sana»; en lugar de eso quieren espectáculos de entretenimiento religioso de parte de ejecutantes cristianos que les acaricien los oídos. En las iglesias tenemos hoy una fascinación por las novelerías. Demasiado a menudo se ignora a la persona que simplemente abre la Biblia y enseña, mientras que el actor religioso se convierte en una celebridad. El versículo 4 indica que los oídos con «comezón» pronto se vuelven «oídos sordos» conforme la gente se aleja de la verdad y cree en las fábulas inventadas por los hombres.

II. ¡Cumple tu ministerio! (4.5-8)

Pablo estaba a punto de terminar su carrera, pero a la vida y ministerio de Timoteo le quedaban mucho por delante. «Cumple» significa «dar cumplimiento, lograr el propósito». Qué maravilloso es que Dios tenga un ministerio específico para cada uno de sus hijos (Ef 2.10). Nuestra tarea es hallar su voluntad y hacerla toda la vida. Esto involucra ser sobrios, soportar y hacer la obra.

El argumento de Pablo es claro: está a punto de dejar la escena y alguien debe ocupar su lugar. Los jóvenes necesitan que se les recuerde que son el futuro de la iglesia. Pablo declara: «Yo ya estoy para ser derramado como una ofrenda de libación, y el tiempo ha llegado para soltar el ancla y arriar las velas, para desarmar la tienda y avanzar» (traducción literal). Pablo no lamenta enfrentar la eternidad: había sido un buen soldado, un fiel corredor, un fiel mayordomo del tesoro del evangelio. Miraba hacia el momento en que recibiría su recompensa del Señor. ¿Qué fue lo que sostuvo a Pablo avanzando durante más de treinta años de esfuerzo y sufrimiento? ¡Esperaba con anhelo la venida de Cristo! «El amor de Cristo nos constriñe» (2 Co 5.14). Y todos los santos que aman su venida también serán fieles, como Pablo lo fue, en servirle y, como él, recibirán también su recompensa.

La tragedia más grande de la vida, aparte de perder el alma e ir al infierno, será llegar al borde de la eternidad y descubrir que hemos errado la voluntad de Dios y hemos desperdiciado nuestras vidas en cosas infructuosas y transitorias.

III. ¡Ven pronto a Roma! (4.9-18)

¿Por qué debía Timoteo apresurarse? Demas había abandonado a Pablo (Col 4.14; Flm 24); Crescente y Tito estaban lejos ministrando; Tíquico había sido enviado a Éfeso; y solamente el Dr. Lucas estaba con él. Mientras Pablo esperaba con paciencia que el Señor le llamara al hogar, anhelaba fervientemente el compañerismo cristiano de su hijo en la fe. En el versículo 21 Pablo le insta a que venga «antes del invierno» porque la temporada de navegación pronto se acabaría; y era muy probable que lo encontrara muerto si se demoraba mucho.

Encontramos a Lucas por primera vez en Hechos 16.10. Fue en tal punto que se unió al grupo de Pablo. Era un gentil y fue el autor del Evangelio de Lucas y el libro de Hechos. En Colosenses 4.14 y Filemón 24 se menciona a Lucas y a Demas, y el contraste es claro: Demas fue infiel en tanto que Lucas fue fiel a Cristo y a Pablo.

En Hechos 15.37ss Pablo había rechazado a Juan Marcos, pero ahora lo acepta. Marcos había demostrado con Bernabé ser digno del ministerio. Pablo estaba dispuesto a olvidar y perdonar, característica de un gran hombre. La palabra «útil» en 4.11 es la misma que se usa en 2.21. Marcos demostró ser «adecuado» para que el Maestro lo usara.

Pablo pidió que le trajera el capote que había dejado en Troas; el invierno se avecinaba y lo necesitaría en su prisión en Roma. Los «libros» eran quizás algunos de sus escritos; los «pergaminos» serían sus ejemplares de las Escrituras del AT. Mientras esperaba a que se celebrara el juicio, Pablo dedicaba su tiempo al estudio de la Palabra. ¡Qué ejemplo para seguir!

Advirtió a Timoteo respecto a Alejandro (1 Ti 1.20; Hch 19.33), quien resistió sus palabras (véase 3.8). En la primera defensa de Pablo ningún creyente estuvo a su lado; ¡pero el Señor sí y eso era todo lo que importaba! Esto había sido siempre su aliento en los momentos difíciles (Hch 18.7-11; 23.11; 27.19-25).

IV. ¡Saluda a mis amigos! (4.19-22)

A pesar de que enfrentaba una muerte segura, Pablo todavía piensa en otros. Cuán semejante a Cristo cuando estaba en la cruz. Pablo cumplió el requisito pastoral dado en Tito 1.8: era «amante de lo bueno». Ya hemos encontrado antes a Priscila (Prisca) y Aquila (véase Hch 18.2,18, etc.). En cuanto a Erasto véase Hechos 19.22. A Trófimo se menciona en Hechos 20.4 y 21.29. El hecho de que Pablo no pudo curar a Trófimo indica que no todos los creyentes deben sanarse y que la ausencia de sanidad no necesariamente prueba una falta de espiritualidad.

«¡La gracia sea con vosotros», dice Pablo y cierra su parte en los escritos del NT. «Gracia» era la palabra clave en su ministerio. Ojalá esta sea también la palabra clave en nuestras vidas.

TITO

Bosquejo sugerido de Tito

I. Saludo personal (1.1-4)

II. Organización de la iglesia (1.5-16)
    A. Cualidades de los ancianos (1.5-9)
    B. Características de los falsos maestros (1.10-16)

III. Obligación cristiana (2–3.11)
    A. Creyentes ancianos (2.1-3)
    B. Jóvenes, hombres y mujeres (2.4-8)
    C. Siervos (2.9-15)
    D. Ciudadanos (3.1-11)

IV. Admoniciones para concluir (3.12-15)

Notas preliminares a Tito

I. El hombre

Tito era un creyente griego (Gl 2.3), ganado para Cristo a través del ministerio de Pablo (Tit 1.4). Sabemos muy poco respecto a su trasfondo; no se le menciona ni una sola vez en Hechos. Es probable que, habiéndose convertido del paganismo, Pablo le reclutó para el servicio. Ayudó al apóstol a recoger la ofrenda para los santos (2 Co 2.1-9; 7.8-12; 12.18); y también encontró a Pablo en Troas y le informó respecto a la situación en Corinto (véanse 2 Co 2.12,13; 7.5-16). Tito llevó la carta que nosotros conocemos como 2 Corintios (2 Co 8.16-24). Era el ayudante de Pablo, quien le dejó en Creta para que organizara la iglesia (Tit 1.5), hasta que Pablo pudiera enviar a Tíquico o Artemas para que se hicieran cargo (Tit 3.12). Tito estuvo en Roma durante la segunda prisión de Pablo, desde donde viajó a Dalmacia en una misión del apóstol (2 Ti 4.10). La estimación de Pablo por Tito se menciona en 2 Corintios 8.23.

II. La carta

La prisa con que Pablo dejó a Tito en Creta hizo necesario que le escribiera para animar e instruir a este consagrado colaborador. Los cretenses no eran personas con las cuales era fácil trabajar, como así lo destaca Tito 1.12,13. No sabemos quién empezó la iglesia en Creta, pero sí sabemos esto: tanto la organización de la iglesia como la vida de sus miembros habían caído en descrédito. Es muy probable que la iglesia sufría debido a dos causas: (1) visitantes judaizantes que mezclaban la ley y la gracia, y (2) cristianos ignorantes que abusaban de la gracia de Dios y la convertían en libertinaje. Pablo tenía varios propósitos en mente cuando escribió esta carta: (1) recordarle a Tito que su tarea era organizar la iglesia y nombrar ancianos; (2) advertirle respecto a los falsos maestros; (3) animarle a pastorear diferentes clases de personas en la iglesia; (4) recalcar el verdadero significado de la gracia en la vida del cristiano; (5) explicar cómo tratar con los que causaban problemas en la iglesia.

III. El énfasis

Varias palabras se repiten en esta breve carta y nos ayudan a comprender el peso que Pablo sentía en su corazón. Nótese que hay un énfasis principal en las buenas obras (1.16; 2.7,14; 3.1,5,8,14). Salvos por gracia quiere decir salvos para buenas obras. La doctrina y la vida cristianas deben ser sólidas y sanas (1.9,13; 2.1,2,8). Debe haber una vida de piedad (1.1; 2.12), no de mundanalidad. La gracia de Dios guía a una persona a vivir en piedad (1.4;

2.11ss; 3.7,15). Si usted desea un versículo clave para este libro, quizás sea 3.8: «que los que creen en Dios procuren ocuparse en buenas obras».

Tito 1

Pablo dio inicio a su carta con varias amonestaciones a las cuales Tito debía prestar atención para cumplir su ministerio.

I. Debía proclamar la Palabra (1.1-4)

Este saludo formal es más que el inicio de la carta. Es una declaración del lugar de la Palabra de Dios en la vida de la iglesia local. Pablo era siervo y apóstol conforme a la fe de la iglesia (los escogidos de Dios, los elegidos). Su ministerio no era algo aparte de la iglesia, sino ligado directamente a ella. Esta «fe» es lo que Judas llama «la fe que ha sido una vez dada a los santos» (Jud 3). Es el depósito de verdad que Dios le encargó a Pablo (1 Ti 1.11) y que Pablo a su vez había dado a Tito y a Timoteo.

Uno de los problemas en Creta era el abuso de la gracia de Dios. «Dios nos salvó por gracia», afirmaban estas personas, «por tanto somos libres para pecar». Pablo responde a esto desde el mismo comienzo, definiendo la fe como «la verdad que es según la piedad». Piedad es una palabra favorita de Pablo (1 Ti 2.2; 3.16; 4.7,8; 6.3,5,6,11; 2 Ti 3.5). Significa santidad práctica en la vida diaria de uno (véase en Tit 1.6 un contraste). Posteriormente, en Tito 2.11-15, Pablo explica que la gracia nos salva y también nos disciplina para que tengamos vidas consagradas. La persona que usa la doctrina de la gracia para excusar los pecados, o bien no es salva o no comprende lo que realmente significa la gracia.

El mensaje de la gracia también apunta hacia la bendita esperanza del regreso de Cristo; véase 2.13. Por lo tanto, este es el mensaje que Tito debe predicar: La gracia de Dios salva a los pecadores y santifica a los creyentes; la vida santa que sigue a la verdadera fe en Cristo; y la expectación diaria de la venida de Cristo. El maravilloso programa de Dios en cuanto a la salvación estuvo marcado desde antes de la fundación del mundo, pero ahora se ha revelado mediante la predicación (la proclamación del evangelio). Nunca reste importancia al lugar de la predicación en la iglesia local.

II. Debía organizar a la iglesia (1.5-9)

No sabemos quién fundó la iglesia en Creta, pero sí sabemos que Pablo dejó a Tito allí para que la organizara y remediara las dificultades que existían. Había una oposición definida contra el ministerio de Tito y hay la sugerencia de que quería renunciar. «Pero para esto es que te dejé allí», escribe Pablo. «Si no hubiera problemas que resolver, ¡la iglesia no te necesitaría!» Mientras los cristianos estén en su cuerpo de carne, habrá problemas en nuestras iglesias. Cuando surgen estos problemas, la respuesta no es esconderlos, ni que los dirigentes renuncien y busquen una nueva iglesia. La respuesta es encararlos honestamente y en oración, y resolverlos según la Palabra de Dios. «Corrigieses» en el versículo 5 es un término médico que significa «arreglar un hueso fracturado, o enderezar una extremidad dislocada». La iglesia es un cuerpo y a veces el pastor debe ser el «cirujano espiritual» y arreglar huesos rotos.

Tito no debía seleccionar los ancianos (o sea, obispos, v. 7: dos nombres para el mismo oficio); debía ordenar a quienes las iglesias habían elegido. «En cada ciudad» en el versículo 5 indica que el evangelio se había esparcido de lugar en lugar, como debería ser. Estas cualidades de los ancianos están en paralelo con las dadas en 1 Timoteo 3. Tener «hijos creyentes» era un requisito (v. 6). Para «disolución» véase Lucas 15.13. El obispo es un administrador de las bendiciones de Dios, tanto materiales como espirituales; véase 1 Corintios 4.1-2. Se le dice que retenga «la palabra fiel» y esto trae a la mente las expresiones «palabra fiel» de Pablo en 1 Timoteo 1.15; 4.9; 2 Timoteo 2.11 y Tito 3.8. El pastor debe conocer la Palabra por dos razones: (1) para ministrar a los santos, y (2) para refutar a los falsos maestros, a quienes llama «los que contradicen» (v. 9).

III. Debía refutar a los falsos maestros (1.10-16)

Dondequiera que Cristo siembra buena semilla (creyentes), Satanás viene atrás con semilla y maestros falsos. Había en Creta un grupo que contradecía las enseñanzas de Pablo y enseñaba en cambio fábulas judías (legalismo) y mandamientos de hombres (tradicionalismo). Constantemente debemos tener cuidado con las falsas enseñanzas. «Los de la circuncisión» (v. 10) habían batallado contra Pablo desde Jerusalén hasta Roma, y todavía seguían oponiéndose a la verdad. Cuando mezclamos la ley y la gracia acabamos teniendo la falsa doctrina. Pablo describe a estos falsos maestros como contumaces, habladores de vanidades y engañadores.

Pablo hasta cita a un famoso poeta, Epiménides, quien describió a los cretenses como «mentirosos, malas bestias y glotones ociosos»: ¡lo cual no es ninguna descripción hermosa! A decir verdad, la gente de los días de Pablo llegó a usar el adjetivo «cretense» para indicar «mentir, hablar como un cretense». Por supuesto, Pablo no sugiere que todos los cretenses eran glotones ociosos y mentirosos. Sin duda había muchas personas, tanto dentro como fuera de las iglesias, que tenían vidas decentes.

Las leyes dietéticas y el ascetismo eran doctrinas clave de los falsos maestros y Pablo los atacó en el versículo 15. Es desafortunado que cristianos mal informados hayan abusando tan groseramente del versículo 15. Algunos lo usan para respaldar sus propias prácticas pecaminosas, diciendo: «Para los puros todas las cosas son puras, por lo tanto, no estoy haciendo nada malo». Pablo no tenía nada de esto en mente cuando dictó estas palabras. Se refería al problema de los alimentos limpios y los inmundos, como lo había hecho en 1 Timoteo 4.2-5. Enseña que el creyente que conoce la Palabra de Dios recibe todos los alimentos como limpios; el incrédulo (y el falso maestro) tiene una mente y conciencia inmundas y por lo tanto no ve nada como puro. Es más, en lugar de que los alimentos impuros contaminen al hereje, ¡es él quien contamina a los alimentos! La pureza moral no es cuestión de dietas, es cuestión de un corazón limpio y una buena conciencia. Jesús enseñó esto en Mateo 6.22-23; véase también Romanos 14.14.

¿Cómo debía Tito enfrentar a los falsos maestros? ¿Debía unirse a ellos para analizar su punto de vista? ¡No! Debía taparles la boca (v. 11) y reprenderlos duramente (v. 13). Después de todo estas enseñanzas estaban perturbando (alterando) a familias enteras (v. 11). Y su motivo era sólo de ganancia monetaria («ganancias deshonestas»); no deseaban honrar al Señor. El versículo 16 resume la situación: negaban a Cristo con sus obras; eran abominables y desobedientes; nunca pasarían la prueba (i.e., estaban reprobados).

Hoy también tenemos falsos maestros atacando a la Iglesia. Una cosa es que la gente se aferre a una doctrina falsa debido a la ignorancia y otra muy distinta que se aferre a tal doctrina y la enseñe como si fuera la verdad de Dios. A los ignorantes se les debe tener compasión y enseñar con paciencia la verdad; a los que deliberadamente son falsos maestros se les debe reprender y rechazar. Una vez que la iglesia compromete la verdad, las mentiras se tragarán la verdad.

Nótese aquí el énfasis en la «sana doctrina» (v. 9) y que sean «sanos en la fe» (v. 13). Esta es la doctrina «sana» de la que leemos en las cartas de Pablo a Timoteo. Las doctrinas falsas sólo conducen a la enfermedad espiritual en el cuerpo de Cristo.

Tito 2

Si Tito hubiera gastado todo su tiempo refutando a los falsos maestros, hubiera descuidado otros asuntos que son necesarios para una iglesia saludable. Es importante que el pastor tenga un ministerio equilibrado, tanto enseñando y exhortando a los santos como refutando a los enemigos de la verdad. En este capítulo Pablo analiza tres grupos diferentes en la iglesia y exhorta a Tito a que les recuerde sus obligaciones en el Señor.

I. Los ancianos (2.1-3)

Es probable que la iglesia en Creta haya sido el resultado del ministerio de Pedro en Pentecostés (Hch 2.11), en cuyo caso debe haber habido creyentes ancianos en la congregación. Es una bendición cuando la familia de la iglesia local tiene entre sus miembros a esos ancianos peregrinos que han caminado con el Señor por largo tiempo. Son en verdad privilegiados por sus vidas largas y con este privilegio viene una seria responsabilidad.

Los ancianos deben ser sobrios (vigilantes), serios (fácil de respetar), prudentes (con dominio propio) y sanos (saludables) en la fe. La salud espiritual es más importante que la física. Su amor y paciencia debe ser un ejemplo para todos; ¡qué difícil es para algunos «creyentes mayores» ser pacientes con la generación más joven!

Las ancianas deben ser reverentes en su conducta, no chismosas ni borrachas. Tenían la maravillosa oportunidad de enseñar a las mujeres más jóvenes de la iglesia, tanto por precepto como por ejemplo. Es posible que Pablo haya tenido en mente a algunas de las viudas que sostenían la iglesia y de quienes se esperaba que ministraran a los miembros.

II. Los jóvenes, hombres y mujeres (2.4-8)

Pablo habla de las mujeres jóvenes primero, animándolas a que presten atención a las mayores y aprendan de ellas a cómo ser buenas esposas y madres. Aquí tenemos una descripción de lo que Dios espera de una esposa cristiana joven. Debe ser prudente, adoptando una actitud seria respecto al matrimonio y al hogar. Ninguna joven que no quiere ser una esposa y madre seria debería casarse. El hogar no es un patio de juego. El amor es vital en un hogar feliz y por eso Pablo les recuerda a estas mujeres a amar a sus maridos y a sus hijos. Para más detalles léase Efesios 5.22,23.

La esposa cristiana debe ser cuidadosa de su conducta, discreta y casta. «Cuidadosas de su casa» (v. 5) significa literalmente «trabajadoras en el hogar» o «amas de casa». Debe ser fiel al hogar y no poner intereses ajenos por encima de su esposo o hijos. ¿Por qué? «Para que la palabra de Dios no sea blasfemada». Es trágico cuando un hogar cristiano testifica pobremente de Cristo debido a esposas desobedientes y negligentes, o esposos cuyos valores son confusos. El cónyuge que descuida su hogar es peor que el incrédulo.

Puesto que Tito era joven, también Pablo lo usa como ejemplo de lo que deben ser los jóvenes en la iglesia: «Presentándote tú en todo como ejemplo de buenas obras» (v. 7). Sé limpio, sincero, serio; estas declaraciones resumen la admonición de Pablo. En el versículo 8 le recuerda que debe tener cuidado de su hablar para que el enemigo no halle nada que criticar.

III. Los siervos (2.9-15)

Anteriormente ya hallamos a este grupo en 1 Timoteo, así como en Efesios y en Colosenses. Pablo sentía un interés especial por los esclavos y anhelaba que sus vidas diarias honraran a Cristo. Su primera responsabilidad era la obediencia; no debían ser «respondones» (la misma palabra griega que se usa para «los que contradicen», en 1.9). Una voluntad sumisa y una lengua bajo control pueden ser un maravilloso testimonio por Cristo. Los siervos deben procurar agradar a sus amos y no hacer solamente lo que se les exige. Correr «la segunda milla» ayuda a demostrar a la gente la realidad de la salvación.

«Defraudando» en el versículo 10 significa «robar». Puesto que no había salarios, con frecuencia los esclavos se inclinaban a robarles a sus amos y tal robo les era fácil puesto que con frecuencia los amos dejaban sus posesiones bajo la administración de sus siervos. «Fieles» quiere decir «honrados, leales». En el versículo 10 Pablo les da a los esclavos un motivo más alto para el servicio honrado: «Para que en todo adornen la doctrina de Dios». Esto quiere decir que puedan, en sus vidas, «embellecer la Biblia», haciéndola atractiva para los incrédulos.

La gracia de Dios era una doctrina de la que se abusaba en Creta, de modo que Pablo hace una pausa para indicar el fundamento doctrinal de sus amonestaciones. Hay algunos que convertirán la gracia en libertinaje, enseñando que los cristianos pueden vivir en pecado puesto que ya no está bajo la ley. Por supuesto, el creyente no está bajo la ley, sino bajo la gracia; pero la gracia trae una responsabilidad aun mayor. ¿Cómo puede el cristiano pecar deliberadamente contra la gracia y la bondad de Dios? Pablo presenta los tres tiempos de la vida cristiana:

Pasado: «La gracia de Dios se ha manifestado para salvación a todos los hombres» (v. 11)

Presente: «enseñándonos» (v. 12)

Futuro: «aguardando la esperanza bienaventurada» (v. 13)

En otras palabras, la gracia de Dios no sólo nos redime, sino que también nos reforma y nos recompensa. «Enseñándonos» en el v. 12 es la palabra griega que denota preparando o disciplinando. Se nos disciplina por gracia. Los creyentes que sinceramente comprenden la gracia de Dios no querrán vivir en pecado. Se alejarán de la inmundicia y de las pasiones mundanas; vivirán en este mundo vidas serias, limpias, consagradas.

No hay mayor incentivo para la vida cristiana que la Segunda Venida de Jesucristo. «Aguardando la esperanza bienaventurada (feliz) y la manifestación de la gloria de nuestro gran Dios» es una traducción más exacta del versículo 13. La gloria de Dios moraba aquí en la tierra en la persona de Cristo (Jn 1.14), pero volvió a los cielos cuando ascendió (Hch 1.9). Su gloria ahora mora en el creyente (1 Co 6.19-20). Cuando Cristo vuelva, veremos su gloria y participaremos de ella (Jn 17.22-24). Pablo habla de «Cristo en vosotros, la esperanza de gloria» (Col 1.27).

Jesús se dio a sí mismo por nosotros; lo menos que podemos hacer es entregarnos a Él y vivir hasta que Él venga de manera que le honremos. «Redimirnos» significa rescatar de la esclavitud mediante compra. Somos «su pueblo propio», es decir, su especial tesoro, su personal y amada posesión (véanse Éx 19.5; 1 Pedro 2.9). «Pueblo propio» no significa «cualquiera» sino comprados por Cristo y de su posesión. Somos un pueblo adquirido, purificado y profesante, «celoso de buenas obras». Marque el tema de «buenas obras» en las cartas de Pablo a Tito y verá cuán importante es.

Hay dos «polos» de la vida cristiana: miramos hacia atrás, a la cruz (v. 14), y hacia adelante, a la venida de Cristo (v. 13). Estos dos polos nos ayudan a mantenernos firmes en nuestro andar cristiano. Estos temas aparecen en la descripción que Pablo hace de la Cena del Señor (1 Co 11), donde se nos instruye recordar su muerte «hasta que Él venga».

TITO 3

Este capítulo continúa la exhortación de Pablo a Tito concerniente a su ministerio en las iglesias locales. Ha hablado respecto a los creyentes ancianos, los jóvenes y los siervos. Ahora se refiere a dos clases adicionales de personas.

I. Los gobernantes civiles (3.1-7)

Los cristianos deben ser buenos ciudadanos. Es cierto que «nuestra ciudadanía está en los cielos» (Flp 3.20), pero mientras estemos aquí en la tierra, debemos aplicar nuestra fe cristiana a la vida diaria práctica. La iglesia no debe inmiscuirse en partidos políticos, pero es cierto que el pueblo cristiano debe procurar aplicar los principios cristianos a los asuntos de la ciudad y la nación (Ro 13; 1 P 3.8-17).

Incluso en el caso de que el creyente no pueda honrar la conducta personal de un gobernante, debe honrar el oficio y las leyes de la nación. Por supuesto, si las leyes contradicen la Palabra de Dios, la primera lealtad del cristiano es hacia Dios (Hch 4.19; 5.29). «Dispuestos a toda buena obra» (v. 1) sugiere que los cristianos deben respaldar lo que es bueno en el programa del gobierno. No es menos cierto que muchas reformas humanitarias del pasado las han promovido hombres de principios cristianos y no debemos ser meros espectadores cuando es posible hacer el bien. Los cristianos son la sal de la tierra y la luz del mundo; por consiguiente, debemos involucrarnos en las buenas causas del gobierno, siempre y cuando no comprometamos nuestras convicciones o estorbemos la obra del Señor.

Algunos cristianos piensan que lograrán sus propósitos mediante discusiones y en el versículo 2 Pablo advierte en contra de esparcir con malas intenciones mentiras y empezar peleas. «La ira del hombre no obra la justicia de Dios» (Stg 1.20). La amabilidad y la mansedumbre pueden ser más fuertes aun que el poder político. Los cristianos dependen de diferentes armas al luchar contra el pecado (2 Co 10.1-6). El creyente sabe cómo confiar en que Dios librará sus batallas después de que él (el creyente) ha hecho todo lo que puede (Ro 12.17-21). La mansedumbre no es debilidad; antes bien, poder bajo control. Jesús fue manso (Mt 11.29), sin embargo, sabía cómo ejercer poder.

En los versículos 3-7 Pablo les recuerda a estos creyentes el motivo para una vida honesta: la gracia de Dios. El énfasis de esta carta es que la gracia de Dios no sólo nos salva, sino que también controla nuestras vidas diarias y nos hace más semejantes a Cristo. «Recuerden su vida vieja antes de ser salvos», escribió Pablo. «Esto les ayudará a comprender mejor a sus amigos inconversos y a tener compasión de ellos». Hemos sido salvados por la «bondad y amor de Dios». Dios detesta los pecados mencionados en el versículo 3, pero ama a los pecadores. Mediante la muerte de Cristo en la cruz Dios ha reconciliado consigo al mundo (2 Co 5.14-21) y así puede salvar a todo el que viene a Él por fe. La palabra griega para «amor» en el versículo 4 es similar a nuestra palabra «filantropía». Es la actitud de la gracia de Dios, altruista y desprendida, a favor de pecadores que no la merecen. Las nuevas del amor de Dios «se manifestaron» en Cristo, su Persona, obra, sus enseñanzas y, sobre todo, su muerte y resurrección.

Pablo aclara que nuestra salvación no es por obras, aun cuando resulta en buenas obras (v. 8; véase Ef 2.8-10). El «lavamiento» (v. 5) no tiene nada que ver con el bautismo; en el griego esta palabra significa un «lavatorio» y se refiere al artefacto que se usaba en el tabernáculo en el AT. Pablo usa el mismo término en Efesios 5.26, donde el lavamiento se recibe por la Palabra. A través de toda la Biblia esta se compara al agua para lavarse (Jn 15.3; Sal 119.9; Ef 5.26). Dicho de otro modo, el versículo 5 describe a los dos agentes de nuestro nuevo nacimiento (regeneración): la Palabra y el Espíritu de Dios (Jn 3.5). Véanse también 1 Pedro 1.23 y Santiago 1.18. El Espíritu ha sido «derramado» sobre todos los creyentes y el tiempo del verbo aquí indica que la acción ocurrió de una vez por todas, o sea, en el derramamiento del Espíritu al bautizar a los creyentes en Pentecostés. El creyente es justificado por gracia y es un heredero de Dios. Qué bendita posición tenemos en Cristo. Esta maravillosa salvación debe motivarnos a ser mejores ciudadanos, que los perdidos que nos rodean puedan ver a Cristo en nosotros y quieran conocerle.

II. Herejes (3.8-11)

La palabra «hereje» proviene de una palabra que significa «escoger» y sugiere una persona que causa divisiones en la iglesia debido a que obliga a las personas a escoger: «¿Están conmigo o con el pastor?» Gálatas 5.20 menciona a las «herejías» (formar partidos, divisiones) como una de las obras de la carne; era algo que prevalecía en la iglesia carnal en Corinto (1 Co 11.19). A estos buscapleitos de la iglesia les encantaba discutir respecto a palabras y genealogías, lo cual sugiere que tenían un trasfondo judaizante y trataban de construir doctrinas novelescas basándose en las ideas del AT. Era preciso evitar tales discusiones inútiles y vacías; nunca convencerían al enemigo y solamente dividirían a la iglesia.

¿Cómo debía Tito enfrentar a esta gente problemática? Por un lado, debía evitar discutir con ellos. Luego, si persistían en causar divisiones incluso después de dos amonestaciones (y esto implica advertencias públicas), debían separarse del compañerismo. A los miembros de la iglesia que causaban divisiones y luego se llevaban miembros a otra iglesia se les debía permitir que se fueran. Si regresaban, pero manifestaban un espíritu arrepentido, se les debía amonestar y recibirlos de nuevo. Si causaban problemas otra vez; se les podía dar el derecho a irse una segunda vez; pero si intentaban regresar de nuevo, no se les debía recibir en la congregación. Algunos creyentes que obran con simpatía, pero sin comprensión tal vez digan: «Pero a lo mejor se han reformado esta vez». Pablo recalca en el versículo 11 que tales personas no se reformarán; se han «pervertido» y están en un estado constante de pecado; o sea, ya no tienen remedio. Nuestras iglesias locales tendrían menos divisiones si los pastores y dirigentes observaran este importante principio.

Pablo cierra esta breve carta con información respecto a los viajes de sus colegas en la obra del Señor. Informa a Tito que «los refuerzos están en camino» para ayudarle en el difícil ministerio en Creta. Bien sea Artemas o Tíquico le reemplazarían para que él pudiera unirse a Pablo en Nicópolis; pero mientras tanto Tito debía quedarse en el trabajo hasta que alguien llegara para continuar la obra. Es bueno tener presente que Dios no destruye un ministerio para edificar otro. Cuando Él mueve a un siervo tiene ya listo a alguien que tome su lugar. Si no hay un sustituto listo, quizás sea esto una indicación de que no es el tiempo para mudarse.

Parece que Zenas y Apolos eran los que entregaron esta carta a Tito. Pablo le pide a Tito que les ayude a continuar su viaje, lo cual quizás era una misión de Pablo. Los cristianos deben ayudarse unos a otros mientras cumplen el servicio; véanse 1 Corintios 16.6,11 y Romanos 15.24. No obstante, debemos tener cuidado de no brindar ayuda a los que enseñan falsas doctrinas (2 Jn 9-11).

El versículo 14 es un recordatorio de Pablo a los cristianos locales para que ayuden a Tito en su obra y en su ministerio de ayudar a otros a continuar su camino. El pastor y el pueblo deben realizar este ministerio de hospitalidad y aliento. «Llevando fruto en toda buena obra» (Col 1.10) debe describir a todos los cristianos y no únicamente al pastor y los líderes.

Finaliza con este saludo apostólico, ligando el amor con la fe. «La gracia sea con todos vosotros» identifica la carta como genuinamente de Pablo (2 Ts 3.17).

FILEMÓN

Bosquejo sugerido de Filemón

I. Saludo (vv. 1-3)
II. El aprecio de Pablo a Filemón (vv. 4-7)
III. Pablo apela a favor de Onésimo (vv. 8-17)
IV. Pablo asegura el pago (vv. 18-25)

Notas preliminares a Filemón

I. El hombre

Filemón era un cristiano que vivía en Colosas (Flm 2; véase también Col 4.9,16,17). Es posible que su hijo Arquipo pastoreaba la iglesia de Laodicea (Col 4.16,17); había también una congregación en la casa de Filemón (Flm 2). Este había sido ganado para Cristo a través del ministerio de Pablo (v. 19), tal vez en Éfeso, puesto que Pablo no había visitado personalmente a Colosas.

II. La carta

Onésimo era uno de los esclavos de Filemón (v. 16) que le había robado a su amo y huido a Roma. Por la dirección providencial del Señor este esclavo fugitivo conoció a Pablo, el cual le condujo a Cristo. Legalmente Filemón hubiera podido mandar a matar a su esclavo porque había quebrantado la ley, pero Pablo intervino para interceder a favor del nuevo cristiano y salvarle la vida. Esta breve carta nos habla como volúmenes, puesto que demuestra de manera vívida el corazón del gran apóstol. Sus propósitos al escribir fueron: (1) informar a Filemón que su esclavo no sólo estaba bien, sino también que había sido salvado; (2) pedirle que perdonara a Onésimo; (3) pedirle que le preparara alojamiento, el cual esperaba que lo pusieran pronto en libertad.

Por supuesto, la lección principal de la carta es su cuadro de Cristo como el Redentor de los pecadores perdidos. Así como Pablo estaba dispuesto a pagar el precio para salvar la vida del desobediente Onésimo, Cristo pagó el precio en la cruz para redimir a sus hijos descarriados. «Recíbele como a mí mismo», escribió Pablo, recordándonos que nosotros somos «aceptos en el Amado» (Ef 1.6; 2 Co 5.21). El cristiano nunca entrará en el cielo por sus méritos. Cuando el creyente esté ante el Padre, Cristo tendrá que decir: «¡Recíbele como a mí mismo!» ¡Gracias a Dios que su justicia nos ha cubierto!

III. La esclavitud

Necesitamos recordar que la esclavitud era una institución aceptada en el Imperio Romano. Los romanos y griegos traían multitud de esclavos (jóvenes y viejos) al regresar de las guerras, y comprar y vender esclavos era una parte diaria de la vida. Pablo tenía un gran interés en los esclavos (1 Co 7.20-24; Col 3.22–4.1; Ef 6.5-9), animándoles a ser los mejores cristianos posibles y a ganar su libertad legalmente si podían. No leemos que Pablo específicamente atacara a la esclavitud; el evangelio en sí mismo, predicado y vivido en la iglesia primitiva, a la larga acabó con este problema social. La carta de Pablo a Filemón es un ejemplo clásico de cómo Cristo cambia un hogar y la sociedad al cambiar las vidas. No era que Pablo evadía el problema de la esclavitud; antes bien, se daba cuenta de que la verdadera solución se encontraría conforme hombres y mujeres entregaran su corazón a Cristo.

FILEMÓN

I. Saludo (vv. 1-3)

El saludo de Pablo en los versículos 1-3 lo identifica como preso, tema que repite en los versículos 7,13,22 y 23. Tal vez quería recordarle a Filemón el precio que él mismo estaba pagando, sugiriendo que cualquier cosa que Filemón pudiera hacer por Onésimo sería insignificante en comparación. Por supuesto, Pablo era prisionero de Cristo, no de Roma, y no se avergonzaba de sus cadenas. ¡Pablo logró más desde su prisión en Roma que lo que logramos nosotros como ciudadanos libres!

A Apia la llama «amada hermana». Lo más probable es que era la esposa de Filemón y madre de Arquipo (Col 4.17). Sin duda alguna, estaría preocupada por Onésimo y jugaría un papel importante en el ministerio de «la iglesia que estaba en su casa».

II. El aprecio de Pablo por Filemón (vv. 4-7)

Un hombre guiado por el Espíritu ciertamente usará de gracia y de tacto, y Pablo ilustra esta actitud en su manera de abordar el problema del esclavo fugitivo. En lugar de suplicar de inmediato por la vida del hombre, Pablo expresa primero su aprecio sincero por su amigo Filemón. Esto no es lisonja vacía; era estimación cristiana sincera, «el amor de Dios derramado» en el corazón de Pablo.

Filemón parece ser la clase de hombre que cualquiera de nosotros quisiera tener como amigo. Era un hombre de amor y de fe (véase Tit 3.15); después de todo, el amor por los hermanos es la mejor evidencia de la fe en Cristo. Nótese en el versículo 5 el alcance doble de la vida de Filemón; hacia arriba, a Cristo, y hacia afuera, a otros. Véase Gálatas 5.6.

Filemón no guardaba su fe para sí mismo; la daba (participaba) a otros. Pablo había estado orando por Filemón, que su fe pudiera ser «eficaz» y de bendición a otros. El versículo 7 indica que Filemón era un «cristiano que confortaba» y la clase de hombre que otros apreciaban. Filemón estaba a punto de enfrentar una prueba seria de fe y amor, al enterarse de la conversión de su esclavo Onésimo.

III. Pablo apela a favor de Onésimo (vv. 8-17)

Pablo pudiera haber usado su autoridad apostólica y ordenado a Filemón que perdonara y recibiera a Onésimo, pero esto no hubiera sido lo mejor. Por un lado, no hubiera ayudado a Filemón a crecer en la gracia, o recibir una bendición real de la experiencia. La ley es una motivación mucho más débil que el amor, y Pablo quería que Filemón ampliara su comprensión espiritual. Por esto es que Pablo usa la palabra «te ruego» (v. 9).

La apelación de Pablo se basa en varios factores. Por una parte, apela al amor cristiano de Filemón, amor que ya había elogiado (v. 5). Luego Pablo se refiere al esclavo desobediente llamándole su hijo en la fe, recordándole así a Filemón que Onésimo era ahora un hermano en Cristo. El juego de palabras del versículo 11 se basa en el significado del nombre «Onésimo», que significa «útil». En otras palabras, Onésimo había demostrado ser útil para el servicio cristiano de Pablo en Roma. ¡Ahora era un esclavo de Jesucristo! Pablo hubiera retenido a Onésimo como uno de sus colaboradores (v. 1), pero no quería hacer nada sin el conocimiento y consentimiento de su amigo.

Aquí se describe hermosamente la doctrina de la identificación del creyente con Cristo. «Recíbele, como a mi corazón» era el ruego de Pablo. Onésimo era tan parte de Pablo que le dolía tener que enviarlo de regreso. El versículo 17 es lo que Jesús dice de todo verdadero creyente: «¡Recíbele como a mí mismo!» Somos «aceptos en el Amado» (Ef 1.6). Onésimo no regresaba como la misma persona anterior. Tenía una posición completamente nueva ante su amo: ahora era un hermano amado, identificado con Pablo y por consiguiente aceptado. Esto es lo que la Biblia quiere decir por justificación: estamos en Cristo y por consiguiente Dios nos acepta.

IV. Pablo asegura el pago (vv. 18-25)

¿Qué hacer con la ley romana? ¿Qué hacer debido al dinero que Onésimo robó? ¿Cómo podría Filemón perdonar si no había restitución? Esta clase de perdón tan solo lo hubiera hecho cómplice de un crimen. «¡Yo lo pagaré!», promete el anciano apóstol. «Ponlo a mi cuenta».

De nuevo, este es un cuadro precioso del Calvario. Cristo nos halló como esclavos fugitivos, que habíamos quebrantado la ley, rebeldes, pero nos perdonó y nos identificó consigo mismo. Fue a la cruz y pagó nuestra deuda. Esta es la doctrina de la imputación. «Imputar» significa «poner a la cuenta de uno». Nuestros pecados fueron puestos a la cuenta de Cristo y su justicia fue puesta a nuestra cuenta cuando creímos en Él. ¡Qué gracia maravillosa! «Bienaventurado el hombre a quien Jehová no culpa de iniquidad» (Sal 32.2; Ro 4.1-8). Nuestros pecados fueron puestos a su cuenta, aun cuando Él nunca cometió pecado (2 Co 5.21). Nuestros pecados fueron puestos en Cristo y su manto de justicia fue imputado a nosotros.

El cristiano debe tener presente la distinción entre «aceptos en Cristo» y «aceptables a Cristo». El que ha confiado en Cristo para salvación es aceptado para siempre en Cristo y nunca el Padre lo rechazará. Cuando los creyentes pecan, son aceptos, pero sus acciones no son aceptables. Es necesario confesar ese pecado y recibir de Cristo el limpiamiento (1 Jn 1.9). Debido a que somos aceptados en Él, tenemos la calidad de hijos; según vivimos vidas aceptables a Él, tenemos comunión.

El versículo 19 ilustra la forma común de «yo lo pagaré» de los días de Pablo. Él estaba en realidad tomando sobre sí la deuda de Onésimo.

Pablo concluye con saludos personales a Filemón y a su familia, recordándoles a sus amigos las muchas obligaciones que tenían hacia él. Por cierto que le debían su propia salvación a Pablo. El apóstol estaba seguro que Filemón correría «la segunda milla» y haría incluso más de lo que le había pedido. Es hermoso leer que Pablo pide que oren por él y que le preparen hospedaje para cuando le liberaran de la prisión. Qué maravilloso tener amigos cristianos que se preocupan por las necesidades físicas y espirituales de otros.

Esta breve carta es de inestimable valor por lo que revela del corazón de Pablo. También ilustra lo que Cristo ha hecho por el creyente. Las dos frases que la resumen son: «Recíbele como a mí mismo» (v. 17) (nuestra identificación con Cristo) y «ponlo a mi cuenta» (v. 19) (imputación: nuestros pecados puestos sobre Cristo).

HEBREOS

Bosquejo sugerido de Hebreos

I. Una persona superior: Cristo (1–6)
   A. Cristo comparado a los profetas (1.1-3)
   B. Cristo comparado a los ángeles (1.4–2.18)
   C. Exhortación: No nos alejemos de la Palabra (2.1-4)
   D. Cristo comparado a Moisés (3.1–4.13)
   E. Exhortación: No dudemos de la Palabra (3.7–4.13)
   F. Cristo comparado a Aarón (4.14–6.20)
   G. Exhortación: No nos endurezcamos contra la Palabra (5.11–6.20)

II. Un sacerdocio superior: Cristo y Melquisedec (7–10)
   A. Un mejor orden: Melquisedec, no Aarón (7)
   B. Un mejor pacto: nuevo, no viejo (8)
   C. Un mejor santuario: celestial, no terrenal (9)
   D. Un mejor sacrificio: el Hijo de Dios, no animales (10)
   E. Exhortación: No menospreciemos la Palabra (10.26-39)

III. Un principio superior: Fe (11–13)
   A. Los ejemplos de la fe (11)
   B. La persistencia de la fe (12.1-13)
   C. Exhortación: Una advertencia para no desobedecer la Palabra (12.14-19)
   D. Las evidencias de la fe (13)

Notas preliminares a Hebreos

La epístola a los Hebreos presenta varios problemas interesantes al que la estudia. Aquí tenemos un libro que empieza como un sermón, sin embargo concluye como una carta (13.22-25). En ninguna parte se menciona el nombre de su autor, ni tampoco se indica claramente sus destinatarios. Ciertos pasajes se han usado erróneamente para molestar a los cristianos; debemos recordar que la epístola fue originalmente dada para exhortar y animar al pueblo de Dios. Es importante estudiar Hebreos a la luz de toda la Palabra de Dios y no sólo de manera aislada.

I. El mensaje

El principal mensaje de Hebreos se resume en 6.1: «Vamos adelante a la perfección [madurez espiritual]». Las personas a quienes se dirigió Hebreos no estaban creciendo espiritualmente (5.11-14) y andaban en un estado de segunda infancia. Dios había hablado en la Palabra, pero no eran fieles para obedecerle. Descuidaban la instrucción de Dios y se alejaban de su bendición. El escritor procura animarles a avanzar en sus vidas espirituales, mostrándoles que en Cristo tienen bendiciones «mejores». Cristo es «el autor y consumador [que lleva a término] de la fe» (12.2). El libro presenta a la fe y vida cristianas como superiores al judaísmo o cualquier otro sistema religioso. Cristo es la Persona superior (1–6); su sacerdocio es superior al de Aarón (7–10); y el principio de la fe es superior al de la ley (11–13).

II. El escritor

Puesto que no se menciona ningún nombre en el mismo libro, los eruditos han debatido por siglos sobre quién es su autor. Las tradiciones primitivas señalan a Pablo. Otros han sugerido que fue Apolos, Lucas, Felipe el evangelista, Marcos y hasta Priscila y Aquila. El escritor, obviamente, fue judío, puesto que se identifica con los lectores judíos (1.2; 2.1,3; 3.1; 4.1; etc.). También se identifica con Timoteo (13.23), lo cual sin duda podía haber hecho Pablo. La bendición de gracia en la clausura es típica de Pablo (véase 2 Ts 3.17,18). El escritor había estado en prisión (10.34; 13.19). La cuestión parece quedar resuelta por 2 Pedro 3.15-18, donde Pedro claramente afirma que Pablo había escrito al mismo pueblo al cual Pedro lo hizo, los judíos de la dispersión (1 P 1.1; 2 P 3.1). Todavía más, Pedro llama Escrituras a la carta de Pablo. Ahora bien, si Pablo escribió una carta inspirada a los judíos esparcidos por el mundo y esta carta se ha perdido, una parte de la Palabra eterna e inspirada de Dios hubiera sido destruida; y eso es imposible. La única Escritura que está dirigida a los judíos y que no se acredita a ningún otro autor es Hebreos. Conclusión: Pablo debe haber escrito Hebreos. Los que argumentan que el estilo o el vocabulario no son típicos de Pablo deben tener presente que los escritores son libres de adaptar su estilo y vocabulario a sus lectores y temas.

III. Las «advertencias»

Incluso Pedro nos informa que algunos habían tomado la carta a los Hebreos y mal interpretado las «cosas difíciles» para su propia destrucción (2 P 3.16). Esto se debe a que destrozan las Escrituras, o tuercen pasajes fuera de su contexto, pervirtiendo la letra para hacer que diga lo que en realidad no quiere decir. Debemos cuidarnos de interpretar Hebreos a la luz de toda la Palabra de Dios. Se han colocado las cinco exhortaciones (véase 13.22) en nuestro bosquejo para que pueda ver con claridad el desarrollo de la carta. Creemos que estas exhortaciones son para todos los creyentes, puesto que el escritor se identifica con el pueblo al cual se dirige: «es necesario que con más diligencia atendamos»; «¿cómo escaparemos»; «temamos, pues»; etc. Decir que 6.4,5 describe a personas que eran «casi» salvas es atropellar el significado de estos versículos. Algunos cristianos han malentendido la gracia de Dios y la preciosa doctrina de la seguridad eterna al punto de olvidarse de que Dios también castiga a su pueblo cuando este peca. Debemos abordar Hebreos como una carta escrita a creyente que estaban en peligro de recaer en un estado carnal de inmadurez espiritual debido a su actitud errada hacia la Palabra de Dios. Tal desobediencia, advirtió Pablo, podía llevarlos al castigo de Dios y a la pérdida de recompensas ante el tribunal de Cristo (véanse 10.35,36; 11.26). Hebreos no advierte a los creyentes que sus pecados los condenarán, puesto que ningún verdadero cristiano puede jamás perderse eternamente.

IV. Palabras clave

Las palabras clave son «mejor» (1.4; 6.9; 7.7,19,22; 8.6; 9.23; 10.34; 11.16,35,40; 12.24) y «perfecto» (2.10; 5.9,14; 6.1; 7.11,19,28; 9.9,11; 10.1,14; 11.40; 12.2,23).

HEBREOS 1

«¡Dios ha hablado!» Este es el gran mensaje de Hebreos. «Dios ha hablado», por tanto, presten atención a cómo responden a su Palabra. Después de todo, la manera en que respondemos a la Palabra de Dios es la manera en que respondemos al Hijo de Dios, porque Él es la Palabra viva. En este primer capítulo vemos la superioridad de Cristo sobre los profetas y los ángeles.

I. Cristo es mejor que los profetas (1.1-3)

A. *En su persona.*

Cristo es el Hijo de Dios; los profetas fueron simples hombres llamados a ser siervos. Cristo hizo el universo y es quien lo sostiene. Su Palabra tiene poder. Le dio existencia al universo mediante su Palabra y ahora su Palabra controla y sostiene nuestro mundo. Cristo es también el heredero de todas las cosas. «Todo fue creado por medio de Él y para Él» (Col 1.16). Es el sacrificio de Dios por los pecados del mundo. «Purgó nuestros pecados» mediante su muerte en la cruz. Ahora está sentado en gloria, como el Rey Sacerdote de Dios. Su obra en la tierra está completa; Él se ha sentado.

B. *En su mensaje.*

Las revelaciones de Dios en tiempos antiguos fueron dadas «muchas veces y de muchas maneras». Ningún profeta recibió la revelación completa. Dios hablaba tanto a través de visiones, sueños, símbolos y acontecimientos, como mediante la boca del hombre. Estas revelaciones apuntaban a Cristo y Él es la revelación final de Dios. Cristo es «la última Palabra» de Dios al mundo. Toda la revelación del AT conducía a Cristo, la revelación final y completa de Dios. Cualquiera que hoy se jacte de tener una «nueva revelación» de Dios, se engaña. Dios no da revelaciones hoy; Él esclarece su revelación final y total en Cristo.

II. Cristo superior a los ángeles (1.4-14)

En la religión judía los ángeles jugaban un papel vital. La ley fue dada a través del ministerio de los ángeles, según Gálatas 3.19, Hechos 7.53 y Deuteronomio 33.2. Si los judíos ponían atención a la ley, dada por medio de ángeles, debían prestar mayor atención al mensaje dado por Cristo, quien es mayor que los ángeles. El autor menciona siete citas del AT para mostrar la superioridad de Cristo sobre los ángeles.

A. *Los versículos 4-5 citan al Salmo 2.7 y 2 Samuel 7.14.*

Como Heredero de todas las cosas Cristo tiene una herencia mayor y por tanto un nombre mayor. En el Salmo 2.7 Dios el Padre llama a Cristo «mi Hijo», título que no lo daría a los ángeles. (En el AT a los ángeles en forma colectiva se les denomina «hijos de Dios», pero este título no se aplica a ninguno en forma individual.) El Salmo 2.7 se refiere a la resurrección de Cristo, no a su nacimiento en Belén (véase Hch 13.33). Cristo fue «engendrado» de la tumba virgen cuando fue resucitado de entre los muertos. Colosenses 1.18 le llama «el primogénito de entre los muertos». La segunda cita se refiere a Salomón; léase todo el capítulo 7 de 2 Samuel con cuidado, porque la «casa» de David aparece de nuevo en Hebreos. David quería construir una casa para Dios, pero Él decretó que Salomón realizaría la obra. Dios le prometió a David que Él sería un padre para Salomón; y Hebreos 1.5 aplica esta promesa a Cristo, quien es «mayor que Salomón» (Mt 12.42).

B. El versículo 6 cita al Salmo 97.7 (o quizás a Dt 32.43 en la versión griega llamada la Septuaginta).

Esta cita se refiere al regreso de Cristo a la tierra («Y otra vez, cuando introduce al Primogénito»). Así como los ángeles le adoraron en la primera venida (Lc 2.8-14), le adorarán cuando vuelva para reinar. Cristo es mayor que los ángeles.

C. El versículo 7 cita al Salmo 104.4.

Los ángeles son espíritus creados por Dios para ser siervos. La próxima cita muestra que Cristo no es siervo sino Soberano.

D. Los versículos 8-9 citan al Salmo 45.6-7.

El Salmo 45 es uno matrimonial, describiendo a Cristo e Israel. Dios afirma con claridad que Cristo tiene un trono y el Padre llama al Hijo «Dios». Los que niegan la deidad de Cristo tergiversan estos versículos tratando de probar su punto. Una versión incluso dice: «Tu trono es Dios». No, estos versículos firmemente anuncian la deidad de Cristo; Él es Dios.

E. Los versículos 10-12 citan al Salmos 102.25-27.

Aquí de nuevo se le llama «Señor» a Jesús. Él es desde el principio el Creador del universo. Como un vestido gastado la creación se deteriorará y caerá hecha pedazos, pero Cristo jamás cambiará. Él es «el mismo ayer, y hoy, y por los siglos». Los ángeles son seres creados; Cristo es el Hijo eterno.

F. El versículo 13 cita al Salmo 110.1.

Este es el salmo clave en Hebreos, por cuanto el versículo 4 declara el sacerdocio de Cristo según el orden de Melquisedec. Cristo está ahora sentado a la diestra de Dios, como Sacerdote Rey. Pedro cita el mismo pasaje en Hechos 2.34. Los enemigos de Cristo todavía no se han postrado ante Él, pero lo harán uno de estos días.

El versículo 14 resume el lugar de los ángeles: son espíritus ministradores, no hijos en el trono; y su trabajo es ministrarnos a nosotros que somos herederos con Cristo en su maravillosa salvación.

Al repasar estas citas se puede ver la majestad y gloria del Hijo de Dios. Como afirma el versículo 4, Cristo tiene un nombre más excelente que los ángeles, porque por medio de su sufrimiento y muerte adquirió una herencia mayor. En su carácter, obra y ministerio, Cristo es supremo. Aun cuando hoy no se ve en la tierra su glorioso reino, todavía sigue en el trono como Rey y volverá un día para establecer justicia sobre esta tierra.

HEBREOS 2

Este capítulo continúa el argumento de que Cristo es superior a los ángeles. El escritor interrumpe su argumento para dar una exhortación, la primera de cinco que hay en el libro (véase el bosquejo de Hebreos).

I. Una exhortación (2.1-4)

Puesto que la Palabra hablada por los ángeles fue firme, ¡ciertamente la Palabra hablada por el Hijo de Dios también será firme! Si en los días del AT Dios se enfrentó a quienes desobedecieron su Palabra, ¡con toda certeza que también lo hará en los postreros días con los que ignoran o rechazan su Palabra dada por su Hijo!

El peligro aquí es a deslizarse por descuido: «No sea que en algún momento dado nos deslicemos de ella» es la mejor traducción del versículo 1. Nótese que el versículo 3 no dice: «¿Cómo escaparan los pecadores si rechazan», sino: «¿Cómo escaparemos nosotros [los creyentes], si descuidamos». La deterioración espiritual empieza cuando los cristianos empiezan a descuidar esta gran salvación. A partir de las amonestaciones dadas en 10.19-25 parece que estos judíos eran culpables de descuidar la oración y el compañerismo con el pueblo de Dios. Nótese 1 Timoteo 4.14.

La palabra *desobediencia* literalmente significa «falta de disposición para oír». Los santos que no quieren oír y prestar atención a la Palabra de Dios son desobedientes y no escaparán de la mano de castigo de Dios. Es más, Dios confirmó su Palabra mediante «señales y prodigios y diversos milagros» (v. 4, véase Hch 2.22,43); esta Palabra no debe tratarse con ligereza. En realidad, la palabra *descuidar* se traduce «sin hacer caso» en Mateo 22.5.

II. Una explicación (2.5-18)

El argumento del escritor en el capítulo 1 de que Jesús es mejor que los ángeles ha hecho surgir una nueva cuestión: «¿Cómo puede Jesús ser mejor si tuvo un cuerpo humano? ¿No son los ángeles mejores que Él puesto que no tienen cuerpos humanos que los limiten?» Esta cuestión se responde con una explicación del porqué Jesús se hizo carne.

A. *Para ser el postrer Adán (vv. 5-13).*

En ninguna parte de la Biblia Dios promete a los ángeles que regirán el mundo venidero. Dios le dio a Adán el gobierno sobre la tierra (Gn 1.26,27). El escritor cita el Salmo 8.4-6 en el cual se repite la bendición de Dios en Génesis. Dios hizo al hombre un poco menor que los ángeles o, literalmente, «por un poco de tiempo un poco menor que Dios». La sugerencia parece ser que Adán y Eva estaban en un período de prueba. No fueron creados para quedarse menos que Dios y si hubieran rechazado el pecado, al final hubieran participado de la gloria de Dios de una manera maravillosa. Satanás sabía que ellos serían menos que Dios sólo «por un poco de tiempo», de modo que se apresuró y les prometió la gloria antes de tiempo. El pecado entró en la raza humana y le privó a Adán de su dominio terrenal. Cesó de ser el rey y se convirtió en esclavo. Por eso es que el versículo 8 dice: «Pero todavía no vemos que todas las cosas le sean sujetas [al hombre]».

¿Qué vemos? «¡Vemos a Jesús!» Él es el postrer Adán que por medio de su muerte y resurrección deshizo toda la ruina que Adán causó cuando desobedeció a Dios. Por un poco de tiempo Cristo fue menor que los ángeles, incluso en la humillación del Calvario (Flp 2.1-12). Cristo tenía que tener un cuerpo de carne para poder morir por los pecados del mundo. Los hombres le coronaron con espinas en la tierra, pero ahora ha sido coronado con gloria y honor; véase 2 Pedro 1.17. Hay ahora una nueva familia en el mundo: Cristo está trayendo muchos hijos a la gloria. Adán, por su pecado, hundió a sus descendientes en el pecado y la muerte; Cristo ahora cambia a los hijos de Adán en hijos de Dios. Él es el «pionero» (autor) de nuestra salvación, el que abre el sendero para que podamos seguir. Somos sus hermanos, porque somos de la misma familia, habiendo sido hechos partícipes de su divina naturaleza y apartado para Dios a través de su muerte (10.10). Aquí se cita el versículo 22 del Salmo 22, aquel salmo del Calvario, hablando de la resurrección de Cristo. También se cita a Isaías 8.17,18.

Los dos hijos de Isaías eran señales para la nación: Sear-jasub (Is 7.3) significa «un remanente volverá»; y Maher-salal-hasbaz (Is 8.1) significa «el despojo se apresura». En otras palabras, en días del profeta Isaías había un remanente fiel que se salvó cuando la nación fue juzgada. Estas personas eran «hijos de Isaías», por así decirlo. De la misma manera Cristo tiene una familia de creyentes, un remanente entre judíos y gentiles; ellos también serán librados de la ira venidera.

B. Para derrotar al diablo (vv. 14-16).
La muerte y el temor fueron las consecuencias del pecado de Adán (Gn 2.17; 3.10). El temor a la muerte ha sido una de las armas más poderosas de Satanás, quien no tiene «el poder de la muerte» en forma absoluta, puesto que, como vemos en el caso de Job, no pudo hacer nada sin el permiso de Dios (Job 1-2). La palabra que se traduce «imperio» en el versículo 14 quiere decir «poder» o «fuerza» antes que «autoridad». Satanás aplica su fuerza o poder sobre los pecadores y las tinieblas (Lc 22.53), pero Cristo ha librado a sus santos del poder de las tinieblas (Col 1.12,13). Satanás se ha apropiado de este «imperio de la muerte» para lograr controlar a las criaturas de Dios; pero Cristo, a través de su muerte en la cruz, «destruyó» ese poder y libró así a los que estaban en esclavitud debido al temor de la muerte. Cristo necesitaba un cuerpo humano para morir y así derrotar a Satanás. Véase también 1 Juan 3.8. En el versículo 16 el escritor deja en claro que Cristo no tomó la naturaleza de los ángeles, sino más bien la simiente de Abraham. En otras palabras, Cristo no se hizo un ángel; se hizo hombre, un judío. No murió por los ángeles; murió por los seres humanos. Los ángeles caídos nunca pueden ser salvos; ¡pero los seres humanos caídos sí pueden ser salvados!

C. Para llegar a ser un compasivo sacerdote (vv. 17-18).

Esta es la tercera razón por la cual Cristo tomó cuerpo humano. Dios sabía que sus hijos necesitarían un sacerdote compasivo que les ayudara en sus debilidades. Permitió que su Hijo sufriera; y a través de este sufrimiento Él le equipó para su ministerio sacerdotal (v. 10). La persona de Cristo no necesita perfeccionamiento, puesto que Él es Dios; pero como el Dios-Hombre soportó el sufrimiento a fin de estar preparado para suplir nuestras necesidades. Fue hecho carne en Belén (Jn 1.14); fue «en todo semejante a sus hermanos» durante su vida terrenal; y fue «hecho pecado» en la cruz (2 Co 5.21). Ahora es un Sumo Sacerdote misericordioso y fiel; ¡podemos depender de Él! Es poderoso para socorrernos cuando acudimos a Él buscando ayuda. La palabra *socorrer* quiere decir «correr cuando se es llamado» y la usaban los médicos. ¡Cristo corre en nuestra ayuda cuando se la pedimos!

Esta sección completa el argumento respecto a la superioridad de Cristo sobre los ángeles. El escritor ha mostrado que Cristo es superior en su persona y obra y en el nombre que el Padre le ha dado «sobre todo nombre». La conclusión es clara: puesto que Cristo es superior, debemos prestar atención a su Palabra y obedecerla. Debemos tener cuidado de no deslizarnos debido al descuido.

HEBREOS 3

Pasamos ahora al tercer argumento sobre la superioridad de Cristo: Él es mejor que Moisés. Por supuesto que Moisés era el gran héroe de la nación judía y para Pablo probar la superioridad de Cristo sobre Moisés equivalía a probar la superioridad de la fe cristiana sobre el judaísmo. ¿Cómo podían estas personas regresar al judaísmo cuando lo que Cristo ofrecía era mucho mejor que lo que Moisés podía ofrecer?

I. Cristo es mayor en su oficio (3.1,2)

Moisés fue principalmente un profeta (Dt 18.15-19; Hch 3.22), aun cuando ejerció las funciones de sacerdote (Sal 99.6) y hasta las de rey (Dt 33.4-7). Sin embargo, Moisés fue llamado por Dios, en tanto que Cristo fue enviado por Dios. Cristo es el «Apóstol» o «el Enviado» (véanse Jn 3.17; 5.36-38; 6.57; 17.3,8,21,23,25). Cristo es también el Sumo Sacerdote, oficio que Moisés jamás ocupó. Todavía más, el ministerio de Cristo tiene que ver con el «llamamiento celestial» y no sólo con el terrenal de Israel. Moisés ministró a un pueblo terrenal cuyo llamamiento y promesas eran fundamentalmente terrenales; Cristo es el Apóstol y Sumo Sacerdote de un pueblo celestial que son extranjeros y peregrinos en esta tierra. Podemos también añadir que Moisés fue un profeta de la ley, mientras que Cristo es el Apóstol de la gracia (Jn 1.17). Moisés pecó, en tanto que Cristo vivió una vida sin pecado. No sorprende que en el versículo 1 se nos pida «considerar» u «observar atentamente» a Jesucristo.

II. Cristo es mayor en su ministerio (3.3-6)

Dios afirma que Moisés fue fiel (Nm 12.7) igual que Cristo (Heb 3.2), pero sus ministerios son divergentes a partir de ese punto. Moisés fue un siervo; Cristo es el Hijo. Moisés sirvió en la casa, en tanto que Cristo es el Señor sobre la casa. «La casa» quiere decir, por supuesto, la familia de Dios y no el templo ni el tabernáculo. Moisés fue un siervo en Israel, la familia de Dios en el AT; Cristo es el Hijo sobre la familia de Dios que hoy es la Iglesia (Heb 3.6; 10.21; también 1 P 2.5; 4.17; Ef 2.19). Véase un ejemplo del uso de la palabra «casa» para indicar al «pueblo» en 2 Samuel 7.11, donde Dios promete «hacerle casa a David», o sea, establecer su familia y su trono para siempre.

Aun cuando Israel era la familia terrenal de Dios y la Iglesia es su familia celestial, tenemos que tener presente que la familia de Dios siempre se caracteriza por la fe. Las personas de los tiempos del AT eran salvas por fe como lo es la gente de hoy. Es esta continuidad de fe la que vincula al pueblo de Dios bajo ambos pactos. Por esto es que Gálatas 3.7 llama «hijos de Abraham» a los creyentes, porque es el «padre de los que creen».

Hay todavía otros dos asuntos más en este contraste entre Moisés y Cristo:

A. Moisés fue un siervo en tanto que Cristo fue el Hijo.

Esta declaración sugiere que el ministerio del AT fue de esclavitud y servidumbre, en tanto que el ministerio de Cristo bajo el nuevo pacto es de libertad y gozo. La ley del AT se le llama «yugo de esclavitud» (Gl 2.4; 5.1; véase Hch 15.10). Los benditos privilegios de la calidad de hijos que disfrutamos en la familia de Dios por la fe no se conocieron bajo el antiguo pacto.

B. Moisés ministró usando símbolos, en tanto que Cristo es el cumplimiento de estas cosas.

Véase 3.5: «Para testimonio de lo que se iba a decir». En Cristo tenemos brillando la verdadera luz; en Moisés estamos en las sombras. ¡Que los lectores regresaran al judaísmo significaba dejar el cumplimiento a cambio de los tipos y las sombras!

III. Cristo es mayor que el reposo que da (3.7-19)

La palabra «reposo» se usa doce veces en el capítulo 4, pero no siempre tiene el mismo significado. Estudiaremos esta palabra en detalle en el próximo capítulo, pero en este punto debemos introducir las ideas básicas. El escritor usa a la nación de Israel como una ilustración de la verdad espiritual (véase también 1 Co 10.1-13). Los judíos estaban en esclavitud en Egipto, así como los pecadores están bajo esclavitud en el mundo. Dios redimió a Israel por la sangre de los corderos, así como Él nos redime mediante la sangre de Cristo.

Dios prometió a los judíos una tierra de bendición y Él ha prometido a los suyos una vida de bendición, una herencia espiritual en Cristo. Pero esta bendición podría venir sólo a quienes se separan del mundo y siguen a Dios por fe. De modo que Dios sacó a Israel a través del Mar Rojo (separación de Egipto, del mundo) y los condujo a los límites de Canaán. Deuteronomio 1.2 nos informa que era una jornada de once días. Pero en este momento Israel se rebeló en incredulidad y rehusó creer a Dios (Nm 14). Debido a esto Dios juzgó a la congregación entera, exceptuando a Josué y Caleb, quienes confiaron en Dios y se opusieron al voto del pueblo. Los judíos tuvieron que vagar por cuarenta años en el desierto, un año por cada día que los espías estuvieron en la tierra. La nación no entró en el reposo prometido (Dt 12.9; véase Jos 1.13-15).

Es aquí donde el escritor advierte a sus lectores. Habían sido redimidos por la sangre de Cristo y libertados del mundo. Ahora, como Israel, se veían tentados a regresar. Hacerlo quería decir no entrar en la vida de plenitud y bendición que Dios les había prometido. Hay en los capítulos 3 y 4 diferentes reposos los cuales se relacionan al plan de Dios: (1) el de la salvación (4.3, 10); (2) el de victoria en medio de las pruebas, simbolizado por la tierra prometida de Canaán (4.11); (3) el futuro y eterno, el reposo celestial (4.9). Estudiaremos estas distinciones en detalle en el próximo capítulo. La exhortación aquí es a que el pueblo de Dios confíe en Él a pesar de las dificultades, así como lo hicieron Josué y Caleb y avancen al reposo prometido. Por favor, tenga presente que Canaán no es un cuadro del cielo; es un símbolo de la vida de bendiciones y batallas, progreso y victoria, que tenemos en Cristo conforme nos rendimos a Él y confiamos en Él. Es ese reposo presente que tenemos incluso en medio de las tribulaciones y pruebas. Ese reposo no podían darlo ni Moisés ni Josué.

El escritor cita el Salmo 95 y recuerda a los lectores respecto a la dureza de corazón de Israel. Tal vez quiera leer Éxodo 17 para ver cómo provocó Israel a Dios y lo probó cuando las cosas se pusieron difíciles. ¡Los creyentes de hoy hacen lo mismo cuando vienen las tribulaciones y las pruebas! Y aquí tenemos el tema básico de Hebreos: Avancemos a la madurez, venciendo al enemigo y reclamando nuestra herencia en Cristo. Crucemos el Jordán (muramos a la vida vieja, Ro 6) y pidamos la presente herencia que Dios nos ha preparado (Ef 2.10).

¿Puede aplicarse a los creyentes la advertencia del versículo 12? ¡Ciertamente! La incredulidad es un pecado que acosa a los cristianos y esta incredulidad procede de un corazón malo que descuida la Palabra. Una cosa es confiar en Dios para la salvación y otra muy diferente someterle nuestras voluntades y vidas para dirección y servicio diarios. Muchos cristianos están aún «deambulando en el desierto» de la derrota y de la incredulidad; han sido sacados de Egipto, pero nunca han llegado a Canaán para reclamar su herencia en Cristo. Los judíos fueron comprados por la sangre y cubiertos por la nube, sin embargo, ¡la mayoría murió en el desierto! ¿Es esto cuestión de «perder la salvación»? ¡Por supuesto que no! Es asunto de perder la vida de victoria y de bendición debido a una falta de confianza en Dios. ¿Y qué causa este corazón malo de incredulidad?: (1) No oír la voz de Dios, (vv. 7,15); y (2) dejarnos engañar por el pecado (v. 13).

¡Cuán importante es oír la Palabra de Dios! Si erramos aquí, empezaremos a alejarnos de la Palabra (2.1-4) y entonces dudaremos de ella (3.18,19). Rehusamos las exhortaciones de los que quieren ayudarnos (3.13) y avanzamos a la obstinada desobediencia hasta que llegamos a cauterizarnos en contra de la Palabra (5.11–6.20).

El pecado en la vida del creyente es engañoso. Empieza como algo pequeño, pero crece gradualmente. Dudar de Dios en algo puede conducir a un corazón malo de incredulidad. Los que persisten en avanzar y retienen su confianza demuestran que son verdaderamente salvos (3.6,14) y al hacerlo así evitan el castigo de Dios, y posiblemente (como con Israel) el juicio en esta vida. ¡La incredulidad es algo serio!

HEBREOS 4

Este capítulo continúa el tema que empezó en 3.11: el reposo. La palabra «reposo» se usa en esta sección en cinco sentidos diferentes: (1) el reposo de Dios en el día de descanso, según Génesis 2.2 y Hebreos 4.4,10; (2) Canaán, el reposo para Israel después de vagar por cuarenta años (3.11, etc.); (3) el reposo en Cristo del presente de salvación del creyente (4.3,10); (4) el reposo del presente de victoria del vencedor (4.11); y (5) el reposo en el cielo del futuro eterno (4.9). El reposo del día de descanso de Dios es un tipo de nuestro presente reposo de salvación, siguiendo la obra que Cristo concluyó en la cruz. Es también un cuadro del «reposo eterno» de gloria. El reposo de Israel en Canaán es similar a la vida de victoria y bendición que obtenemos al andar por fe y reclamar nuestra herencia en Cristo. Hay en este capítulo cuatro exhortaciones relacionadas a la vida de reposo.

I. Temamos, pues (4.1-8)

Dios prometió descanso al pueblo de Israel, pero no entraron a ese reposo debido a la desobediencia que surgió de la incredulidad. Dios ha prometido un reposo para los suyos hoy: paz en medio de la prueba, victoria a pesar de los problemas al parecer imposibles. A esta «vida de reposo» en nuestra Canaán espiritual se la llama «vamos adelante a la perfección» en 6.1; «plena certeza de la esperanza» en 6.11; y «heredan las promesas» en 6.12. Téngase presente que los lectores de Hebreos atravesaban un tiempo de prueba (10.32-39; 12.3-14; 13.13) y estaban tentados, como el antiguo Israel, a «regresar» a la vida vieja. Dios les había prometido el descanso de la victoria, sin embargo, estaban en peligro de no alcanzarlo. Dios les había dado la

Palabra, pero «no les aprovechó» (4.2) ni la aplicaron a sus vidas. De nuevo vemos la importancia de la Palabra de Dios en la vida del creyente.

El argumento del escritor es como sigue: Dios ha prometido un reposo a su pueblo (v. 1), pero Israel no entró en ese reposo (4.6). Su promesa todavía sigue firme, porque Josué (v. 8) no les dio este reposo espiritual, aunque les condujo al reposo nacional (véase Jos 23.1). De otra manera David nunca hubiera hablado respecto a ese reposo siglos más tarde en el Salmo 95. Conclusión: «Queda un reposo para el pueblo de Dios» (v. 9). El escritor relaciona ese reposo al de Dios (vv. 4,10); o sea, es uno de satisfacción, no el que se tiene después de quedar exhausto. Dios no estaba cansado después de crear el universo; el «reposo» de Génesis 2.2 habla de concluir la tarea y de satisfacción. Es un «reposo del alma». Este es el «reposo de fe» que Jesús promete en Mateo 11.28-30. Este es la salvación y es un don que recibimos por fe. El reposo de 11.30 es lo que hallamos día tras día conforme tomamos su yugo y nos sometemos a Él. «Temamos, pues», (v. 1) es la advertencia de Dios, porque muchos de sus hijos no entraron en esta vida de reposo y victoria.

II. Procuremos obrar (4.9-12)

«Procurar» aquí significa «poner diligencia»: esforcémonos con diligencia en entrar a este reposo. «Poner diligencia» es exactamente lo opuesto a «deslizarse» (2.1-3). Nadie jamás maduró en la vida cristiana siendo descuidado u holgazán. Lea cuidadosamente 2 Pedro 1.4-12 y 3.11-18, donde Pedro exhorta tres veces a los creyentes a ser diligentes. Si no somos diligentes, repetiremos el fracaso de Israel y no entraremos en el reposo prometido y en la herencia. (Nótese de nuevo, esto no es salvación, sino victoria en la vida cristiana.)

¿Cuál es el secreto de entrar en ese reposo? La Palabra de Dios. Hebreos 4.12 es la respuesta a cada condición espiritual; si permitimos que la Palabra de Dios nos juzgue y revele nuestros corazones, no fracasaremos en cuanto a entrar en la bendición. Israel se rebeló contra la Palabra y no quería «oír su voz» (Sal 95); por consiguiente, vagaron en derrota cuarenta años. La Palabra de Dios es una espada (véanse Ap 1.16; 2.12-16; 19.13; Ef 6.17). Penetra en el corazón (véanse Hch 5.33; 7.54, donde Israel rehúsa de nuevo someterse a la Palabra). Demasiados creyentes no escuchan ni prestan atención a la Palabra de Dios y así se privan de la bendición. Madurar espiritualmente requiere diligencia y por eso el creyente necesita aplicar con fidelidad la Palabra de Dios.

III. Retengamos nuestra profesión (4.14)

El versículo 14 no dice: «Retengamos nuestra salvación». La palabra «profesión» aquí es realmente «confesión, decir lo mismo» (3.1; 10.23; 11.13). La «confesión» se relaciona con el testimonio del creyente de su fe en Cristo y su fidelidad para vivir por Cristo y obtener la bendición prometida. Léase

10.34,35. Los judíos que vagaron en el desierto perdieron su confesión incluso cuando todavía estaban bajo la nube y redimidos de Egipto. ¡Qué pobre testimonio fueron del poder de Dios! Él los sacó, pero no confiaron en que Él les haría entrar. Su incredulidad les privó de la bendición de Dios.

Esto explica por qué a estos lectores judíos se les recuerda los «gigantes de la fe» que se mencionan en el capítulo 11. Todos enfrentaron dificultades y pruebas, sin embargo, vencieron y mantuvieron una buena confesión. Hebreos 11.13 afirma que estas personas «confesaron» (la misma palabra que se usa en 4.14) que eran «extranjeros y peregrinos sobre la tierra». Antes de que Enoc fuera llevado al cielo tuvo un buen testimonio (11.5). Al final del capítulo, el escritor resume todo diciendo: «y todos éstos, aunque alcanzaron buen testimonio [testigo]» (11.39). Donde hay fe, hay un buen testimonio (11.2); donde hay incredulidad, no hay testimonio.

¿De dónde viene la fe? «Así que la fe es por el oír, y el oír por la Palabra de Dios» (Ro 10.17). El Israel del AT no quiso oír la Palabra y por consiguiente no tenía fe. «Si oyeres hoy su voz» es la advertencia que se repite en 3.7,15 y 4.7. Los cristianos que oyen y prestan atención a la Palabra de Dios mantendrán una buena confesión y no perderán su testimonio ante el mundo.

IV. Acerquémonos al trono de la gracia (4.15,16)

Estos versículos prueban que el creyente no pierde su salvación. Tenemos un Sumo Sacerdote que conoce nuestras tentaciones y debilidades, que soportó las pruebas que nosotros debemos soportar. Cuando vienen los tiempos de prueba necesitamos acudir al trono de la gracia por el auxilio que solamente Cristo puede dar. El escritor explicará más el tema en capítulos posteriores, pero pone esta exhortación aquí no sea que sus lectores se desanimen y digan: «¡Es imposible que sigamos adelante! Simplemente no contamos con lo que se necesita!» ¡Por supuesto que no lo tenemos! ¡Ningún creyente tiene fuerza suficiente para cruzar el Jordán y conquistar al enemigo! Pero tenemos un gran Sumo Sacerdote que tiene misericordia y «gracia para ayudar en el momento preciso». (Este es el significado literal del versículo 16.)

¿Por qué el escritor se refiere al «trono» en este punto? La referencia es a Éxodo 25.17-22, el propiciatorio de oro. El arca del pacto era un cofre de madera recubierto de oro. Encima del arca Moisés puso un «propiciatorio» con un querubín en cada extremo. Este propiciatorio era el trono de Dios, donde se sentaba en gloria y gobernaba a la nación de Israel. Pero el propiciatorio del AT no era un trono de gracia, puesto que la nación estaba bajo un yugo de esclavitud legal. «La ley por medio de Moisés fue dada, mas la gracia y la verdad vinieron por medio de Jesucristo» (Jn 1.17). Cristo es nuestro Propiciatorio («propiciación» en 1 Jn 2.2). Cuando venimos a Él, lo hacemos a un trono de gracia, no a uno de juicio; y Él nos recibe, habla y fortalece.

Lea de nuevo este capítulo y verá que no es una advertencia a que no perdamos nuestra salvación. Antes bien nos anima a vivir en la Palabra y en la oración, y a permitir que Cristo nos lleve a la Canaán espiritual donde hallaremos reposo y bendición. El progreso espiritual es el resultado de la disciplina espiritual.

HEBREOS 5

En los primeros dos capítulos el escritor ha mostrado que Cristo es mayor que los profetas y los ángeles; en los capítulos 3-4 ha mostrado que Cristo es inclusive más grande que Moisés. Ahora apunta hacia Aarón, el primer sumo sacerdote de Israel, y demuestra que Cristo es un sacerdote mayor que Aarón. Si los lectores iban a abandonar a Cristo para irse al judaísmo, estarían cambiando un Sumo Sacerdote mayor por uno menor. El escritor muestra que Cristo es superior a Aarón por lo menos de tres maneras:

I. La ordenación de Cristo fue mayor (5.1,4-6)

Aarón fue tomado de entre los hombres y elevado a la posición de sumo sacerdote. Pasó este honor a su hijo mayor y así sucesivamente. Aarón pertenecía a la tribu de Leví; esta fue separada para ser la tribu sacerdotal para la nación de Israel.

Pero la ordenación de Cristo fue mayor. Por un lado, Él no es sólo un hombre; Él es Dios en carne, el Hijo de Dios y el Hijo del Hombre. No se apropió egoístamente de este honor del sacerdocio. Los hijos de Coré trataron de hacerlo (Nm 16) y murieron por su pecado. No, Dios mismo ordenó a su Hijo. Aquí el escritor cita el Salmo 110.4, en el cual el Padre ordena al Hijo al ministerio sacerdotal eterno. En el versículo 5 vincula este versículo con la cita del Salmo 2.7, porque el ministerio sacerdotal de Cristo se relaciona a su resurrección y es esta lo que encontramos en el Salmo 2.7 (Hch 13.33).

El sacerdocio de Melquisedec es el principal tema de Hebreos 7-10, de modo que no necesitamos entrar en detalles ahora. Quizás desee leer el trasfondo en Génesis 14.17-20. El argumento entero de Hebreos 7-10 es que Cristo es un Sumo Sacerdote mayor porque su sacerdocio es de un orden mayor: pertenece a Melquisedec, no a Aarón. El nombre «Melquisedec» significa «rey de justicia»; fue también sacerdote en Salem, que quiere decir «paz». Aarón nunca fue un sacerdote rey; pero Jesús es tanto Sacerdote como Rey. ¡Es un Sacerdote sentado en un trono! Y su ministerio es de paz, el «reposo» del cual se habló en los capítulos 3-4.

Cristo vino de Judá, la tribu de la realeza, y no de Leví, la tribu sacerdotal. Melquisedec aparece de súbito en Génesis 14 y luego desaparece de la historia; no se menciona ni su principio ni su fin. De este modo se lo compara con la condición eterna de Cristo al ser Hijo, porque Él también es «sin principio ni fin». Aarón murió y tuvo que ser reemplazado; Cristo nunca morirá: Su sacerdocio es para siempre. Aarón fue sacerdote de una familia terrenal, en tanto que Cristo es Sacerdote de un pueblo celestial.

II. Cristo tiene mayor simpatía (5.2,3,7,8)

El sumo sacerdote no solamente debe ser escogido por Dios; también debe tener simpatía en el pueblo y ser capaz de ayudarlos. Por supuesto, Aarón mismo era un simple hombre y conocía personalmente las debilidades de su pueblo. Es más, tenía que ofrecer sacrificios por sí mismo y su familia.

Pero Cristo es más capaz de entrar en las necesidades y problemas del pueblo de Dios. En los versículos 7-8 se nos menciona de la «preparación» que Cristo recibió al soportar el sufrimiento mientras estaba aquí en la tierra. Téngase presente que al igual que Dios, Cristo no necesita nada; pero como el Hombre que un día sería Sumo Sacerdote, le fue necesario experimentar las pruebas y el sufrimiento, tema que se trató en 2.10-11. Los judíos menospreciaban a Cristo y cuestionaban su divinidad por el sufrimiento que soportó. Estos sufrimientos, sin embargo, eran la misma característica de su deidad. Dios estaba preparando a su Hijo para que fuera el Sumo Sacerdote lleno de compasión por su pueblo. El versículo 7 se refiere a sus oraciones en el Getsemaní (Mt 26.36-46). Nótese que Cristo no oró que se le librara «de la muerte», sino de que la muerte no lo «retuviera». No oró que el Padre le rescatara evitándole la cruz, sino que lo levantara de la tumba. Y esta oración fue contestada. Sin duda Cristo estuvo dispuesto y listo para enfrentar la cruz y para beber la copa que Dios había dispuesto para Él (Jn 12.23-34).

Alguien tal vez pregunte: «Pero, ¿puede el Hijo de Dios realmente conocer nuestras pruebas mejor que cualquier hombre, como por ejemplo Aarón?» ¡Sí! Para empezar, Cristo fue perfecto» y experimentó totalmente cada prueba. Fue probado hasta lo sumo, probando cada tentación que el hombre y Satanás podrían ofrecer. Esto significa que Él fue más allá de lo que cualquier hombre mortal podría soportar, puesto que la mayoría de nosotros nos damos por vencidos antes de que la prueba se ponga realmente difícil. Un puente que ha resistido cincuenta toneladas de peso ha experimentado más prueba que uno que ha soportado sólo dos toneladas.

III. Cristo ofreció un mayor sacrificio (5.3,9-14)

El principal ministerio de Aarón fue ofrecer sacrificios por la nación, especialmente en el Día de Expiación (Lv 16). Los sacerdotes y levitas ministraban durante el año, pero todo el mundo miraba al sumo sacerdote en el Día de Expiación, porque solamente él podía entrar en el Lugar Santísimo con la sangre. Antes que todo, sin embargo, tenía que ofrecer sacrificios por sí mismo.

¡Pero no fue así con Jesús! Siendo el Cordero de Dios, sin mancha ni defecto, no necesitaba sacrificios por el pecado. Y el sacrificio que ofreció por el pueblo no fue de animal, sino de sí mismo. Todavía más, no tenía que repetir este sacrificio; no necesitaba ofrecerse a sí mismo nada más que una sola vez para que el asunto quedara resuelto. ¡Cuánto más grande que Aarón y sus sucesores! Cristo es el «autor de eterna salvación» (v. 9); Aarón nunca podía serlo. La sangre de los toros y machos cabríos solamente cubría los pecados; la sangre de Cristo quitó para siempre el pecado.

El escritor quiere ahora entrar en un estudio más profundo del sacerdocio celestial de Cristo, pero se encontró en dificultades. El problema no fue que era un predicador ni escritor inepto, sino que tenía oyentes «tardos para oír». Quería pasar de la leche (las cosas básicas de la vida cristiana, mencionadas en 6.1-2) a la carne (el sacerdocio celestial de Cristo); pero no podía hacerlo si sus lectores no se despertaban y crecían. Cuántos cristianos hay que viven de leche: reconocen el ABC del evangelio y de la misión de Cristo en la tierra, pero no obtienen carne como alimentación, las cosas que Cristo está haciendo ahora en el cielo. Conocen a Cristo como Salvador, pero no comprenden lo que Él puede hacer por ellos como Sumo Sacerdote.

Estas personas habían sido salvas ya hacía suficiente tiempo como para que enseñaran a otros, sin embargo, habían caído en una «infancia espiritual». Alguien tenía que enseñarles de nuevo las cosas que habían olvidado. Eran «inexpertos» en la Palabra (v. 13). Vemos de nuevo el papel vital de la Palabra de Dios. Nuestra relación a la Palabra de Dios determina nuestra madurez espiritual. Estas personas se había alejado de la Palabra (2.1,3), dudado de la misma (caps. 3-4) y sus oídos se habían embotado respecto a ella. No habían mezclado la Palabra con la fe (4.2) ni la habían practicado en sus vidas diarias (5.14). No tenían los sentidos espirituales ejercitados (5.14) y por consiguiente estaban tornándose insensibles e incapaces en sus vidas espirituales. En lugar de avanzar (6.1), estaban retrocediendo.

Crecer en la gracia depende de crecer en conocimiento (2 P 3.18). Mientras más sepamos respecto a nosotros mismos y a Cristo, mejor avanzaremos espiritualmente. ¿Dónde está usted en su crecimiento espiritual? ¿Es un bebé, todavía viviendo de la leche, deambulando sin rumbo en un desierto de incredulidad? ¿O está madurando, alimentándose de la carne de la Palabra y haciendo de ella un hábito el practicarla.

HEBREOS 6

Ningún capítulo en la Biblia ha perturbado a más personas que Hebreos 6. Es desafortunado que hasta creyentes sinceros hayan «caído» respecto a la doctrina de «caer de nuevo». Los eruditos han ofrecido varias interpretaciones de este pasaje: (1) describe el pecado de la apostasía; lo que quiere decir que los cristianos pueden perder su salvación; (2) se refiere a personas que fueron «casi salvas», pero que nunca llegaron a confiar en Cristo; (3) describe un posible pecado solamente para los judíos que vivían mientras el templo judío existía; (4) presenta un «caso hipotético» o ilustración que nunca podría ocurrir en realidad. A pesar de que son los puntos de vista de otros, debo rechazar todas las ideas que acabo de mencionar. Me parece que Hebreos 6 (tanto como el resto del libro) fue escrito para creyentes, pero este capítulo no describe un pecado que provoca que el creyente «pierda su salvación». Si mantenemos presente el contexto total del libro y si ponemos atención cuidadosa a las palabras que se usan, descubriremos que las lecciones principales del capítulo son de arrepentimiento y seguridad.

I. Una apelación (6.1-3)

El escritor ha regañado severamente a sus lectores debido a su ineptitud espiritual (5.11-14); ahora les insta a avanzar hacia la madurez («perfección»). Esto, por supuesto, es el tema principal del libro. La palabra «perfección» (madurez) es la misma que se usa en la parábola del sembrador, en Lucas 8.14 («no llevan fruto»). Esta imagen se une más tarde, en Hebreos 6.7-8, con la ilustración del campo. La apelación «vamos adelante» significa literalmente: «Seamos llevados hacia adelante». Es la misma palabra que se traduce «sustenta» en 1.3. En otras palabras, el escritor no habla de un esfuerzo propio, sino que apela a que sus lectores se sometan, se rindan, al poder de Dios, el mismo poder que sustenta el universo entero. ¿Cómo podemos caer si Dios nos está sustentando?

En lugar de avanzar, sin embargo, estos judíos creyentes estaban tentados a colocar otra vez «un fundamento» que se describe en los versículos 2-3. Los seis elementos de este fundamento no se refieren a la fe cristiana, como tal, sino más bien a las doctrinas básicas del judaísmo. Enfrentando los fuegos de la persecución estos cristianos hebreos eran tentados a «apartarse del camino» al olvidarse de su confesión de Cristo (4.14; 10.23). Ya se habían deslizado al retroceder a la «infancia» (5.11-14); ahora eran proclives a retornar al judaísmo, colocando así de nuevo el fundamento que había preparado el camino para Cristo y la luz plena del cristianismo. Se habían arrepentido de las obras muertas, refiriéndose a las obras bajo la ley (9.14). Habían mostrado fe hacia Dios. Creían en las doctrinas de los lavamientos (no bautismo, sino de los lavamientos levíticos; véanse Mc 7.4,5; Heb 9.10). La imposición de manos se refiere al Día de Expiación (Lv 16.21); y todo verdadero judío se aferraba a una resurrección y juicio futuros (véase Hch 24.14,15). Si no avanzaban estarían retrocediendo, lo que significaba olvidar la sustancia del cristianismo por las sombras del judaísmo.

II. Un argumento (6.4-8)

Nótese desde el principio que la cuestión aquí es el arrepentimiento, no la salvación: «Porque es imposible[...] sean otra vez renovado para arrepentimiento» (vv. 4,6). Si este pasaje se refiere a la salvación, enseña que un creyente que «pierde la salvación» no puede recuperarla. Esto quiere decir que la salvación depende parcialmente de nuestras obras y, una vez que perdemos nuestra salvación, nunca podremos recuperarla.

Pero el tema del capítulo es el arrepentimiento: la actitud del creyente hacia la Palabra de Dios. Los versículos 4-5 describen a los verdaderos cristianos (véase 10.32; así como 2.9,14) y el versículo 9 indica que el escritor creía que eran verdaderamente salvos. Aquí no tenemos gente «casi salva», sino verdaderos creyentes.

Las dos palabras clave en el versículo 6 son «recayeron» y «crucificando». La palabra griega que se traduce «recayeron» no es *apostasía*, que es la raíz para la misma palabra en español. La palabra griega es *parapipto*, que significa «caer a un lado, virar, descarriarse». Es similar a la palabra que en Gálatas 6.1 se traduce «falta». De modo que el versículo 6 describe a los creyentes que han experimentado las bendiciones espirituales de Dios, pero que se han desviado o han cometido faltas debido a la incredulidad. Habiendo hecho esto, se encuentran en peligro del castigo divino (véase Heb 12.5-13) y de llegar a ser «eliminados» (1 Co 9.24-27), lo que resulta en la pérdida de la recompensa y la desaprobación divina, pero no en la pérdida de la salvación. La frase «crucificando al Hijo de Dios», (v. 6) significa «mientras están crucificando». En otras palabras, Hebreos 6.4-6 no enseña que los santos que pecan no pueden ser traídos al arrepentimiento, sino que no pueden ser traídos al arrepentimiento mientras continúen en el pecado y sigan poniendo en vergüenza a Cristo. Los creyentes que siguen pecando demuestran que no se han arrepentido; Sansón y Saúl son ejemplos al respecto. Hebreos 12.14-17 cita el caso de Esaú igualmente.

La ilustración del campo en los versículos 7-8 relaciona esta verdad a la figura del fuego divino de la prueba; la verdad que aparece tanto en 1 Corintios 3.10-15 como en Hebreos 12.28-29. Es que Dios nos salvó para que llevemos fruto; nuestras vidas un día serán probadas; lo que hacemos y no recibe aprobación será quemado. Nótese que no es el campo lo que se quema, sino el fruto. El creyente es salvo «más así como por fuego» (1 Co 3.15). Así, el mensaje total de este difícil pasaje es: Los cristianos pueden retroceder en sus vidas espirituales y traer vergüenza a Cristo. Mientras vivan en el pecado, no pueden ser traídos al arrepentimiento y están en peligro de recibir el castigo divino. Si persisten, sus vidas no llevarán fruto duradero y «sufrirán pérdida» ante el tribunal de Cristo. Y, para que no usemos la «gracia» como excusa para el pecado, Hebreos 10.30 nos recuerda a los creyentes: «El Señor juzgará a su pueblo».

III. Una seguridad (6.9-20)

El escritor concluye con un pasaje tan sólido sobre la seguridad eterna como cualquier otro que hallamos en otras partes de las Escrituras. Indica, antes que todo, la propia vida de ellos (vv. 10-12) y les recuerda que habían dado evidencias de ser verdaderos cristianos. En estos versículos hallamos descritos la fe, la esperanza y el amor, y estas tres características pertenecen a los verdaderos creyentes (1 Ts 1.3; Ro 5.1-5). Pero les advierte en el versículo 12 a no ser «perezosos» (la misma palabra que en 5.11). Dios ha dado sus promesas; para recibir la bendición solamente necesitan ejercer fe y paciencia.

Luego usa a Abraham como una ilustración de la fe paciente. Es cierto que Abraham pecó, ¡incluso repitió el mismo pecado dos veces! Sin embargo, Dios mantuvo las promesas que le hizo. Al fin y al cabo para que los pactos de Dios sean ciertos no dependen de la fe de los santos; dependen sólo de la fidelidad de Dios, quien verificó la promesa de Génesis 22.16-17 al jurar por sí mismo: ¡y eso lo afirmó! Abraham no recibió la bendición prometida debido a su bondad u obediencia, sino debido a la fidelidad de Dios. Además experimentó muchas pruebas y tribulaciones (así como lo sufrían los lectores originales de Hebreos), pero Dios le sacó adelante.

En el versículo 17 el escritor dice que Dios hizo todo esto por Abraham para que los «herederos» pudieran conocer la confiabilidad del consejo y de la promesa de Dios. ¿Quiénes son esos herederos? De acuerdo al versículo 18 todos los verdaderos creyentes son herederos, porque somos los hijos de Abraham por fe (véase Gl 3). Así, hay «dos cosas inmutables» que nos dan seguridad: las promesas (porque Dios no puede mentir) y el juramento (porque Dios no puede cambiar). La inmutable Palabra y la inmutable Persona de Dios es todo lo que necesitamos para estar seguros de que somos salvos y guardados por la eternidad. Tenemos una «esperanza» que es el ancla del alma y es Cristo mismo (7.19,20; 1 Ti 1.1). ¿Cómo podemos «deslizarnos» espiritualmente (2.1-3) cuando en Cristo estamos anclados al mismo cielo? Tenemos un ancla firme y segura; y tenemos un «precursor» (Cristo) que nos ha abierto el camino y vigilará que un día nos unamos a Él en gloria. En lugar de asustar a los santos llevándoles a pensar que están perdidos, este maravilloso capítulo es una advertencia en contra de la incredulidad y del corazón no arrepentido y también nos asegura que estamos anclados en la eternidad.

HEBREOS 7

Este capítulo nos introduce a la segunda sección principal de Hebreos (véase el bosquejo). En ella el propósito del escritor es mostrar que el sacerdocio de Cristo es mejor que el de Aarón (cuyos sucesores ministraban en ese tiempo en la tierra, 8.4), porque su sacerdocio es de un orden superior (cap. 7). Es ministrado bajo un pacto superior (cap. 8), en un santuario superior (cap. 9), debido a un sacrificio superior (cap. 10).

La figura clave en el capítulo 7 es ese misterioso rey sacerdote, Melquisedec, quien aparece dos veces en todo el AT (Gn 14.17-20; Sal 110.4). El escritor presenta tres argumentos significativos para demostrar la superioridad de Melquisedec sobre Aarón.

I. El argumento histórico: Melquisedec y Abraham (7.1-10)

Primero, el escritor identifica a Melquisedec como un tipo de Cristo (vv.

3,15). Era a la vez rey y sacerdote, y también lo es Jesús. Ningún sacerdote de la línea de Aarón se sentó jamás en un trono. Es más, los sacerdotes aarónicos nunca se sentaban (hablando espiritualmente), porque su trabajo nunca se acababa. No había sillas ni en el tabernáculo ni en el templo. Véase Hebreos 10.11-14. Todavía más, Melquisedec fue rey de Salem, que significa «paz»; y Jesús es nuestro Rey de Paz, nuestro Príncipe de Paz. El nombre «Melquisedec» significa «rey de justicia», nombre que ciertamente se aplica a Cristo, el Rey Justo de Dios. Así, en su nombre y en sus oficios, Melquisedec es una hermosa semejanza de Cristo.

Pero Melquisedec también se asemeja a Cristo en su origen. La Biblia no contiene ningún registro de su nacimiento o muerte. Por supuesto, esto no significa que Melquisedec no tuvo padres o que nunca murió. Simplemente significa que el registro del AT guarda silencio respecto a estos asuntos. De este modo Melquisedec, como Cristo, «no tiene principio de días, ni fin de vida»: Su sacerdocio es eterno. Este no dependía de sucesores terrenales, mientras que los sacerdotes aarónicos tenían que defender su oficio mediante los registros familiares (véase Neh 7.64). Todos los sumos sacerdotes que descendieron de Aarón murieron, pero Cristo, como Melquisedec, mantiene su sacerdocio para siempre (vv. 8,16,24,25).

Después de identificar a Cristo con el orden de Melquisedec, el escritor ahora explica que Melquisedec es superior a Aarón, porque Aarón, en los lomos de Abraham, dio sus diezmos a Melquisedec aun sin haber nacido todavía. Y cuando Melquisedec bendijo a Abraham, bendijo igualmente a la casa de Leví; y sin duda «el menor es bendecido por el mayor» (v. 7). En la tierra, en el templo judío, los sacerdotes recibían los diezmos; pero en Génesis 14 los sacerdotes (en los lomos de Abraham) dieron los diezmos a Melquisedec. Este acontecimiento muestra con claridad la inferioridad del sacerdocio aarónico.

II. El argumento doctrinal: Cristo y Aarón (7.11-25)

Después de establecer claramente los fundamentos históricos de la superioridad de Melquisedec sobre Aarón, el escritor muestra que Melquisedec es también superior desde un punto de vista doctrinal. Aquí usa una cita del Salmo 110.4 como base para el argumento y presenta tres hechos:

A. *Melquisedec reemplazó a Aarón (vv. 11-19).*

Cuando Dios le dijo a Cristo en el Salmo 110.4: «Tu eres sacerdote para siempre, según el orden de Melquisedec», en realidad ponían a un lado al sacerdocio levítico fundando en Aarón. Es imposible que dos sacerdocios divinos operen lado a lado. El hecho de que Dios estableciera un nuevo orden demuestra que el viejo orden de Aarón era débil e ineficaz; también significa que la ley bajo la cual estaba Aarón iba igualmente a ser echada a un lado: «Pues nada perfeccionó la ley» (v. 19). Por consiguiente, el sacerdocio no perfeccionó nada (v. 11) y los sacrificios que estos hombres ofrecieron tampoco perfeccionaron nada (10.1). Por supuesto, la palabra hebrea para *perfecto* significa «tener una posición perfecta delante de Dios» y no tiene nada que ver con ausencia de pecado. Aarón fue hecho sacerdote por un mandamiento carnal, pero las funciones del sacerdocio de Cristo es «según el poder de una vida indestructible» (v. 16) porque, a diferencia de Aarón, Cristo nunca morirá.

B. Aarón no fue ordenado por juramento (vv. 20-22).
Aun cuando Dios, en las elaboradas ceremonias que se describen en Éxodo 28–30, reconocía a Aarón y sus sucesores, no tenemos ningún registro de juramento divino alguno que sellara ese sacerdocio. A decir verdad, Dios no hubiera sellado con juramento su orden porque sabía que su obra un día concluiría. Pero cuando ordenó a Cristo para ser sacerdote lo confirmó con un juramento inmutable.

C. Aarón y sus sucesores murieron, pero Cristo vive para siempre (vv. 23-24).
La ley era santa y buena, pero estaba limitada por las fragilidades de la carne. Aarón murió; y sus hijos y descendientes también murieron. El sacerdocio era tan bueno como el hombre, y el hombre no duraba para siempre. ¡Pero Cristo vive y no morirá jamás! Tiene un sacerdocio inmutable porque vive por el poder de una vida interminable. «Continúa para siempre» de manera que intercede por el pueblo de Dios y salva (al pueblo de Dios) «perpetuamente». Con frecuencia aplicamos el versículo 25 al perdido, pero su principal aplicación es al salvo, aquellos por quienes Cristo intercede cada día. Sí, Él salva «perpetuamente» y cualquier pecador puede ser perdonado. Pero el punto aquí es que a quienes Él ha salvado están salvos para siempre, ¡por la eternidad!

III. El argumento práctico: Cristo y el creyente (7.26-28)

«Porque tal sumo sacerdote nos convenía» (v. 26), o sea, era apropiado para nosotros, se ajustaba a nuestras necesidades. Ningún descendiente de Aarón podría encajar en la descripción de Cristo dada en estos versículos. Estos hombres no fueron «santo, inocente, sin mancha». Aarón hizo un becerro de oro y guió a Israel a la idolatría. Y los hijos de Elí fueron culpables de glotonería e inmoralidad (1 S 2.12ss). Pero tenemos un Sumo Sacerdote perfecto: Él es más santo que ningún otro sacerdote en la tierra, porque ministra en el tabernáculo del cielo en la misma presencia de Dios.

Aarón y sus hijos tenían que ofrecer sacrificios diarios, por sí mismos primero y luego por el pueblo. Cristo es sin pecado; no necesita sacrificios. Y el solo sacrificio que ofreció resolvió eternamente el problema del pecado. Todavía más, *se ofreció a sí mismo* en sacrificio y no la sangre de toros ni de machos cabríos.

Es fácil ver, entonces, que el orden de Melquisedec es superior al de Aarón. La historia ha demostrado este punto porque Abraham honró a Melquisedec por sobre Leví; se ha demostrado doctrinalmente porque la afirmación del Salmo 110.4 así lo define: Dios creó un nuevo orden de sacerdocio en la ley; y se ha demostrado en forma práctica, porque ningún hombre jamás podría calificar para ser Sumo Sacerdote, sino sólo Jesucristo. No hay necesidad de buscar más allá de Cristo: Él es todo lo que necesitamos.

HEBREOS 8

Después de demostrar que el sacerdocio celestial de Cristo es de un mejor orden, el escritor ahora muestra que este sacerdocio se realiza mediante un mejor pacto. Los sacerdotes levíticos ministraban de acuerdo al antiguo pacto que Dios hizo con Israel en el Sinaí. El mismo hecho de que Dios lo llama «antiguo pacto» al introducir un «nuevo pacto» demuestra que el sacerdocio levítico antiguo había sido puesto a un lado en la cruz. Para evitar que sus lectores retrocedieran a Aarón y al antiguo pacto el escritor demuestra, en el capítulo 8, la superioridad del nuevo pacto. ¿De qué forma es el nuevo pacto mejor que el antiguo?

I. El Sacerdote superior del nuevo pacto (8.1)

El versículo 1 es un «resumen» de los argumentos anteriores. «Tenemos tal Sumo Sacerdote» (según se ha descrito en 7.26-28), un Sumo Sacerdote que ya ha demostrado ser superior a Aarón. Cristo, nuestro Sumo Sacerdote, se ha sentado, puesto que su obra de redención está terminada. Ningún sacerdote de la línea de Aarón se sentó jamás. Tampoco ningún sacerdote levítico se sentó jamás en un trono. Cristo es nuestro Rey-Sacerdote en el cielo; y como es un mejor Sumo Sacerdote, es mediador de un mejor pacto. Es cierto que no ministraría un viejo pacto desde el cielo; un nuevo Sumo Sacerdote exige un nuevo y mejor pacto.

II. El lugar superior del nuevo pacto (8.2-5)

Puesto que Jesús vino de la tribu de Judá, no de Leví, no habría sido considerado para servir como sacerdote. Hallamos a Cristo en los atrios del templo mientras estaba en la tierra, pero nunca en el Lugar Santo o en el Lugar Santísimo. Pero esto sólo prueba la superioridad del nuevo pacto: se ministra desde el cielo y no desde la tierra.

El escritor añade otro argumento: el original; el tabernáculo terrenal (y el templo) no eran sino copias del celestial. Moisés copió el tabernáculo del modelo que Dios le reveló en el monte (Éx 25.9,40). Los judíos reverenciaban su templo, su mobiliario y sus ceremonias; sin embargo, estas cosas eran simplemente sombras de la realidad en el cielo. Retroceder al antiguo pacto quería decir olvidarse de las realidades del cielo por las imitaciones terrenales. Cuánto mayor es tener un Sumo Sacerdote ministrando en un santuario celestial.

III. Las promesas superiores del nuevo pacto (8.6-13)

Este pasaje contiene el argumento clave de este capítulo: las promesas del nuevo pacto son mucho mejores que las del antiguo pacto. Por consiguiente, el sacerdocio de Cristo, que se basa en mejores promesas, debe ser un mejor sacerdocio en sí mismo y lo es. Primero, lea Jeremías 31.31-34 y luego note que estas mejores promesas son:

A. *La promesa de la gracia (vv. 6-9).*

En los versículos 8-13 Dios afirma seis veces que hará algo. ¡Esto es gracia! El antiguo pacto era un yugo de esclavitud, exigiendo obediencia perfecta. Pero el nuevo pacto hace énfasis en lo que Dios hará por su pueblo, no en lo que ellos deben hacer por Él. Nótese que Dios no halló falta en el antiguo pacto, sino en la gente. La ley es espiritual, pero el ser humano es carnal, «vendido al pecado», dice Romanos 7.14; y Romanos 8.3 deja en claro que la ley «era débil por la carne». En otras palabras, el fracaso de Israel no se podía achacar a debilidad alguna en el antiguo pacto, sino a la debilidad de la naturaleza humana. Es aquí, entonces, que la gracia interviene; lo que la ley no podía hacer debido a la debilidad del hombre, Dios lo logró mediante la cruz.

B. *La promesa de un cambio interno (v. 10).*

Léase en Jeremías 31.31 la promesa del nuevo pacto y nótese que involucra un cambio interno, del corazón. Léase en 2 Corintios 3 para tener una luz adicional sobre este maravilloso tema. El antiguo pacto lo escribió el dedo de Dios en tablas de piedra, pero el nuevo pacto lo escribe el Espíritu en el corazón humano. Una ley externa nunca puede cambiar a una persona; debe llegar a ser parte de la vida interna para que pueda cambiar la conducta. Véase Deuteronomio 6.6-9. Esto es lo que significa Romanos 8.4: «Para que la justicia de la ley se cumpliese en nosotros». Esto lo logra, por supuesto, el Espíritu Santo, quien nos capacita para obedecer la Palabra de Dios.

C. *La promesa de bendición ilimitada (v. 11).*

El día vendrá cuando no habrá necesidad del testimonio personal, porque todos conocerán al Señor. El cumplimiento final de esta promesa, por supuesto, espera el establecimiento del reino. «Todos me conocerán» (v. 11) es un paralelo a la promesa del Antiguo Testamento que se repite: «La tierra será llena del conocimiento de Jehová» (Is 11.9), tanto para judíos como gentiles.

D. *La promesa de los pecados perdonados (v. 12).*

Léase Hebreos 10 y se verá que, bajo el antiguo pacto, había memoria de los pecados, pero no su remisión. La sangre de toros y machos cabríos podía cubrir los pecados, pero sólo la sangre del Cordero de Dios es la que «quita el pecado del mundo» (Jn 1.29). ¡Qué maravillosa promesa da el nuevo pacto al pecador cargado: Sus pecados serán perdonados y olvidados para siempre!

E. La promesa de bendición eterna (v. 13).

El mismo hecho de que Dios lo llama un «nuevo pacto» quiere decir que el viejo pacto es obsoleto y desaparecerá. Alrededor del tiempo en que se escribió la carta a los Hebreos las legiones romanas se preparaban para invadir Palestina, lo cual ocurrió en el año 70 d.C. La frase «está próximo a desaparecer» indica que después de un breve tiempo, el templo iba a quedar destruido y las actividades sacerdotales suspendidas. Pero el nuevo pacto, como el sacerdocio de Cristo, duraría para siempre.

¿Cuándo empezó a surtir efecto este nuevo pacto? Lucas 22.20ss y 1 Corintios 11.23-26 dejan en claro que el nuevo pacto se estableció por el derramamiento de la sangre de Cristo en la cruz. De acuerdo a Hebreos 12.24 Cristo es ahora el Mediador del nuevo pacto.

Pero Jeremías 31.31ss afirma que Dios prometió este nuevo pacto a los judíos. ¿Qué derecho tenemos de aplicarlo a la Iglesia? La respuesta está en el carácter dispensacional del libro de Hechos. Recordemos que Hechos 1–7 es la oferta de Dios del reino a lo judíos. Cuando el Espíritu Santo vino a los creyentes en Pentecostés, el nuevo pacto estaba vigente. Si la nación se hubiera arrepentido y recibido a Cristo como el Mesías, todas las bendiciones y promesas del nuevo pacto hubieran seguido. Pero Israel rechazó el mensaje y resistió al Espíritu, y así la nación fue echada a un lado. Es en este punto que Dios trajo a los gentiles al nuevo pacto y formó la Iglesia a partir de los creyentes judíos y gentiles. Así ahora participamos del nuevo pacto en el cuerpo de Cristo; pero la nación de Israel algún día disfrutará de las mismas bendiciones cuando «mirarán al que traspasaron» y se establezca el reino (Zac 12.10).

HEBREOS 9

Hemos visto que el sacerdocio de Cristo es mejor que el de Aarón porque pertenece a un mejor orden, el de Melquisedec (cap. 7) y porque es administrado bajo un mejor pacto, o sea, el nuevo pacto (cap. 8). Aquí en el capítulo 9 veremos que el sacerdocio de Cristo es superior debido a que es administrado en un mejor santuario.

I. El santuario inferior bajo el antiguo pacto (9.1-10)

El escritor da cinco razones por las cuales el santuario del antiguo pacto era inferior:

A. Estaba en la tierra (v. 1).

La palabra «terrenal» significa «de este mundo, de la tierra». Dios le dio a Moisés el modelo desde el cielo, pero él construyó el tabernáculo (y Salomón el templo) en la tierra y con materiales terrenales. El santuario fue destinado divinamente y los cultos y actividades se realizaban bajo la dirección de Dios.

Sin embargo, todo era terrenal. Como veremos en la última parte de este capítulo, el nuevo santuario es celestial.

B. Era sólo una sombra de las cosas venideras (vv. 2-5).

Aquí el escritor describe el arreglo y el mobiliario del tabernáculo del AT. Nótese que «en la primera parte», tanto en el versículo 2 como en el 6, significa «la primera sección del tabernáculo», el Lugar Santo. En el versículo 7 «la segunda parte» no se refiere al segundo tabernáculo que se construyó después del primero que Moisés hizo; lo que significa es la segunda división del tabernáculo: el Lugar Santísimo. El altar de oro y la fuente estaban en el atrio exterior. El primer velo (nótese el v. 3) colgaba entre este atrio y el Lugar Santo. En el Lugar Santo estaban el candelero, la mesa del pan de la proposición y el altar del incienso. Detrás del segundo velo estaba el Lugar Santísimo, al cual sólo el sumo sacerdote podía entrar y esto únicamente en el Día de Expiación (Lv 16). En el Lugar Santísimo estaba el arca del pacto. Todas estas cosas apuntaban a Cristo y eran sombras de las grandes realidades espirituales que Dios daría en el nuevo pacto.

C. Era inaccesible al pueblo (vv. 6-7).

Sólo los sacerdotes podían ministrar en el atrio y en el Lugar Santo, y el sumo sacerdote era el único que podía entrar en el Lugar Santísimo. Y como veremos, el santuario celestial está abierto para todo el pueblo de Dios.

D. Era temporal (v. 8).

El velo entre los hombres y Dios le recordaba al pueblo que el camino a su presencia aún no se había abierto. El versículo 9 dice que mientras el velo permaneciera habría dos partes en el tabernáculo: Símbolo (figura, paralelo) de la relación entre Dios e Israel. Cuando Cristo murió, el velo se rasgó y así quedó abolida la necesidad de un santuario terrenal.

E. Era ineficaz para cambiar corazones (vv. 9-10).

Día tras día los sacerdotes ofrecían los mismos sacrificios. La sangre cubría el pecado, pero nunca lo limpiaba. Ni tampoco la sangre de animales podía cambiar los corazones y las conciencias de los adoradores. Estas eran «ordenanzas acerca de la carne», o sea, ceremonias relacionadas con lo externo, no con la persona interior. Eran actos temporales, esperando la completa revelación de la gracia de Dios en Cristo Jesús en la cruz.

II. El santuario superior bajo el nuevo pacto (9.11-28)

En el versículo 11 cambia el cuadro y el escritor explica por qué el santuario del nuevo pacto es superior al del antiguo y por qué el sacerdocio de Cristo es superior al de Aarón.

A. Es un santuario celestial (v. 11).

Cristo es un Sumo Sacerdote de los «bienes venideros». Su santuario celestial es mucho más grande y perfecto porque no fue hecho de manos humanas. Se recalca que no es «de esta creación», puesto que pertenece a la nueva creación. El tabernáculo terrenal pertenecía al antiguo pacto, la vieja creación, pero el santuario de Cristo es del nuevo pacto, la nueva creación. Véase también el versículo 24.

B. Es eficaz para cambiar vidas (vv. 12-23).

¡Qué contraste! El sumo sacerdote llevaba la sangre de otra criatura al Lugar Santísimo muchas veces durante su vida; pero Jesús llevó su propia sangre a la presencia de Dios una sola vez y por todas. Los sacrificios del AT limpiaban ceremonialmente al cuerpo (v. 13), pero no podía alcanzar al corazón ni a la conciencia. Pero la sangre de Cristo, vertida de una vez por todas, purifica la conciencia y da al creyente una posición inmutable y perfecta ante Dios. Todas las ceremonias judías eran «obras muertas» en comparación con la relación viva con Dios bajo el nuevo pacto.

Los versículos 15-23 usan la ilustración de un testamento. La persona hace su testamento y determina cómo distribuir su legado. Pero la herencia no pasa a nadie sino cuando la persona muere. Cristo tenía una herencia eterna que dar a su Iglesia y esta herencia queda descrita en el nuevo pacto, que es «el testamento de Cristo». Para que el testamento cobrara efecto Él tenía que morir. Pero lo sorprendente es esto: ¡Cristo murió para que el testamento surta efecto y luego regresó de entre los muertos para administrar personalmente su legado! Incluso el primer pacto, bajo Moisés, se selló con sangre (Éx 24.6-8). Cuando se erigió el santuario terrenal también se dedicó con sangre. Pero esta sangre de animales sólo podía producir limpieza ceremonial, nunca limpieza interior.

El versículo 23 indica que la muerte de Cristo purificó incluso las cosas celestiales. Estas cosas tal vez sean el pueblo de Dios (véanse 12.22ss; Ef 2.22) el cual ha sido purificado por la sangre de Cristo; o tal vez sugiera que la presencia de Satanás en el cielo (Ap 12.3ss) exigía una limpieza especial del santuario celestial.

C. Es el cumplimiento y no la sombra (v. 24).

Los sacerdotes aarónicos ministraban en un tabernáculo temporal; apuntaba a un Cristo que todavía no había venido. Cristo no ministra en un tabernáculo hecho por hombres, lleno de imitaciones terrenales; ministra en un santuario celestial que es el cumplimiento de estas prácticas del AT. El sumo sacerdote rociaba la sangre sobre el propiciatorio y por el pueblo, pero Cristo nos representa ante la misma presencia de Dios. Qué tragedia cuando la gente se aferra a las ceremonias religiosas que agradan a los sentidos y no logran aferrarse, por fe, al gran ministerio celestial de Cristo.

D. Se basa en un sacrificio completo (vv. 25-28).

La superioridad del sacrificio de Cristo es el tema del capítulo 10, pero también se menciona aquí. El trabajo del sacerdote nunca se acababa porque los sacrificios tampoco se acababan. La muerte de Cristo fue definitiva. Apareció «en la consumación de los siglos» para quitar el pecado, no simplemente para cubrirlo. El velo se rompió y el camino a la presencia de Dios se abrió. Cristo aparece en el cielo por nosotros; podemos entrar a la presencia de Dios. El judío del AT no tenía acceso a la presencia inmediata de Dios; jamás se hubiera atrevido siquiera a entrar al Lugar Santísimo. Pero debido a la obra completa de Cristo en la cruz («Consumado es») tenemos un camino abierto a Dios a través de Él.

Nótese que en los versículos 24-28 se usa tres veces la expresión «presentarse» o «aparecer». Vemos que Cristo se presentó en el pasado para quitar el pecado (v. 26), en la actualidad se presenta en el cielo por nosotros (v. 24) y aparecerá en el futuro para llevarnos a la gloria (v. 28). Cuando el sumo sacerdote desaparecía en el interior del tabernáculo en el Día de Expiación, el pueblo esperaba fuera con expectación hasta que volvía a aparecer. Tal vez Dios rechazaba la sangre y mataba al sumo sacerdote. ¡Qué gozo había cuando este salía de nuevo! ¡Y qué gozo tendremos cuando nuestro Sumo Sacerdote aparezca para llevarnos a nuestro Lugar Santísimo celestial, para vivir con Él para siempre!

HEBREOS 10

Este capítulo cierra la sección sobre «el sacerdocio superior» (7–10) explicando que el sacerdocio de Jesucristo se basa en un sacrificio superior: el sacrificio de Cristo mismo. El escritor da tres razones por las cuales el sacrificio de Cristo es superior a los descritos en el AT.

I. El sacrificio de Cristo quita el pecado (10.1-10)

A. *Los sacrificios del AT eran ineficaces (vv. 1-4).*

Por un lado, pertenecían a la edad de los tipos y las sombras, y por consiguiente jamás podían cambiar el corazón. Se repetían «cada año» (v. 1) y «día tras día» (v. 11), demostrando así que no podían quitar el pecado. De otra manera el sumo sacerdote y sus ayudantes no hubieran tenido que repetir estas acciones. Como lo explica Hebreos 9.10-14, los rituales del AT se referían sólo a cosas externas e impureza ceremonial. Los sacrificios eran una «recordación de pecados», pero no una remisión de pecados (véase 9.22). En la Cena del Señor recordamos a Cristo, no a nuestros pecados (1 Co 11.24; Lc 22.19), porque Él los ha olvidado (8.12).

B. *El sacrificio de Cristo es eficaz (vv. 5-20).*

Aquí el escritor cita el Salmo 40.6-8. El Espíritu Santo ha cambiado de: «Has abierto mis oídos», a: «Mas me preparaste un cuerpo». La referencia puede ser a Éxodo 21.1-6. En el año del jubileo se ordenaba a los judíos que dejaran en libertad a sus siervos hebreos. Pero si el criado quería a su amo y deseaba permanecer con él, se le marcaba perforando su oreja. Desde ese momento su cuerpo le pertenecía al amo de por vida. Cuando Cristo vino al mundo el Espíritu le preparó un cuerpo y Él se dedicó por entero a la voluntad de Dios y dependía de ella. Ese cuerpo sería sacrificado en la cruz por los pecados del mundo. Pasajes tales como el Salmo 51.10,16, 1 Samuel 15.22 e Isaías 1.11ss dejan en claro que Dios no vio ninguna salvación completamente terminada en la sangre de los animales; quería el corazón del creyente. En los versículos 8-9 el escritor usa las palabras de Cristo para mostrar que Dios, a través de Cristo, dejó a un lado el primer pacto con sus sacrificios de animales y estableció uno nuevo con su propia sangre. Debido al sometimiento de Cristo a la voluntad de Dios hemos sido apartados para Él (santificados) de una vez y para siempre.

II. El sacrificio de Cristo no necesita repetirse (10.11-18)

Nótense los contrastes: los sacerdotes del AT se ponían de pie diariamente, pero Cristo se sentó; el sacerdote del AT ofrecía los mismos sacrificios con frecuencia; Cristo ofreció un solo sacrificio (Él mismo) una sola vez. Por una sola ofrenda Dios ha otorgado la posición correcta, o sea, perfecta, cabal, para siempre, a los que se han apartado mediante la fe en Cristo. (En el v. 10 somos santificados de una vez por todas; en el v. 14 somos santificados diariamente. Esta santificación es posicional y progresiva.) Los sacrificios del AT recordaban los pecados, pero el sacrificio de Cristo hace posible la remisión de los pecados (v. 18). *Remisión* quiere decir: «enviar lejos». Nuestros pecados han sido perdonados y enviados lejos para siempre (Sal 103.12; Miq 7.19). En el Día de Expiación (Lv 16) el sumo sacerdote confesaba los pecados de la nación sobre la cabeza del chivo expiatorio y luego el macho cabrío era llevado al desierto y dejado allí en libertad. Esto fue lo que Cristo hizo con nuestros pecados. Ya no hay más sufrimiento por el pecado porque no hay más recordación del pecado. El Espíritu Santo testifica a nuestros corazones y tenemos la bendición de ese nuevo pacto prometido (vv. 14-17; Jer 31.33ss).

III. El sacrificio de Cristo abre el camino hacia Dios (10.19-39)

A. *Explicación (vv. 19-21)*.

El escritor repasa las bendiciones que los creyentes tienen por la muerte de Cristo que ocurrió una vez y para siempre. Debido a que en Cristo tenemos una posición perfecta, podemos tener confianza (literalmente «libertad de palabra») para acercarnos a su presencia. Ningún velo se interpone entre nosotros y Dios. Ese velo del tabernáculo simbolizaba el cuerpo humano de Cristo, porque cubría la gloria de Dios (Jn 1.14). Cuando su cuerpo fue ofrecido, el velo se rompió. Tenemos un nuevo camino basado en el nuevo pacto; tenemos un camino de vida, debido a que tenemos un Sumo Sacerdote viviente (7.25). La familia de Dios (la Iglesia) tiene un gran Sumo Sacerdote en gloria.

B. *Invitación (vv. 22-25)*.

Hay tres afirmaciones de invitación aquí (véase también 6.1): (1) «Acerquémonos» en lugar de alejarnos o deslizarnos; (2) «mantengamos firme» nuestra profesión (testimonio) de fe (o esperanza, como dicen algunas traducciones), sin vacilar debido a las pruebas; (3) «considerémonos» unos a otros y, con nuestro ejemplo, estimulando a otros creyentes a ser fieles a Cristo. Debemos estimularnos al amor (véase 1 Co 13.5). La confianza que tenemos en el cielo debe guiarnos al crecimiento y a la dedicación espiritual en la tierra. Parece que estos creyentes, debido a las pruebas, estaban descuidando el compañerismo cristiano y el estímulo mutuo que los creyentes necesitan el uno del otro. Puesto que Cristo es nuestro Sumo Sacerdote y porque somos un reino de sacerdotes (1 P 2.9), debemos congregarnos para la adoración, la enseñanza y para rendir culto y servicio. El judío del AT no podía entrar en el tabernáculo y el sumo sacerdote no podía entrar en el Lugar Santísimo cuando quería. Pero, mediante el sacrificio de Cristo, tenemos un camino vivo al cielo. Podemos llegarnos a Dios en cualquier momento. ¿Aprovechamos este privilegio?

C. *Exhortación (vv. 26-39).*

Esta es la cuarta de las cinco exhortaciones (véase el bosquejo). Advierte en contra del pecado voluntario. Por favor, recuerde que esta exhortación es para los creyentes, no para los inconversos, y se relaciona a las otras tres exhortaciones anteriores. Los cristianos indiferentes empiezan a alejarse debido a la negligencia; luego dudan de la Palabra; después se endurecen contra la Palabra; y el siguiente paso es el pecado deliberado y el rechazo de la herencia espiritual. Nótense los hechos importantes de este pecado en particular. No es uno que se comete una sola vez; «si pecáremos voluntariamente» en el versículo 26 debe entenderse como «voluntariamente queremos seguir pecando». Es el mismo tiempo gramatical continuo como en 1 Juan 3.4-10: «El que peca continua y habitualmente no ha nacido de Dios». Así, este pasaje no se refiere al «pecado imperdonable», sino de una actitud hacia la Palabra, actitud a la cual Dios llama rebelión voluntaria. En el AT no había sacrificios para los pecados deliberados, con presunción (véanse Éx 21.14; Nm 15.30). Los pecados de ignorancia (Lv 4) y los que resultaban de los arranques de pasión estaban cubiertos; pero los pecados voluntarios merecían sólo el castigo.

El versículo 29 nos recuerda que Dios tiene en alta estima nuestra salvación (y el derramamiento de la sangre que la compró). El Padre valora a su Hijo; el Hijo vertió su sangre; el Espíritu aplica al creyente los méritos de la cruz. Para nosotros, el pecado voluntario es pecar contra el Padre y el Hijo y el Espíritu. El escritor cita a Deuteronomio 32.35,36 para mostrar que Dios, en el AT, tuvo el cuidado de que su pueblo (no los inconversos) cosechara lo que sembraba y fuera juzgado cuando desobedeciera voluntariamente. El hecho de que era su pueblo del pacto hacía que sus obligaciones fueran mucho mayores (Am 3.2). Dios juzga a su pueblo; véanse Romanos 2.16; 1 Corintios 11.31,32 y 1 Pedro 1.17. Por supuesto, esto no es el juicio eterno, sino más bien su castigo en esta vida y la pérdida de recompensa en la venidera. Nótense los versículos 34-35, en donde el escritor enfatiza la recompensa por la fidelidad, no por la salvación. Véanse también 1 Corintios 3.14,15; 5.5; 9.27 y 11.30.

En los versículos 32-39 (como en 6.9-12) da una seguridad maravillosa a estos creyentes de que sus vidas habían demostrado que verdaderamente habían nacido de nuevo. Estaban entre los que habían puesto su fe en Cristo (Hab 2.3,4) y por consiguiente no podían «salir» como lo hicieron los que en realidad no eran salvos (1 Jn 2.19). Su destino es la perfección, no la perdición, debido a que tienen a Cristo en sus corazones y esperan su venida.

HEBREOS 11

Este capítulo ilustra la lección de 10.32-39 y muestra que a través de toda la historia hombres y mujeres han hecho lo imposible por la fe. «El justo vivirá por fe» afirma 10.38. Este capítulo muestra que la fe puede conquistar en cualquier circunstancia.

I. La fe descrita (11.1-3)

La fe bíblica verdadera no es una clase emocional de anhelos ensoñadores; es una convicción interna basada en la Palabra de Dios (Ro 10.17). En el versículo 1 el término *certeza* (*sustancia,* en la versión de 1909) significa «seguridad» y *convicción* significa «prueba», «demostración». Así, cuando el Espíritu Santo nos da fe por medio de la Palabra, ¡la misma presencia de esa fe en nuestros corazones es toda la seguridad y evidencia que necesitamos! El Dr. J. Oswald Sanders dice: «La fe capacita al alma creyente a enfrentar el futuro como presente y lo invisible como visto». Por medio de la fe podemos ver lo que otros no pueden ver (nótense los vv. 1,3,7,13 y 27). Cuando hay verdadera fe en el corazón Dios da testimonio a ese corazón por su Espíritu (nótense los vv. 2,4,5 y 39). Por fe Noé vio el juicio que venía, Abraham vio una ciudad futura, José vio el éxodo de Egipto y Moisés vio a Dios.

La fe consigue cosas debido a que hay poder en la Palabra de Dios, como se ilustra por la creación, conforme al versículo 3. ¡Dios habló y fue hecho! Dios todavía nos habla hoy. Cuando creemos lo que Él dice, el poder de la Palabra logra maravillas en nuestras vidas. La misma Palabra que actuó en la vieja creación actúa en la nueva creación.

II. La fe demostrada (11.4-40)

A. Abel (v. 4; Gn 4.3ss).

Dios pidió un sacrificio de sangre (Heb 9.22) y Abel tuvo fe en esa palabra. Sin embargo, Caín no mostró fe y fue rechazado. Dios testificó de la fe de Abel al aceptar su sacrificio; y por este testimonio Abel todavía nos habla hoy.

B. Enoc (vv. 5-6; Gn 5.21-24).

En una época impía Enoc vivió una vida consagrada; lo hizo al confiar en la Palabra de Dios. Véase Judas 14ss. Creyó que Dios le recompensaría por su fe y Dios lo hizo así al llevarle al cielo sin que viera muerte. La recompensa de la fe es importante en Hebreos (10.35; 11.26; 12.11).

C. Noé (v. 7; Gn 6–9).

Nadie había visto, ni esperaba, juicio mediante un diluvio; Noé lo vio por fe. La fe conduce a las obras. La actitud y acciones de Noé condenaron al mundo incrédulo y perverso que lo rodeaba.

D. Abraham (vv. 8-19; Gn 12–25).

Aquí tenemos al gran «padre de los creyentes» que es uno de los más grandes ejemplos de fe en el AT. Abraham creyó a Dios sin saber dónde (vv. 8-10), sin saber cómo (vv. 11-12), sin saber cuándo (vv. 13-16) y sin saber por qué (vv. 17-19). Fue la fe en la Palabra de Dios lo que le hizo dejar su casa, vivir como peregrino y seguir a dondequiera que Dios le guiaba. La fe le dio a Abraham y a Sara el poder para tener un hijo cuando estaba «ya casi muerto». Abraham y sus descendientes peregrinos no retrocedieron, como los líderes hebreos se vieron tentados a hacerlo, sino que mantuvieron sus ojos en Dios y persistieron en avanzar hasta la victoria (vv. 13-16; 10.38,39).

E. Isaac (v. 20; Gn 27).

Creyó la Palabra que le había trasmitido Abraham y confirió la bendición a Jacob.

F. Jacob (v. 21; Gn 48).

A pesar de sus fracasos Jacob tenía fe en la Palabra de Dios y bendijo a Efraín y Manasés antes de morir.

G. José (v. 22; Gn 50:24ss; Éx 13.19; Jos 24.32).

José sabía que Israel un día sería libertado de Egipto, porque eso es lo que Dios le prometió a Abraham (Gn 15.13-16). Es asombroso que José incluso tuviera fe después de atravesar tantas pruebas y de haber vivido en Egipto casi toda su vida.

H. Moisés (vv. 23-29; Éx 1–15).

Los padres de Moisés tuvieron fe para esconderlo puesto que Dios les había dicho (de alguna manera) que era un niño especial (Hch 7.20). La fe de Moisés le llevó a rehusar la posición en Egipto y a identificarse con Israel. De nuevo vemos la recompensa de la fe (v. 26) en contraste con los placeres temporales del pecado. La fe en la Palabra condujo a la liberación en la Pascua (¡cómo deben haberse mofado los egipcios al ver la sangre en los postes de las puertas!) y a cruzar el Mar Rojo.

I. Josué (v. 30; Jos 1–6).

Dios prometió a Josué entregarle a Jericó y la fe en esa promesa lo llevó a la victoria. Israel marchó alrededor de la ciudad durante siete días y deben haberles parecido ridículos a los habitantes de Jericó, pero la fe de los judíos fue recompensada.

J. Rahab (v. 31; Jos 2; 6.22-27).

Su confesión de fe está en Josué 2.11. Su fe la llevó a obrar (Stg 2.25) al arriesgar su vida para salvar a los espías. A pesar de que era una prostituta fue salva por fe y fue hasta incluida entre los antepasados humanos de Cristo (Mt 1.5). Su fe fue contagiosa porque también ganó a su familia (Jos 6.23).

K. «Otros» (vv. 32-40).

Algunas personas se mencionan por nombre, otras no. Todos estos hombres y mujeres, no obstante, están entre los gigantes de la fe. El escritor ve la historia entera del AT como un registro de victorias de fe. Algunas victorias fueron públicas y milagrosas, tales como la liberación de la muerte; otras fueron privadas y más bien ordinarias, tales como «sacaron fuerzas de debilidad» e «hicieron justicia». Algunos fueron librados por fe; otros no escaparon, pero por fe recibieron fe para soportar el sufrimiento. El mundo incrédulo miraba a estos creyentes como basura, «excéntricos» y «pestes». Dios, sin embargo, dice de ellos: «de los cuales el mundo no era digno» (v. 38). Cada uno de ellos recibió de Dios ese testimonio de fe (v. 39).

Aunque la fe los capacitó a recibir las promesas (plural), no recibieron la promesa (v. 39); pero ahora, en Cristo, esa promesa se ha cumplido. Nótense tanto el versículo 13 como 1 Pedro 1.11,12. El versículo 40 indica que el plan de Dios para estos santos del AT también incluye a los cristianos del NT que hoy participan en ese nuevo pacto a través de Cristo. Esa «cosa mejor» se ha descrito en Hebreos: el mejor sacerdote, el mejor sacrificio, santuario y pacto. En un sentido muy real los cristianos de hoy son herederos de la promesa (6.17,18) por la fe en Cristo, puesto que todas nuestras bendiciones espirituales son debido a las promesas que Dios le hizo a Abraham y a David (Ro 11.13-29). Por supuesto, aunque estas promesas se han cumplido espiritualmente en Cristo (Gl 3), también se cumplirán literalmente en Israel en «el siglo venidero» (Heb 2.5-9).

Las lecciones de este capítulo son muchas, pero tal vez sería provechoso mencionar unas pocas. (1) Dios obra mediante la fe y sólo por la fe. Ejercer fe es la única manera de agradarle y recibir su bendición. (2) La fe es un don de Dios por medio de la Palabra y del Espíritu. No es algo que «desarrollamos» por nosotros mismos. (3) La fe siempre es sometida a prueba; a veces parece que confiar en Dios es algo absurdo, pero la fe al final siempre triunfa.

HEBREOS 12

La palabra clave en este capítulo es «soportar» o «resistir»; se la encuentra en los versículos 1 (traducida «paciencia»), 2,3,7 (traducida «sufrir») y 20. La palabra significa «soportar bajo prueba, continuar cuando es difícil avanzar». Estos cristianos estaban atravesando un tiempo de prueba (10.32-39) y estaban tentados a darse por vencidos (12.3). Ninguno había sido llamado todavía a morir por Cristo (12.4), pero la situación no se mejoraba en ninguna manera. Para animarles a confiar en Cristo el escritor les estimula a recordar (nótese el v. 5) tres aspectos que les ayudarían a continuar avanzando y creciendo.

I. El ejemplo del Hijo de Dios (12.1-4)

En el capítulo 11 sus lectores miraban hacia atrás y veían cómo los grandes santos del AT ganaron por fe la carrera de la vida. Ahora el escritor les insta a «mirar a Jesús» y así ver fortalecida su fe y esperanza. El cuadro aquí es el de una arena, o estadio; los espectadores son los héroes de la fe mencionados en el capítulo anterior; los corredores son los creyentes que atraviesan pruebas. (Esta imagen no necesariamente implica que las personas que están en el cielo nos observan o saben lo que ocurre aquí en la tierra. Es una ilustración, no una revelación.) Para que los cristianos ganen la carrera deben despojarse de todos los pesos y pecados que les dificultan correr. Sobre todo, ¡deben mantener sus ojos en Cristo como la meta! Compárese con Filipenses 3.12-16. ¡Cristo ya ha corrido esta carrera de fe y la ha conquistado por nosotros! Él es el Autor (Pionero, Explorador) y Consumador de nuestra fe; Él es el Alfa y la Omega, el Principio y el Fin. Lo que Él empieza, lo termina; Él puede llevarnos a la victoria.

Nuestro Señor atravesó muchas pruebas mientras estaba en la tierra. ¿Qué le ayudó a lograr la victoria? «El gozo puesto delante de Él» (v. 2). Esta era su meta: el gozo de presentar su Iglesia ante el Padre en el cielo un día (Jud 24). Nótense también Juan 15.11; 16.20-24 y 17.13. Su batalla contra el pecado le llevó a la cruz y le costó la vida. La mayoría de nosotros no correrá en esa pista; tal vez nuestra tarea será vivir por Él, no morir por Él. «¡Considerad a aquel!» «¡Mire a Jesús!» Estas palabras son el secreto del aliento y la fuerza cuando la carrera se pone difícil. Necesitamos apartar los ojos de nosotros mismos, de otras personas, de las circunstancias y ponerlos en Cristo solamente.

II. La seguridad del amor de Dios (12.5-13)

Estos cristianos se habían olvidado de las verdades básicas de la Palabra (5.12); y el versículo 5 nos dice que hasta habían olvidado lo que Dios dice respecto a la disciplina. El escritor citó Proverbios 3.11ss y les recordó que el sufrimiento en la vida del cristiano no es un castigo, sino disciplina. La palabra «disciplina» significa literalmente la «disciplina de criar o educar a un niño». Eran bebés espirituales; una manera en que Dios los hacía madurar era permitir que atravesaran pruebas. El castigo es obra de un juez; la disciplina es la obra de un padre. El castigo se aplica para confirmar la ley; la disciplina se aplica como prueba de amor, para el bien del niño. Demasiado a menudo nos rebelamos contra la mano amorosa de Dios que aplica la disciplina; en lugar de eso debemos someternos y crecer. Satanás nos dice que nuestras pruebas son evidencia de que Dios no nos ama; ¡pero la Palabra de Dios nos dice que los sufrimientos son la mejor prueba de que Él en realidad nos ama!

Cuando el sufrimiento viene sobre los creyentes, estos pueden responder de diferentes maneras. Pueden resistir las circunstancias y luchar contra la voluntad de Dios, amargarse en lugar de mejorarse. «¿Por qué tiene que ocurrirme esto a mí? ¡A Dios ya no le interesa! ¡De nada sirve ser cristiano!» Esta actitud no producirá sino tristeza y amargura del alma. El escritor argumenta: «Tuvimos padres terrenales que nos disciplinaban, y los respetábamos. ¿No deberíamos, entonces, respetar a nuestro Padre celestial que nos ama y desea hacernos madurar?» Después de todo, la mejor prueba de que somos hijos de Dios, y no hijos ilegítimos, es que Dios nos disciplina. Lo que el versículo 9 sugiere es que si no nos sometemos a Dios, podemos morir. Dios no tendrá hijos rebeldes y, si tiene que hacerlo, puede quitarles la vida.

Luego, además, el cristiano puede también darse por vencido y dejarse derrotar. Esta es una actitud incorrecta (véanse vv. 3,12,13). La disciplina de Dios tiene el propósito de ayudarnos a crecer, no a destrozarnos. La actitud correcta es que soportamos por fe (v. 7), permitiendo que Dios realice su perfecto plan. Es ese «después» del versículo 11 lo que nos mantiene avanzando. La disciplina es para nuestro provecho, para que podamos ser partícipes de su santidad y nuestra sumisión trae mayor gloria a su nombre.

III. El poder de la gracia de Dios (12.14-29)

Esta es la quinta de las exhortaciones en Hebreos y el pensamiento clave es la gracia (véanse vv. 15,28). Se hace un contraste entre Moisés y Cristo, el monte Sinaí y el de Sion, el pacto antiguo y el nuevo. Cuando se dio la ley en el Sinaí, regían el temor y el terror, y la montaña estaba cubierta de humo y fuego. Cuando Dios hablaba, la gente temblaba. Pero hoy, tenemos una experiencia más grande que la de Israel en el Sinaí, porque tenemos un sacerdote celestial, un hogar celestial, una comunión celestial y una voz que habla desde lo alto y que da un mensaje de gracia y amor.

En los versículos 22-24 se da una descripción de las bendiciones del nuevo pacto en Cristo. El monte de Sion es la ciudad celestial (13.14; Gl 4.26), en contraste con la Jerusalén terrenal, la cual estaba a punto de ser destruida. Hay tres grupos de personas en la ciudad celestial: (1) las huestes de los ángeles que ministran a los santos; (2) la Iglesia del primogénito (véase 1.6); y (3) los santos del AT. «Hechos perfectos» (v. 23) no significa que los creyentes en gloria están ahora en sus cuerpos perfectos de resurrección. Se refiere más bien a los santos del AT que tiene ahora una posición perfecta ante Dios debido a la muerte y resurrección de Cristo (10.14; 11.40). Cualquiera que cree en la Palabra de Dios (como lo hicieron los santos del AT) va al cielo; pero la perfección de la obra de Dios no llegó sino hasta la muerte de Cristo en la cruz.

A la cabeza de la lista está Jesús, el Mediador del nuevo pacto. ¿Cómo podrían estas personas volver a una ciudad terrenal (a punto de ser destruida) y a un templo terrenal (que también sería destruido), sacerdotes terrenales y sacrificios terrenales? ¡La sangre de Cristo ha resuelto todo! La sangre de Abel clama venganza desde la tierra (Gn 4.10), pero la sangre de Cristo habla desde el cielo para salvación y perdón. ¡Esto es gracia! Cristo es un ministro de gracia. El nuevo pacto es uno de gracia. La gracia de Dios nunca falla, aun cuando no la alcancemos (v. 15) debido a que no llegamos a apropiarnos de ella. Esaú es la ilustración de uno que menospreció las cosas espirituales y perdió la bendición. («Profano» significa «fuera del templo» o «mundano, común».) Esaú fracasó con la gracia de Dios porque no quiso arrepentirse (nótese 6.6).

«¡Dios está conmoviendo las cosas!» es el tema de los versículos finales. A ninguno de nosotros nos gusta la remoción; nos encanta la estabilidad y la seguridad. Pero Dios ya estaba removiendo la economía judía y estaba a punto de destruir el templo en Jerusalén. La cosas materiales desaparecerían para que las realidades espirituales ocuparan su lugar. Dios edificaba un nuevo templo: Su Iglesia; y el viejo templo sería quitado. El escritor cita a Hageo 2.6 para mostrar que un día Dios removerá al mundo mismo y traerá un nuevo cielo y una nueva tierra.

«Así que» (v. 28) introduce la aplicación práctica: «Tengamos gratitud» o «tengamos gracia». ¿Cómo recibimos gracia? Ante el trono de la gracia, donde nuestro Sumo Sacerdote eterno intercede por nosotros. Debemos servir a Dios, no las viejas leyes o costumbres. Somos parte de un reino que nunca será removido o quitado. Edificamos nuestras vidas sobre las realidades eternas e inmutables que tenemos en Cristo. Por consiguiente, sirvamos a Dios con reverencia. Prestemos atención a su Palabra y no rehusemos escuchar, por cuanto en su Palabra está la gracia y la vida que necesitamos. La amonestación del versículo 25 no se refiere a nuestro destino eterno. Como las demás exhortaciones en Hebreos, esta se refiere al castigo que Dios aplica en esta vida y no con el juicio en la venidera.

HEBREOS 13

Aquí tenemos la apelación final de esta epístola. El escritor ha explicado las verdades doctrinales; ahora cierra con amonestaciones prácticas para todos los creyentes. Sus enemigos estaban diciendo: «Si permanecen leales a Cristo, perderán todo: Sus amigos, sus bienes materiales, su herencia religiosa en el templo, los sacrificios y el sacerdocio». Pero aquí el escritor destaca que el creyente no pierde nada al confiar en Cristo. Por fe los cristianos dan las espaldas al «sistema religioso» de este mundo (en este caso, el judaísmo) y fijan sus ojos y corazones en la adoración espiritual verdadera a Dios en Cristo. Nótese en este capítulo las bendiciones espirituales que tienen los cristianos, aun cuando puedan perder todo en este mundo.

I. Una comunión espiritual de amor (13.1-4)

El amor por el pueblo de Dios es una de las características de un verdadero creyente en Cristo (Jn 13.35; 1 Jn 3.16; 1 Ts 4.9; etc.). El mundo aborrece a los cristianos (Jn 15.17-27) y estos necesitan del mutuo amor de los santos para aliento y fortaleza. Este amor se expresa de maneras prácticas, tales como simpatía por los que atraviesan tribulaciones (v. 3, véase 1 Co 12.26) y ser hospitalarios. Se refiere a las visitas de los ángeles en el Antiguo Testamento, como a Abraham (Gn 18), Gedeón (Jud 6.11ss) y Manoa (Jud 13). Por supuesto, el verdadero amor cristiano debe verse primero en el hogar y en la familia, de modo que advierte en contra de los pecados sexuales que pueden destruir el matrimonio. Es esta época cuando se toman tan a la ligera los votos matrimoniales, necesitamos recordar que Dios juzga a toda persona inmoral, sea creyente o incrédula.

II. Tesoros espirituales (13.5-6)

Costaba algo ser cristiano en el primer siglo. Estas personas habían sufrido el saqueo de sus bienes (10.34) y estaban pagando un precio por su testimonio. ¡Qué fácil es que los cristianos codicien y deseen las cosas del mundo (1 Ti 6.6ss; Lc 12.15). Es fácil leer: «Contentos con lo que tenéis ahora!», pero difícil de practicar. El verdadero contentamiento nunca viene al poseer muchas cosas; viene cuando nos apoyamos por completo en Cristo. El escritor cita la promesa del AT que Dios le dio a Moisés (Dt 31.6-8) y a Josué (Jos 1.5) y la aplica al pueblo de Dios hoy. Puesto que Cristo siempre está con nosotros, ¡tenemos todo lo que necesitamos! Nunca necesitamos desear alguna otra cosa material (Flp 4.19); nunca necesitamos temer los ataques de la gente. Cristo es nuestro Ayudador; nunca debemos temer (Sal 118.6). Cuando los hijos de Dios están en la voluntad de Dios, obedeciendo su Palabra, nunca les faltará nada y nunca se les puede hacer daño. Esta es una promesa con la cual podemos contar.

III. Alimento espiritual en la Palabra (13.7-10)

En este capítulo hay tres mandamientos que se refieren a la iglesia local y al lugar del pastor y las personas:

A. «Acordaos de vuestros pastores» (v. 7).

Tal vez el escritor se refiere a los pastores que les habían guiado pero que ya se habían ido. Tal vez habían sido martirizados. Se espera que el pastor sea el líder espiritual del rebaño. ¿Cómo dirige? Mediante la Palabra de Dios, la cual es el alimento espiritual para las ovejas de Dios. Los creyentes deben seguir el ejemplo de fe de esos pastores, pero se espera que los líderes sigan a Cristo. Los versículos 7-8 deberían decir: «Considerad el fin [propósito] de su conducta, que es en Cristo Jesús». Los pastores vienen y se van, pero Cristo sigue siendo el mismo.

B. «Obedeced a vuestros pastores» (v. 17).
Los cristianos deben someterse a la Palabra de Dios conforme la enseñan y viven sus líderes espirituales. Es algo solemne ser un pastor encargado de cuidar almas. El pastor debe rendir cuentas a Dios de su ministerio; si su rebaño desobedece la Palabra, la tristeza no será de él sino del rebaño. Qué importante es respetar el liderazgo pastoral y someterse a la Palabra de Dios.

C. «Saludad a todos vuestros pastores» (v. 24).
El pueblo debe comunicarse con sus líderes y estar en «buenos términos» con ellos. Es una tragedia cuando los cristianos se enojan y rehúsan hablar con su pastor. Esto es desobediencia a la Palabra de Dios.

Los creyentes que no se alimentan de la Palabra se alimentarán de «doctrinas diversas y extrañas» (v. 9) y se «enfermarán espiritualmente». La única manera de crecer hacia la madurez y afirmarse es a través de la Palabra de Dios (Ef 4.14ss; véase Heb 5.11-14). Nuestros corazones se afirman por gracia, no por ley ni sistemas religiosos terrenales. El «altar» del cristiano es Cristo, el sacrificio por el pecado ofrecido de una vez por todas; nos alimentamos de Él al alimentarnos de su Palabra. Así como los sacerdotes del AT comían de la carne y del grano de los sacrificios, nosotros nos alimentamos de Cristo, el sacrificio viviente.

IV. Sacrificios espirituales (13.11-16).
Al volverse a Cristo estos hebreos perdieron el templo y su sacerdocio y sacrificios; pero ganaron en Cristo mucho más de lo que perdieron. Cristo rechazó el templo y lo llamó «cueva de ladrones»; y rechazó la ciudad de Jerusalén al ser crucificado fuera de la puerta (Jn 19.20). El escritor compara la muerte de Cristo con los sacrificios que se quemaban el Día de Expiación (Lv 16.27), puesto que ambos sufrieron «fuera del campamento». Los lectores estaban tentados a volver al judaísmo. «No», amonesta el escritor. «En lugar de regresar, ¡salgan del campamento y lleven el vituperio con Cristo!» Se puede resumir el doble mensaje de Hebreos con las frases «dentro del velo» (comunión con Cristo) y «fuera del campamento» (testimonio por Cristo). Los creyentes no miran la ciudad terrenal; tienen una ciudad celestial esperándolos, así como los héroes de la fe de antaño (v. 14; Heb 11; 10; 12.27).

Como reino de sacerdotes los cristianos deben ofrecer sacrificios espirituales (1 P 2.5). Un sacrificio espiritual es algo que se hace o se da en el nombre de Cristo y para su gloria. En el versículo 15 el escritor afirma que la alabanza es tal sacrificio; véanse Efesios 5.18,19; Salmos 27.6; y 69.30-31). Las buenas obras y el compartir las bendiciones materiales también son sacrificios espirituales (v. 16). Otros sacrificios espirituales incluyen el cuerpo del creyente (Ro 12.1,2); ofrendas (Flp 4.18); oración (Sal 141.2); un corazón quebrantado (Sal 51.17); y almas ganadas para Cristo (Ro 15.16).

V. Poder espiritual (13.17-24)

La bendición de los versículos 20-21 explica cómo se capacita al cristiano para vivir por Cristo en este mundo impío: Cristo obra en nosotros desde su trono en el cielo. Hay tres títulos distintos que se han dado a Cristo: El pastor: (1) el Buen Pastor, que muere por las ovejas (Jn 10.11; Sal 22); (2) El Gran Pastor, que perfecciona a las ovejas (Heb 13.20,21; Sal 23); y (3) el Príncipe de los Pastores que vendrá por sus ovejas (1 P 5.4; Sal 24). Nuestro Sumo Sacerdote es nuestro Pastor y Ayudador; Él obra en nosotros y nos da la gracia y el poder de vivir por Él y servirle.

«Os haga aptos» es el tema de Hebreos: «Vamos adelante a la perfección [madurez]» (6.1). La madurez no viene al esforzarnos con nuestra fuerza; viene conforme le permitimos a Cristo que obre en nosotros mediante la Palabra de Dios. Esto se encuentra en paralelo a Filipenses 2.12-16 y Efesios 3.20,21. Dios no puede obrar a través de nosotros si no obra primero en nosotros, y Él lo hace mediante su Palabra (1 Ts 2.13).

El saludo de clausura muestra el amor que unía a los creyentes de la iglesia primitiva. La bendición final de gracia identifica a Pablo como el escritor (compárese 2 Ts 3.17,18).

SANTIAGO

Bosquejo sugerido de Santiago

I. El creyente perfecto y el sufrimiento (1)
   A. La obra perfecta: El propósito de Dios (1.1-12)
   B. El don perfecto: La bondad de Dios (1.13-20)
   C. La ley perfecta: La Palabra de Dios (1.21-27)

II. El creyente perfecto y el servicio (2)
   A. La fe demostrada por el amor (2.1-13)
   B. La fe demostrada por las obras (2.14-26)

III. El creyente perfecto y su hablar (3)
   A. La exhortación (3.1-2)
   B. Las ilustraciones (3.3-12)
   C. La aplicación: verdadera sabiduría (3.13-18)

IV. El creyente perfecto y la separación (4)
   A. Los enemigos contra los que debemos luchar (4.1-7)
      1. La carne (vv. 1-3)
      2. El mundo (vv. 4-5)
      3. El diablo (vv. 6-7)
   B. Las amonestaciones que debemos atender (4.8-17)
      1. Advertencia contra el orgullo (vv. 8-10)
      2. Advertencia contra la crítica (vv. 11-12)
      3. Advertencia contra la confianza en uno mismo (vv. 13-17)

V. El creyente perfecto y la Segunda Venida (5)
   A. Paciente cuando sufre daño (5.1-11)
   B. Puro en su hablar (5.12)
   C. Ora en sus pruebas (5.13-18)
   D. Persistente en ganar almas (5.19-20)

Notas preliminares a Santiago

I. El escritor

Tres hombres del NT se llaman Jacobo [Santiago quiere decir San Jacobo (nota del editor)]: (1) el hijo de Zebedeo y hermano de Juan (Mc 1.19); (2) el hijo de Alfeo, uno de los apóstoles (Mt 10.3); y (3) el hermano de nuestro Señor (Mt 13.55). Al parecer el hermano de nuestro Señor escribió esta epístola. Durante el ministerio de Cristo, Santiago y sus hermanos no eran creyentes (Mc 3.21; Jn 7.1-10). Santiago recibió una visita especial del Señor después que Él resucitó (1 Co 15.7), lo que indudablemente le trajo a la salvación. Le vemos con los creyentes en el aposento alto (Hch 1.14). Después que Pedro salió de la escena como líder de la iglesia de Jerusalén (Hch 12.17), Santiago ocupó su lugar. Fue quien dirigió la conferencia de Hechos 15 y el que pronunció la decisión final. En Gálatas 2.9-10 Pablo reconoció su liderazgo, pero en Gálatas 2.11-14 parece criticarle por su influencia legalista. Hechos 21.17-26 menciona que Santiago se inclinaba fuertemente hacia la ley judía.

II. La carta

Este énfasis judío se ve claramente en la epístola de Santiago. Dirigió su carta a los cristianos judíos (1.1,2) «que están en la dispersión». Véanse también 1 Pedro 1.1 y Juan 7.35. La dispersión consistía de judíos que habían salido de Palestina, pero que continuaban en contacto con su «tierra natal», regresando a ella para las festividades cuando les era posible. Nótese en Hechos 2 que había en Jerusalén multitudes de judíos devotos procedentes de otras naciones del mundo. Algunas de estas comunidades judías eran el resultado de las diversas persecuciones y deportaciones que sufrió Israel. Otras se formaron voluntariamente por razones de negocios. Por supuesto, Hechos 11.19 nos informa que muchos cristianos judíos fueron esparcidos por todas partes debido a la persecución en Jerusalén. Estos mantenían comunidades separadas y continuaban su estilo de vida en esas tierras foráneas. Fue a los cristianos judíos esparcidos por todo el Imperio Romano (posiblemente Siria en particular) que Santiago dirigió su carta. La escribió alrededor del año 50 d.C.

El énfasis judío en Santiago se ve de varias maneras. Por un lado, «congregación» en 2.2 es la palabra *sinagogué* (a pesar de que la palabra «iglesia» se usa en 5.14). El nombre de Cristo se menciona dos veces (1.1 y 2.1). Todas las ilustraciones son del AT, o de la naturaleza. Hay una fuerte correspondencia entre Santiago y el Sermón del Monte, que es la explicación espiritual que Cristo da de la ley. Hay también muchas similitudes entre Santiago y 1

Pedro (que también se escribió a los judíos de la dispersión). Estos cristianos judíos eran verdaderos creyentes, pero todavía mantenían su estilo de vida en sus comunidades judías. Habían nacido de nuevo (1.18) y esperaban la venida del Señor (5.7). No espere hallar en esta epístola las bien desarrolladas doctrinas que hallamos en las cartas de Pablo. El templo todavía existe; muchas sinagogas judías eran cristianas; y el pleno entendimiento de «un cuerpo» todavía no había amanecido en todos los creyentes.

III. El tema básico

Entretejidos por toda la carta hay dos temas: la persecución externa de la congregación y los problemas internos. Los creyentes experimentaban pruebas y Santiago procuró animarlos. Pero había también divisiones y pecados dentro de la iglesia y Santiago procuraba ayudarlos a que los confesaran y que se perdonaran sus pecados. Uno de los pensamientos clave es la perfección o madurez espiritual (véase el bosquejo). Estas personas necesitaban crecer en el Señor y las pruebas podrían ayudarles a madurar si obedecían a Dios.

IV. Santiago y Pablo

No hay conflictos entre Santiago y Pablo en cuanto a la justificación por fe. ¡Santiago no podía contradecir a Gálatas porque Gálatas todavía no se había escrito! Pablo explica que los pecadores son justificados por la fe (Ro 3—4); Santiago explica que la fe es muerta a menos que se demuestre por obras. No somos salvos por obras, pero la fe que nos salva nos conduce a las buenas obras. Pablo escribió acerca de nuestra posición ante Dios; Santiago escribió acerca de nuestro testimonio ante el mundo.

SANTIAGO 1

Una de las mejores pruebas de la madurez cristiana es la tribulación. Cuando el pueblo de Dios atraviesa pruebas personales, descubre qué clase de fe realmente posee. Las pruebas no sólo la revela; también desarrollan nuestra fe y carácter cristiano. Los judíos a los que Santiago escribía estaban atravesando pruebas y él quería animarles. ¡Lo extraño es que les dice que se regocijen! La palabra «Salud» en el versículo 1 significa «¡regocíjense!» ¿Cómo puede el cristiano tener gozo en medio de los problemas? Santiago da la respuesta en este primer capítulo mostrando las evidencias que los cristianos tienen en tiempos de tribulación.

I. Podemos estar seguros del propósito de Dios (1.1-12)

Las experiencias que les vienen a los hijos de Dios no son por accidente (Ro 8.28). Tenemos un amante Padre celestial que controla los asuntos de este mundo y que tiene un propósito detrás de cada acontecimiento. Los cristianos deben esperar que las pruebas vengan; Santiago no dice «si», sino «cuando». (La palabra griega para «tentación» en 1.2 significa «pruebas o tribulaciones»; mientras que la palabra griega para «tentar» en 1.13 significa «incitación a hacer el mal».) ¿Cuál es el propósito de Dios en las pruebas? Es la perfección del carácter cristiano de sus hijos. Él quiere que sus hijos sean maduros (perfectos) y la madurez se desarrolla sólo en el laboratorio de la vida. Las pruebas pueden producir paciencia (véase Ro 5.3), lo cual significa «resistencia»; y la resistencia a su vez conduce al creyente a una madurez más profunda en Cristo. ¡Dios permitió que el joven José atravesara trece años en la escuela de la prueba para transformarlo de arena a roca! Pablo atravesó muchas pruebas y cada una le ayudó a madurar su carácter. Confiar en Dios durante las pruebas, por supuesto, exige fe del cristiano, pero saber que Dios tiene un propósito divino en mente nos ayuda a someternos a Él.

En los versículos 5-8 Santiago analiza esta cuestión de fe, según se expresa en la oración. No siempre entendemos los propósitos de Dios y a menudo Satanás nos tienta a preguntar: «¿Se preocupa realmente Dios?» Aquí es donde viene la oración; podemos pedirle a nuestro Padre sabiduría y Él nos la dará. Pero no debemos ser de doble ánimo. La palabra sugiere vacilación, duda; literalmente significa «tener dos almas». Los creyentes de doble ánimo no son estables durante las pruebas. Sus emociones y decisiones fluctúan. En un minuto confían en Dios; al siguiente minuto dudan de Él. La fe en Dios durante las pruebas siempre guía a la estabilidad; véase 1 Pedro 5.10.

Tanto el rico como el pobre adoraban en las iglesias a las cuales Santiago escribió (2.1-9; 5.1) y recalcó que las pruebas benefician a ambos grupos. Las pruebas harán que el pobre recuerde que es rico en el Señor y que por consiguiente no puede perder nada; las pruebas le recuerdan al rico que no se atreva a vivir por sus riquezas o a confiar en ellas. El versículo 12 es una hermosa bienaventuranza y promesa para que la reclamemos en tiempos de pruebas y tribulación.

II. Podemos estar seguros de la bondad de Dios (1.13-20)

Muchas personas parecen tener la idea de que debido a que Dios es bueno, no debería permitir que su pueblo sufra o sea tentado. Se olvidan que Él quiere que sus hijos crezcan y experimenten nuevas bendiciones de su gracia; y una manera en que pueden madurar es atravesando pruebas y tentaciones. En este pasaje Santiago enfatiza la bondad de Dios y advierte a los cristianos respecto a rebelarse en contra de Él en tiempos de pruebas (1.13,20).

Primero, hace una cuidadosa distinción entre las pruebas y las tentaciones. Dios envía pruebas para sacar lo mejor de nosotros (véase Abraham, Gn 22.1), pero Satanás envía tentaciones para sacar lo peor de nosotros. Los creyentes no deben decir que Dios los tienta, porque las tentaciones brotan de nuestra misma naturaleza. Describe el «nacimiento» del pecado: la incitación de afuera genera el deseo lujurioso por dentro; la concupiscencia concibe y da a luz al pecado; ¡y el pecado trae muerte! Las palabras «atraído» y «seducido» (v. 14) son términos de cacería; forman una imagen del cazador o pescador que usan la carnada para atraer a su presa.

Luego Santiago recuerda a estos creyentes que Dios sólo da buenas dádivas y estas proceden del cielo. Dios es luz; su bondad no parpadea como alguna estrella distante. Somos los hijos de Dios. Él nos engendró mediante su Palabra y somos las primicias de sus criaturas, la «muestra» de lo que seguirá a la venida de Cristo (Ro 8.23). Por consiguiente, los cristianos no deben apresurarse a hablar ni a quejarse cuando vengan las pruebas. Más bien deben ser prontos para oír la Palabra, confiar en ella y obedecerla. Después de todo, Él obra su voluntad en nuestras vidas cuando somos pacientes, no cuando nos enfurecemos.

III. Podemos estar seguros de la Palabra de Dios (1.21-27)

La frase «pronto para oír» (v. 19) nos recuerda cómo el cristiano debería oír y obedecer la Palabra de Dios, el tema de esta sección. En el versículo 21 Santiago usa una ilustración de la agricultura, al hablar de «primicias» y de «la palabra implantada [injertada]». Santiago tal vez esté refiriéndose a la parábola del sembrador (Mt 13.1-9,18-23) en la cual se compara al corazón con el suelo y a la Palabra con la semilla. Si los creyentes van a recibir la Palabra y obtener de ella fortaleza en las tribulaciones, ¡deben arrancar las malas hierbas! «Abundancia de malicia» puede traducirse también como «exuberante crecimiento de maldad», o sea, ¡hierbas malas! El terreno del corazón debe prepararse para recibir la Palabra. Si tenemos en nuestros corazones pecados no confesados y amargura en contra de Dios debido a nuestras pruebas, no podemos recibir la Palabra y ser bendecidos por ella.

En los versículos 22-25, Santiago cambia el cuadro y compara la Palabra a un espejo. La Palabra de Dios revela lo que hay por dentro, así como el espejo revela lo que aparece por fuera. Cuando los cristianos miran en la Palabra se ven como Dios los ve y así pueden examinar sus corazones y confesar sus pecados. Pero no basta con una simple mirada y lectura de la Palabra; debemos obedecer lo que leemos. Una persona que sólo oye la Palabra, pero no la obedece, es como alguien que echa un vistazo casual al espejo, ve que su cara está sucia y sigue su camino sin hacer nada al respecto. Tal persona piensa que se ha mejorado espiritualmente cuando en realidad se ha hecho más daño.

El versículo 25 nos dice que debemos observar la Palabra con atención (no un vistazo casual) y a través de ella vernos nosotros mismos. Debemos entonces obedecer lo que la Palabra dice. Si lo hacemos, seremos bienaventurados (bendecidos). Lo que hace feliz a una persona no es la lectura de la Palabra, sino su obediencia. Santiago la llama «la perfecta ley, la de la libertad», porque la obediencia a la Palabra produce libertad espiritual (Jn 8.30-32). Disfrutar la vida cristiana no es esclavitud, ¡es libertad maravillosa!

Los versículos 22-25 hablan de la vida privada de los creyentes cuando miran en la Palabra; los versículos 26-27 describen su vida pública, su práctica de la Palabra. La palabra griega para «religioso» (v. 26) significa «la práctica externa de la religión». En ninguna parte la Biblia llama «una religión» a la fe cristiana; es un milagro, un nuevo nacimiento, una vida divina. «Si alguno se cree religioso», dice Santiago, «que lo demuestre con su vida». ¿Cuáles son las características de la religión pura? Son: (1) dominio propio, es decir, refrenar la lengua (véase 3.2); (2) amor por otros; y (3) una vida limpia. La palabra «visitar» (v. 27) significa «cuidar de»; sugiere el cuidado sacrificial hacia los que tienen necesidad. La verdadera religión no es cuestión de formas ni ceremonias; es asunto de controlar la lengua, servicio sacrificial y un corazón limpio.

Santiago usa varias veces en este capítulo la palabra «perfecto». En los versículos 1-2 tenemos la obra perfecta de Dios; en versículos 13-20 vemos la dádiva perfecta de Dios; y en versículos 21-27, la ley perfecta de Dios. La obra perfecta de Dios en su propósito nos hace madurar; su dádiva perfecta es su bondad hacia nosotros en tiempos de pruebas; y su ley perfecta es la Palabra que nos fortalece y nos sostiene.

SANTIAGO 2

En Gálatas 5.6 Pablo describe a la vida cristiana como «la fe que obra por el amor». En este capítulo se analizan estos dos aspectos. La idea básica es que la verdadera fe bíblica no está muerta; se revela en amor (vv. 1-13) y en obras (vv. 14-26). Demasiadas personas tienen una creencia intelectual en Cristo, pero no una de corazón. Creen en los hechos del cristianismo histórico, pero no tienen la fe salvadora en Cristo.

I. La fe se demuestra por el amor (2.1-13)

Al decir «que vuestra fe[...] sea sin» realmente significa «practíquenla sin». No sólo debemos tener fe; debemos practicarla en nuestras vidas diarias. No debemos creer a «Dios» de una manera vaga, general, como lo hacen muchos miembros de las iglesias (incluso Satanás: v. 19); debemos tener una fe personal en Jesucristo específicamente. No es una fe en Dios de «así lo espero» lo que salva el alma; es una entrega definitiva a Jesucristo, el Hijo de Dios. Aquí a Cristo se le llama «glorioso» (omítase «el Señor de»), puesto que Él es la misma gloria de Dios (Heb 1.3). Para los judíos que leían esta carta «la gloria» identificaba a Cristo con la *shekiná* del AT, la gloria de Dios que moraba en el tabernáculo y en el templo. Esa gloria ahora mora en el creyente y en la Iglesia (Col 1.27; 3.4; Ro 8.30; Jn 17.22).

¿Cómo mostramos amor por otros? Al aceptarlos por lo que son y al verlos como personas por las cuales Cristo murió. No debemos juzgar o condenar a otros. Preferir al rico más que al pobre es un pecado terrible, porque Cristo se hizo pobre para que nosotros fuésemos enriquecidos en Él. Véanse Romanos 2.11 y 1 Timoteo 5.21. Santiago afirma de forma contundente que cuando un pobre entra en una asamblea cristiana (aquí la palabra es «sinagoga»), debe recibírsele en amor y mostrarle tanta cortesía como si fuera un rico. Muchos tal vez miran la apariencia externa; Dios ve el corazón (1 S 16.7). El «hombre con anillo de oro» (sugiere que usa muchos anillos «ostentosos») no es mejor a los ojos de Dios que el que viste humildemente («andrajoso»). A algunos judíos les encantaban los lugares de honor (Lc 14.7-11) y la admiración de los hombres (Mt 23.5-12). Desafortunadamente, a muchos cristianos también.

¿Qué es tan pecaminoso en cuanto a mostrar respeto por las personas acomodadas? Por un lado, nos convierte en jueces y Dios es el único que puede juzgar honestamente a una persona (v. 4). La palabra «distinciones» significa aquí «dividido» y nos lleva de nuevo a la persona de doble ánimo que se menciona en 1.8. Esta clase de juicio muestra valores falsos (vv. 5-6), porque Cristo claramente afirmó que los pobres heredarán el reino (véanse Lc 6.20; Mt 5.3). Santiago les recuerda que los ricos oprimen a los santos y hasta los arrastran a las cortes. Al rehusar recibir al pobre estos creyentes han deshonrado al pobre al cual Dios ama (véase Pr 14.31).

En el versículo 7 Santiago nos recuerda que los ricos incluso blasfeman el nombre de Cristo «que fue invocado» sobre ellos (refiriéndose quizás a su bautismo; Mt 28.19,20). Aún más, la «ley real» para el creyente es la del amor. Cita Levítico 19.18,34; pero también se refiere a las palabras de Cristo en Mateo 22.34-40. Véanse además Romanos 13.8-10 y Gálatas 5.14. Es pecado mostrar favoritismo; ¡quebrantar un mandamiento es ser culpable de quebrantar la ley entera! Dios mismo dio todos los mandamientos y todos deben obedecerse y practicarse. Por supuesto que Santiago no pone al cristiano bajo la Ley Mosaica; se está refiriendo a la ley moral que sigue vigente bajo el nuevo pacto. Debemos hablar y actuar como quienes seremos juzgados, no por la ley de Moisés, sino por la más severa «ley de la libertad», la del amor escrita en nuestros corazones por el Espíritu Santo.

II. La fe se demuestra por obras (2.14-26)

En estos versículos Santiago no contradice a Pablo. En Romanos 4.1-5 y Gálatas 3 Pablo explica cómo el pecador es justificado, cómo se le da una posición correcta delante de Dios; Santiago, por otro lado, escribe cómo una persona salva demuestra a otros esa salvación. Las personas no tienen por qué creer que somos salvos si no ven un cambio en nuestras vidas. Un pecador se salva por la fe, sin obras (Ef 2.8,9), pero la verdadera fe que salva conduce a las obras (Ef 2.10). Ser cristiano no es asunto de lo que decimos con los labios, involucra lo que hacemos con la vida. (Nótese que la declaración del versículo 14: «¿Podrá la fe salvarle»? debe leerse: «¿Podrá esa clase de fe salvarle?», en referencia a la primera frase del versículo.)

No mostramos nuestra fe en Cristo sólo por grandes proezas, tales como las que se mencionan en Hebreos 11, sino por lo que decimos y hacemos día tras día. Léase 1 Juan 3.16-18 junto con los versículos 14-16. La fe sin obras es una fe muerta (vv. 17,26), no es viva. Hay un reto en el versículo 18: «Muéstrame tu fe sin tus obras». ¡Esto es imposible! La única forma que puede ser expresada la fe en la vida del cristiano es a través de la obediencia amorosa y práctica a la Palabra de Dios. ¡Incluso el diablo tiene una fe muerta! (v. 19). Léanse Mateo 8.29 y Hechos 16.17 para ver cómo los demonios reconocieron a Cristo. Sin embargo, esta clase de fe no los salvará.

Santiago retrocede al Antiguo Testamento en pos de dos ejemplos de fe que condujeron a las obras. El primero es Abraham (Gn 22.1-19). Abraham anhelaba tener un hijo y Dios le prometió uno. Abraham creyó en la promesa de Dios y esta fe le dio la justicia que necesitaba para la salvación (Gn 15.1-6; Ro 4.1-5). Dios le prometió que a través de Isaac su descendencia sería más numerosa que la arena del mar y las estrellas de los cielos. ¡Luego Dios le pidió a Abraham que sacrificara a ese hijo sobre el altar! Abraham tenía fe en Dios y por consiguiente no tuvo temor de obedecerle. Hebreos 11.17-19 indica que Abraham creía que Dios podía incluso levantar a Isaac de los muertos. En resumen, Abraham demostró su fe por sus obras. Su obediencia a la Palabra fue evidencia de su fe en la Palabra. Su fe se perfeccionó (maduró) en su acto de obediencia. Véanse en 2 Crónicas 20.7 e Isaías 41.8 la expresión «amigo de Dios».

La segunda ilustración que usa Santiago es Rahab (Jos 2; 6.17-27). Esta mujer era pecadora; sin embargo, ¡su nombre se incluye en la familia de Cristo! (Mt 1.5). Hebreos 11.31 indica que era una mujer de fe. Vivía en la ciudad condenada de Jericó y oyó que Dios había juzgado a los enemigos de Israel. Creyó en el informe respecto a Dios que había oído (Jos 2.10,11), porque «la fe viene por el oír» (Ro 10.17). Nótese que también tenía seguridad (Jos 2.9,21). Téngase en mente que Rahab era una creyente en el Dios de Israel antes de que los dos espías llegaran a su casa. Fue su recepción y protección hacia los dos espías lo que demostró su fe en Dios. Arriesgó su vida para identificarse con Israel. Debido a su fe, demostrada por sus obras, ella y su familia (quienes también creyeron) se libraron del juicio que vino sobre toda la población de Jericó.

El versículo 24 resume todo el asunto: la fe sin obras no es una fe que salva. Triste es decirlo, pero hay multitudes de cristianos profesantes y miembros de las iglesias que tienen esta «fe muerta». Profesan fe con sus labios (v. 14), pero sus vidas niegan lo que profesan. Esta es la misma verdad que Pablo explicó cuando le escribió a Tito. «Profesan conocer a Dios, pero con los hechos lo niegan» (Tit 1.16). Los verdaderos cristianos son «un pueblo propio, celoso de buenas obras» (Tit 2.14). Por eso Pablo advierte: «Examinaos a vosotros mismos si están en la fe; probaos a vosotros mismos» (2 Co 13.5). Esto no significa que un verdadero cristiano nunca peca (1 Jn 1.5-10). Pero sí significa que un verdadero cristiano no hace del pecado el hábito de su vida. Un verdadero cristiano lleva fruto para la gloria de Dios y anda de manera que le agrade.

Toda la cuestión de la fe y las obras se resume en Efesios 2.8-10: (1) la obra que Dios hace por nosotros (salvación): «Porque por gracia habéis sido salvados[...] no por obras»; (2) la obra que Dios hace en nosotros (santificación): «porque somos hechura suya»; (3) la obra que Dios hace mediante nosotros (servicio): «creados[...] para buenas obras».

Santiago 3

Podemos identificar a los cristianos maduros por su actitud hacia el sufrimiento (cap. 1) y por su obediencia a la Palabra de Dios (cap. 2). Ahora Santiago nos dice que el hablar del cristiano es otra prueba de madurez. ¡Leemos y oímos muchas palabras todos los días y nos olvidamos de lo maravilloso que es una palabra! Cuando Dios nos facultó para hablar, nos dio una herramienta con la cual edificar; pero también puede convertirse en un arma de destrucción.

I. La exhortación (3.1-2)

Por lo visto había una rivalidad entre las iglesias respecto a quién enseñaría, porque Santiago les advierte: «No os hagáis maestros muchos de vosotros». ¿La razón? Los que enseñaban serían juzgados más estrictamente que los que escuchaban. Es muy triste que cristianos inmaduros traten de convertirse en maestros antes de estar listos. Piensan que han alcanzado un gran lugar de honor, cuando en realidad lo que han buscado es un juicio más severo de Dios.

Santiago prontamente concuerda en que todos tropezamos de muchas maneras, en especial en lo que decimos. Es más, el que puede controlar la lengua demuestra que tiene control sobre el cuerpo entero. Lea 1.26 de nuevo y note también las muchas referencias a la lengua en el libro de Proverbios. Pedro es una buena ilustración de esta verdad. En los Evangelios, mientras era todavía un discípulo inmaduro, a menudo perdía el control de su lengua y el Señor tenía que reprenderle o enseñarle. Pero después de Pentecostés su disciplina espiritual fue evidente en su hablar bajo control.

II. Las ilustraciones (3.3-12)

Santiago usa tres ilustraciones en pares para describir el poder de la lengua.

A. Poder de dirigir: el freno y el timón (vv. 3-4).

La palabra «timón» en el versículo 4 es la parte de la nave que la dirige en el agua. A menudo pensamos que nuestras palabras no tienen importancia, pero la palabra equivocada puede llevar al oyente en la senda equivocada. Una palabra ociosa, un cuento cuestionable, una verdad a medias, o una mentira deliberada puede cambiar el curso de una vida y conducirla a la destrucción. Por otro lado, la palabra correcta usada por el Espíritu puede guiar a un alma a salir del pecado e ir a la salvación. Así como el caballo necesita un guía y el timón necesita un piloto, nuestra lengua necesita al Señor para que la controle.

B. Poder para destruir: el fuego y el animal (vv. 5-8).

El tamaño de una cosa no determina su valor ni su poder. La lengua es un pequeño miembro del cuerpo, pero puede causar gran destrucción. ¡Cómo le gusta a la lengua jactarse! (Por supuesto, lo que la lengua dice sale del corazón: Mt 12.34-35.) «¡Cuán grande bosque enciende un pequeño fuego!» (v. 5). Cada año muchas hectáreas de madera se pierden debido a acampantes o fumadores descuidados.

Una pequeña llama puede incendiar un bosque entero. La lengua es una llama: puede, mediante mentiras, chismes y palabras acaloradas, incendiar por completo a una familia o a una iglesia. Véase Proverbios 16.27. Y el «hollín» del fuego puede contaminar a todo el mundo involucrado. Cuando el Espíritu vino en Pentecostés, hubo lenguas de fuego del cielo que capacitaron a los cristianos para testificar; pero también es posible que la lengua sea «inflamada por el infierno» (v. 6). Santiago además compara la lengua a una bestia feroz y venenosa que no se puede domar. Ningún *hombre* puede domar la lengua; sólo Dios puede controlarla mediante su Espíritu. La lengua es inquieta, ingobernable (o sea, indomable). ¡Cuánto veneno esparce! Una lengua espiritual es medicina (Pr 12.18).

C. Poder para deleitar: la fuente y el árbol (vv. 9-12).

Es imposible que una fuente produzca a la vez agua dulce y amarga; y es imposible que la lengua hable a la vez bendición y maldición. Cuán a menudo «bendecimos a Dios» en nuestra oración y canto y luego «maldecimos a los hombres» en nuestra cólera e impaciencia. Véase Proverbios 18.4. Los cristianos deben permitir que el Espíritu haga brotar «aguas vivas» de la Palabra mediante sus lenguas. Algo anda mal en el corazón, cuando la lengua no lo respalda. De la misma manera, un árbol no puede llevar dos clases de fruto. Véanse Proverbios 13.2 y 18.20-21. El «fruto de labios» (véase Heb 13.15) debe ser siempre espiritual.

Después de considerar estos seis ejemplos, los creyentes deben darse cuenta de que no pueden permitir que Satanás use sus lenguas. La palabra indebida dicha en el momento indebido puede dañar un corazón o hacer que una persona se descarríe. Necesitamos hacer del Salmo 141.1-4 nuestra oración constante.

III. La aplicación (3.13-18)

Uno de los temas clave en el libro de Santiago es la sabiduría, o la vida práctica dirigida por la Palabra de Dios (véase 1.5). Es trágico cuando a los cristianos les falta la sabiduría práctica para dirigir sus asuntos, tanto los personales como los de la iglesia. Demasiadas personas tienen la idea de que ser «espiritual» es sinónimo de no ser práctico; ¡y nada está más lejos de la verdad! Cuando el Espíritu Santo nos guía, usa nuestras mentes y espera que hallemos primero los hechos y pesemos las cuestiones a la luz de la Palabra de Dios. Santiago indica que hay dos fuentes de sabiduría y que el creyente debe usar de discernimiento. La lengua del creyente puede estar llena de la verdadera sabiduría de lo alto o de la falsa sabiduría de abajo.

A. *La sabiduría falsa de abajo (vv. 14-16).*

Cuando hay amargura y envidia en el corazón, nuestra lengua expresará tales cosas. No importa cuán espiritual pudiera ser nuestra enseñanza: si la lengua no está bajo el control del Espíritu de un corazón amante, impartimos falsa sabiduría. Para su vergüenza, ¡los cristianos a menudo creen en esta falsa sabiduría y hasta se glorían de ella! Saben que esta «sabiduría» contradice la Biblia, de modo que mienten incluso en contra de la verdad de la Palabra de Dios. La sabiduría falsa pertenece al mundo (terrenal), la carne (sensual) y al diablo (diabólica): los tres grandes enemigos del creyente (Ef 2.1-3). Uno siempre puede decir cuándo una iglesia o una familia sigue a la falsa sabiduría: encontramos allí celos, división y confusión. En lugar de humilde dependencia en el Espíritu y la Palabra, buscan en el mundo ideas y en la carne fortaleza, y al hacerlo así caen derecho en las manos del diablo.

B. *La sabiduría verdadera de lo alto (vv. 17-18).*

Los creyentes verdaderamente sabios no necesitan pregonar que son sabios; se ve en su vida diaria (conversación edificante y buena conducta) y actitud (mansedumbre). El conocimiento envanece (1 Co 8.1), pero la sabiduría espiritual nos hace humildes y evita que seamos arrogantes. En tanto que la falsa sabiduría tiene su origen en el mundo, la carne y el diablo, la verdadera sabiduría «es de lo alto» (véase 1.17). Viene de Dios, por el Espíritu; no la inventa la mente del hombre.

Esta verdadera sabiduría es pura; no hay error en la Palabra de Dios. Es pacífica: conduce a la paz y a la armonía, no a la discordia (véase 4.1-10).

Los métodos humanos para alcanzar la paz es mediante el sacrificio de la armonía, pero Dios no obra así. En donde la gente se somete a la Palabra pura de Dios, siempre habrá paz.

La sabiduría de lo alto es también amable; la amabilidad incluye paciencia y dominio propio. Cuando la carne controla la lengua, desata un aluvión de palabras sin control o sin una disposición para escuchar a otros. «El necio da rienda suelta a toda su ira», dice Proverbios 29.11. La persona sabia es amable y persuade con paciencia; no amenaza ni acusa. «Benigna» (v. 17) sugiere una disposición a ceder, a ser razonable. Las personas sabias están llenas de misericordia, no se apresuran a juzgar ni condenar; sus vidas están llenas de buenos frutos. No hay fluctuación («parcialidad», 1.6 y 2.4); aunque están dispuestas a ceder no están dispuestas a comprometer la verdad. Por último, la verdadera sabiduría no permite la hipocresía; la verdad se habla y se respalda con un motivo limpio.

Santiago 4

Este capítulo deja en claro que había divisiones y disputas carnales entre estos creyentes. Una causa era el deseo egoísta de muchos que querían ser maestros (3.1), pero la causa básica era la desobediencia. Había una falta de verdadera separación en las vidas de las personas. Es una tragedia cuando los hermanos viven en discordia en lugar de vivir en unidad (Sal 133). «¿Andarán dos juntos, si no estuvieren de acuerdo?» (Am 3.3).

I. Los enemigos que debemos enfrentar (4.1-7)

Notamos en 3.15 que el cristiano lucha contra el mundo, la carne y el diablo. La misma lista se halla en Efesios 2.1-3, donde se describe la vida del pecador no salvo. La persona no salva vive para el mundo y la carne y está bajo el control del diablo. Los que confían en Cristo reciben el Espíritu Santo y tienen una nueva naturaleza. Sin embargo, todavía batallan contra estos enemigos.

A. La carne (vv. 1-3).

La palabra «pasiones» no significa necesariamente pasiones sensuales. Significa simplemente deseos. Estos deseos obran en los miembros del cuerpo y estimulan a la carne y crean problemas. Por favor, tenga presente que el cuerpo en sí mismo no es pecaminoso; es la naturaleza caída la que controla el cuerpo la que es pecaminosa. La carne es la naturaleza humana separada de Dios, así como el mundo es la sociedad humana separada de Dios. Es por eso que Romanos 6 nos exhorta a someter los miembros de nuestro cuerpo al Espíritu; véanse también el énfasis en Romanos 8 y Gálatas 5. Nótese también lo que dice Santiago en 1.5 respecto a nuestros deseos.

En el versículo 2 Santiago describe las acciones pecaminosas de estos creyentes: codician, matan para obtener (véase Gl 5.15) y no se detienen a orar respecto a sus deseos. Y, cuando en efecto oran, lo hacen egoístamente para aumentar sus placeres, no para glorificar a Dios. ¡La carne hasta puede estimular a una persona a orar! Por supuesto, cuando un creyente está en guerra consigo mismo no es muy probable que puede tener paz con otros.

B. El mundo (vv. 4-5).

Adulterio espiritual es estar casado con Cristo (Ro 7.4) y sin embargo amar el mundo (2 Co 11.2,3). En el AT Dios llama «adulterio» a la idolatría de Israel debido a que los ídolos le habían robado la devoción de su pueblo. ¿Cómo pueden los cristianos tener amistad con el mundo cuando han sido llamados a salir de él? (Jn 15.18,19). Hemos sido crucificados al mundo y este a nosotros (Gl 6.14). Hay cuatro pasos peligrosos que da el creyente para entrar en una relación errada con el mundo: (1) amistad con el mundo, Santiago 4.4; (2) contaminarse con el mundo, Santiago 1.27; (3) amar al mundo (1 Jn 2.15-17; (4) conformarse al mundo, Romanos 12.1,2. El resultado es que el creyente en componenda es juzgado con el mundo (1 Co 11.32). Lot ilustra esta necedad; véanse Génesis 13.10-13 y el capítulo 19. Los creyentes amigos del mundo son enemigos de Dios. Entristecen al Espíritu, quienes anhelan celosamente su amor.

C. El diablo (vv. 6-7).

Los cristianos que viven para el mundo y la carne se tornan orgullosos y el diablo se aprovecha de esta situación, porque el orgullo es una de sus armas principales. Dios quiere darnos más gracia, ¡más que cualquier cosa que Satanás puede dar! El cristiano debe usar la Palabra para resistir a Satanás (Lc 4.1-13) y el Espíritu lo capacitará para hacerlo. Pero Dios no puede ayudar al cristiano orgulloso, que rehúsa arrepentirse del pecado y humillarse. La gracia es para el humilde, no para el arrogante. Debemos primero someternos a Dios; luego podemos resistir eficazmente al diablo.

Es importante que los cristianos se autoexaminen para ver si alguno de esos enemigos están derrotándolos.

II. Las exhortaciones que debemos atender (4.8-17)

Santiago ahora se vuelve a tres advertencias importantes y llama a los cristianos a arrepentirse de sus pecados. A menos que los individuos en las iglesias estén a bien con Dios, no puede haber paz.

A. Advertencia contra el orgullo (vv. 8-10).

Las guerras y las contiendas se originan en el orgullo; el cristiano sabio siembra semillas de paz (3.13-18). El orgullo nos aleja de Dios; mancha nuestros corazones y obras. De nuevo es el pecado de doble ánimo y esto es básicamente la falta de sumisión. La expresión «purificad vuestros corazones» (v. 8) lleva la idea de tener un corazón casto y fiel, sin amar al mundo ni entristecer al Espíritu. Estos creyentes vivían en placeres, rodeados de risa y gozo mundanos. Necesitaban ser sobrios y serios, quitando el pecado de sus vidas. Santiago promete que si se humillan, Dios les ensalzará. Véanse Mateo 23.12; Lucas 14.11; 1 Pedro 5.6 y Proverbios 29.23.

B. Advertencia contra la crítica (vv. 11-12).

Cuando las personas tienen una mente mundana y llena de orgullo a menudo son dadas a criticar a otros con prontitud. Los conflictos entre estos cristianos tenían su origen en que se juzgaban y hablaban mal los unos de los otros. ¡Aquí tenemos de nuevo a la lengua! (1.19,20,26 y 3.5,6). ¡Cuántas iglesias se han dividido y caído en desgracia debido a lenguas que odian y critican! La Biblia nos enseña que debemos tener discernimiento cristiano (1 Ts 5.21,22; 1 Jn 4.1-6), pero esto no significa que podemos juzgar los corazones y los motivos de otros. En Mateo 7.1-5 Jesús enseña que los creyentes tienen el derecho de ayudar a otros a vencer sus pecados, pero que primero deben juzgar su propia pecaminosidad. Si tengo una viga en mi ojo, ¿qué derecho tengo de criticar al que tiene una pizca de polvo en el suyo? No puedo ver con suficiente claridad como para ayudarle mientras no haya primero atendido mis propias necesidades. Cuando juzgamos a otros cristianos sin amor y misericordia, nos convertimos en legisladores; y Dios es el único que dicta la ley. Si todos nos dedicáramos a obedecer la Palabra y no a investigar para ver cuán bien otros la obedecen, nuestras iglesias tendrían armonía y paz. Santiago sugiere en el versículo 12 que el único con derecho a juzgar es el que tiene el poder para castigar; o sea, Dios.

C. Advertencia contra la soberbia arrogante (vv. 13-17).

El orgullo, la crítica y la soberbia van juntas. Los humildes oran para que Dios ayude a los cristianos desobedientes y tratan de amarlos al punto de procurar que regresen a la comunión con Cristo. Los humildes saben cómo decir «si el Señor quiere» al hacer sus planes cada día. Pero estos creyentes se jactaban de sus planes y se regocijaban por anticipado en el éxito. ¡Iban a ir a la gran ciudad, establecer grandes negocios y regresar ricos! Les advierte que esta jactancia carnal y soberbia es peligrosa. Para empezar, no sabemos nada respecto al mañana; sólo Dios lo sabe. ¡El que se jacta del mañana está afirmando ser Dios! Es más, la vida en sí misma es incierta, una nube que viene de pronto y se va (Job 7.7; Sal 102.3). No sabemos ni siquiera cómo terminará la vida, de modo que, ¿cómo podemos estar tan confiados? Debemos decir: «Si el Señor quiere, viviremos». Cada creyente necesita estar bien consciente de la brevedad de la vida. «Enséñanos de tal modo a contar nuestros días, que traigamos al corazón sabiduría» (Sal 90.12). Jactarse respecto a un futuro desconocido es pecado. Sin embargo, muchas personas planean sin orar ni buscar la dirección de Dios. Viven como el pecador mundano que piensa que tiene seguridad para el futuro, pero descubre que lo ha perdido todo (Lc 12.15-21).

El versículo 17 resume el capítulo y recalca que podemos tanto pecar por negligencia como por acción deliberada. No es simplemente lo que hacemos, sino también lo que no hacemos, lo que es pecaminoso. Es por eso que los puritanos solían hablar de los «pecados de comisión» y los «pecados de omisión». La vida es tan breve que no podemos darnos el lujo de desperdiciarla. Debemos lograr que nuestras vidas sean de valor para la causa de Cristo antes que Él vuelva.

SANTIAGO 5

Hay diversas cuestiones en este último capítulo, pero el pensamiento clave parece ser la Segunda Venida de Cristo (vv. 7-9). Cuando los cristianos sinceramente esperan el regreso de Cristo, las evidencias de esta esperanza se muestran en sus vidas.

I. Son pacientes cuando sufren daño (5.1-11).

En aquellos días existía un gran abismo entre el rico y el pobre; la «clase media», como se conoce hoy en día, no era representativa en la sociedad. Parece que el evangelio apelaba a las masas pobres, mientras que los ricos rechazaban a Cristo (con algunas excepciones) y oprimían a los cristianos pobres.

A. *Los pecados del rico (vv. 1-6).*

Santiago hace una lista de pecados y muestra que el rico sólo se preparaba para el juicio venidero. Primero menciona la avaricia (vv. 1-3). Proclama que los ricos habían amasado su riqueza únicamente para verla desaparecer. Su oro, plata y ropas (véase Mt 6.19,20) se enmohecerían y la comerían las polillas. Esas mismas riquezas, al esfumarse, testificarían en contra de su presente egoísmo y de nuevo en contra de ellos en el juicio. Habían acumulado tesoros, pero se habían olvidado que el «día postrero» estaba a las puertas y que el juicio se avecinaba. Santiago quizás se refería a la inminente caída de Jerusalén. El segundo pecado que menciona es robar la paga del pobre (v. 4); habían retenido la paga honesta del pobre (véase Lv 19.13). Usaban del fraude para robarse estos jornales y sus pecados los alcanzarían. A menudo oímos la frase «el dinero habla». En este caso los salarios robados clamaban a Dios por justicia y los trabajadores necesitados clamaban a Dios también. «Señor de los ejércitos» (v. 4) es el «nombre de batalla» de Dios. Véanse Isaías 1.9 y Romanos 9.29. ¡Dios vendría con sus ejércitos y juzgaría a esos ladrones! El tercer pecado mencionado es la vida disoluta (v. 5). Es cierto que Dios quiere que disfrutemos de las bendiciones de la vida (véase 1 Ti 6.17), pero no quiere que tal vida sea de desperdicio y lujos mientras se roba a otros en necesidad. Estos hombres vivían con lujo innecesario y gastaban con desenfreno el dinero que no les pertenecía lícitamente. Santiago los compara a ganado torpe que engorda sin moderación, ¡que no se dan cuenta de que sólo los engordan para la matanza! Véase Amós 4.1-3. El pecado final que menciona es la injusticia (v. 6). Los ricos se aprovechaban de su poder para maltratar y matar al pobre. Estos cristianos no hicieron resistencia; dejaron su caso en manos del Juez Justo (Ro 12.17-21).

B. La paciencia del pobre (vv. 7-11).

Santiago anima a estos cristianos que sufrían a poner sus ojos en la promesa de la venida de Cristo. La palabra «paciencia» (v. 8) no significa que debían sentarse ociosos, sin hacer nada. Antes bien, la palabra implica resistencia, soportar, sobrellevando las cargas y librando las batallas hasta que el Señor venga. Usa varias ilustraciones para reafirmar esta lección de paciencia. (1) El agricultor (vv. 7-8). Este siembra la semilla y prepara el suelo, pero no recoge la cosecha de inmediato. Dios envía la lluvia para regar la tierra y luego viene la cosecha. (La lluvia temprana venía en octubre y noviembre, y la tardía en abril y mayo.) Asimismo, el cristiano debe ser paciente, sabiendo que «a su tiempo segaremos, si no desmayamos» (Gl 6.9). (2) El juez (v. 9). Por lo visto, sus pruebas habían convertido a algunos cristianos en criticones y los quejosos emergieron en la iglesia. Santiago les recuerda que no deben juzgar; Cristo, el Juez, ¡está a la puerta! Él oye lo que se dice y vendrá pronto y arreglará todas las cosas. Murmurar y quejarse es un pecado serio en el pueblo de Dios. Si todos recordáramos que Cristo viene, no nos quejaríamos ni criticaríamos tanto. (3) Los profetas (vv. 10-11). Santiago les menciona a estos cristianos los creyentes del AT, quienes sufrieron a manos de pecadores y sin embargo dejaron sus aflicciones a Dios y obtuvieron la victoria. Job es un ejemplo clásico. Dios tenía en mente un propósito y resultado maravillosos al permitir que probaran a Job, aun cuando este no comprendía lo que Dios estaba haciendo. Sin importar qué pruebas pudieran venir a nuestras vidas, sabemos que Dios está lleno de amor y misericordia y que todas las cosas ayudan a bien.

II. Son puros en su hablar (5.12)

Santiago no prohíbe los juramentos legales, porque incluso Jesús pronunció su juramento durante su juicio (Mt 26.63,64). Nos dice que tengamos una palabra tan honesta y sincera que no necesitemos «respaldarla» con promesas y juramentos. Los ricos no guardaban sus promesas; pero el cristiano siempre debe guardar su palabra, incluso cuando le haga daño personalmente.

III. Oran en sus pruebas (5.13-18)

En ninguna parte la Biblia le promete a los cristianos que tendrán una vida fácil, pero sí nos dice qué hacer cuando vienen las pruebas. Algunos cristianos tendrán aflicción, o sea, atravesarán una prueba específicamente planeada por Dios. ¿Qué deben hacer? ¡Orar! Santiago no promete que Dios quitará la aflicción, pero sí sugiere que Dios dará la gracia necesaria para soportarla. Véase 2 Corintios 12. Otros cristianos se enfermarán y la sugerencia en el versículo 15 es que esta enfermedad es el resultado del pecado (véase 1 Co 11.30). ¿Qué debían hacer? Llamar a los líderes de la iglesia y pedir oración. Esto no es un rito de la iglesia para preparar a la persona para morir, porque Santiago dice que resultará en la curación del cuerpo de la persona. «Ungir» (v. 14) es una palabra común para «masaje»; se la usa en Marcos 16.1, donde las mujeres querían preparar el cuerpo de Cristo para la sepultura. El aceite era una medicina común en esos días; los médicos a menudo ungían al enfermo con aceite (Lc 10.34). El cuadro aquí es el de los santos que no sólo oran los unos por los otros, sino que también usan los medios que Dios ha provisto para la salud. En el versículo 16 Santiago resume la lección: los cristianos deben confesar sus pecados (cuando han pecado el uno contra el otro) y orar los unos por los otros.

Santiago creía en la oración. Es más, la tradición nos dice que pasaba tanto tiempo en oración que sus rodillas se habían endurecido y encallecido. Dios obra eficazmente mediante la oración, pero esta debe proceder de un corazón limpio y consagrado. Santiago usa a Elías como el ejemplo del poder de la oración; véase 1 Reyes 17ss. «Pasiones semejantes» (v. 17) quiere decir: «con una naturaleza como la de otros hombres»; véase Hechos 14.15. No fueron los dones naturales de Elías lo que lo hicieron un gran hombre de oración; fue su consagración y fe.

IV. Son persistentes en ganar almas (5.19,20)

Podemos ensimismarnos tanto en nuestras pruebas que nos olvidamos de las necesidades de los perdidos y de los creyentes que se han descarriado. El significado básico de estos versículos es que los santos deben procurar traer a los hermanos descarriados de regreso al Señor. «Hacerle volver» simplemente significa «hacerle regresar» (Lc 22.32). Cuán fácil es para un santo ser seducido a apartarse de la verdad. Los cristianos desobedientes están en peligro de seria disciplina, incluso de muerte (1 Co 11.30). Debemos buscarlos con amor y ayudarles en la restauración (Gl 6.1). Cuando lo hacemos así, los rescatamos de la muerte (la disciplina de Dios) y, en amor, vemos sus pecados cubiertos (véase 1 P 4.8).

Pero también podemos aplicar estos versículos a los perdidos. Conforme vemos que el regreso de Cristo se acerca, ¡cuánto necesitamos dedicarnos a testificar! El cristiano que realmente cree en la venida de Cristo no puede evitar anhelar ganar a otros.

1 y 2 PEDRO

Bosquejo sugerido de 1 Pedro

Saludo (1.1,2)

I. La gracia de Dios en la salvación (1.3–2.10)
   A. Vivir en esperanza (1.3-12)
   B. Vivir en santidad (1.13-21)
   C. Vivir en armonía (1.22–2.10)

II. La gracia de Dios en la sumisión (2.11–3.12)
   A. Sometimiento a las autoridades (2.11-17)
   B. Sometimiento a los amos (2.18-25)
   C. Sometimiento en el hogar (3.1-7)
   D. Sometimiento en la iglesia (3.8-12)

III. La gracia de Dios en el sufrimiento (3.13–5.11)
   A. Haga de Cristo el Señor de su vida (3.13-22)
   B. Tenga la actitud de Cristo (4.1-11)
   C. Glorifique el nombre de Cristo (4.12-19)
   D. Espere la venida de Cristo (5.1-6)
   E. Dependa de la gracia de Cristo (5.7-11)

Despedida (5.12-14)

Bosquejo sugerido de 2 Pedro

I. Explicación: El conocimiento de Cristo (1)
   A. Este conocimiento es dado (1.1-4)
   B. El crecimiento en conocimiento (1.5-11)
   C. Las bases para el conocimiento (1.12-21)

II. Examen: Los falsos maestros (2)
   A. Su condenación (2.1-9)
   B. Su carácter (2.10-17)
   C. Sus declaraciones (2.18-22)

III. Exhortación: El verdadero cristiano (3)
   A. Amados[...] que tengáis memoria (3.1-7)
   B. Amados, no ignoréis (3.8-10)
   C. Amados[...] procurad con diligencia (3.11-14)
   D. Amados[...] guardaos (3.15-18)

Notas preliminares a 1 y 2 Pedro

I. Autor

El apóstol Pedro es el autor de las dos cartas que llevan su nombre. Al escribir estas cartas Pedro continuaba cumpliendo el mandamiento que Cristo le dio de «apacentar» sus corderos y ovejas (Jn 21.15-17). La «Babilonia» de 1 Pedro 5.13 quizás sea Roma (véase Ap 17.5,18), adonde Pedro fue poco antes de su muerte para ministrar a las iglesias que sufrían (2 P 1.12-15). No hay evidencia bíblica ni histórica de que Pedro fundó la iglesia de Roma y sirvió como su «obispo» por veinticinco años, como afirma la tradición. Había varias congregaciones en Roma cuando Pablo escribió Romanos (véase especialmente Ro 16, en la cual se mencionan varios «grupos en casas»). Pablo mismo nunca hubiera ido a Roma a ministrar si Pedro hubiera estado allí primero. La norma de Pablo era ir a lugares a donde ningún otro apóstol había ido (Ro 15.20).

II. Situación

Nerón empezó una terrible persecución contra los cristianos en octubre del año 64 d.C. Fue más severa en la misma Roma, en donde Nerón quemaba vivos a los cristianos para iluminar sus jardines por la noche. Algunos estudiosos creen que Pablo fue puesto en libertad en la primavera del año 64 y viajó a España (Ro 15.28) dejando a Pedro para que ministrara a los creyentes en la ciudad. Se menciona a Silas y Marcos junto con Pedro (1 P 5.12,13), de modo que Pablo debe haberlos dejado y viajado a España con otros compañeros. Nerón quemó a Roma en julio y empezó su persecución en octubre.

Pedro sabía que el «fuego de prueba» (4.12ss) se esparciría desde Roma a las provincias romanas y quería animar a los santos allí. Pablo no estaba cerca para hacerlo, de modo que Pedro escribió estas dos cartas, inspirado por el Espíritu Santo, a las iglesias que Pablo había fundado en el Asia Menor (1 P 1.1; 2 P 3.1). Estos creyentes ya habían enfrentado persecuciones locales y personales (1 P 1.6,7; 3.13-17), pero Pedro quería que se alistaran para las severas pruebas que se avecinaban (4.12ss; 5.9,10).

Una lectura cuidadosa de 1 Pedro y Efesios (la cual también fue escrita a los santos del Asia Menor) muestra más de cien similitudes en enseñanza y expresiones. Es como si el Espíritu nos estuviera diciendo que Pedro y Pablo concordaban en las verdades espirituales; es más, Pedro mismo señala los escritos de Pablo (2 P 3.15,16, que tal vez se refiera a Hebreos). Compárense las dos doxologías (Ef 1.3 y 1 P 1.3), por ejemplo. Las siguientes son algunas de las similitudes: 1 Pedro 1.12 / Efesios 3.5,10; 1 Pedro 2.2 / Efesios 4.13,15; 1 Pedro 4.10 / Efesios 4.7,11; 1 Pedro 4.11 / Efesios 3.6,21.

III. Tema

El tema principal de 1 Pedro es la gracia (5.12); es más, se usa la palabra «gracia» en cada capítulo: 1.2,10,13; 2.19,20 (donde «aprobado» puede traducirse también como «gracia», del original en griego); 3.7; 4.10; 5.5,10,12. El objetivo de Pedro es testificar de la suficiencia de la gracia de Dios. A Pedro lo arrestaron y sometieron a juicio después de escribir su primera carta; y la segunda la escribió mientras esperaba la ejecución (2 P 1.13-21). El tema de la segunda carta es la seguridad que viene del conocimiento. Pedro vio el peligro de la falsa doctrina en la iglesia y advirtió a los creyentes a guardarse (3.17). En otras palabras, las dos cartas juntas enfatizan los peligros que enfrentaba la iglesia: Satanás podía venir como un león para devorar con persecución (1 P) o como una serpiente para engañar con falsa doctrina (2 P). Satanás es un mentiroso y homicida (Jn 8.44,45). El cristiano puede estar seguro de que la gracia de Dios le sacará adelante en medio de las feroces pruebas; y su conocimiento de la verdad vencerá a los falsos maestros que se levantarán en la iglesia (2 P 2). Estas palabras resumen las dos cartas: 1 Pedro, gracia; 2 Pedro, conocimiento. Pedro nos insta a crecer tanto en la gracia como en el conocimiento (2 P 3.18).

1 PEDRO 1

El saludo en los versículos 1-2 identifican al escritor como Pedro, un apóstol (alguien enviado con una comisión). No afirma tener ningún otro título, ni aquí ni en 5.1ss. Sus lectores son «expatriados», o sea, «extranjeros residentes» en una tierra foránea. Esto era cierto políticamente, porque eran judíos lejos de su tierra natal; pero también era cierto espiritualmente, porque su ciudadanía estaba en los cielos (Flp 3.20). «Dispersión» es lo mismo que «esparcidos», como el agricultor esparce las semillas. Los creyentes son la simiente de Dios (Mt 13.38) y Él los planta donde quiere. Algunas veces usa la persecución para esparcir la semilla (Hch 8.1; 11.19ss). El versículo 2 bosqueja el plan de salvación: somos elegidos por el Padre, separados para la fe por el Espíritu y limpiados por la sangre de Cristo. El Padre nos escogió en Cristo antes de la fundación del mundo (Ef 1.4); el Hijo nos salvó cuando murió por nosotros; pero fue necesario que nos estregáramos al Espíritu para sellar la transacción.

Pedro ahora describe cómo deben vivir los creyentes en este mundo hostil:

I. Vivir en esperanza (1.3-12)

La persona no salva vive «sin esperanza» (Ef 2.12); el creyente, sin embargo, goza de una esperanza viva porque tiene un Salvador que vive. Cristo es nuestra Esperanza (1 Ti 1.1) y esperamos que regrese pronto. El cristiano no trabaja para lograr esta esperanza; es una parte de sus derechos por nacimiento espiritual. Hemos renacido (Jn 3.5) para esta esperanza viva.

Esta esperanza no sólo es viva; es una esperanza duradera (vv. 4-5). Está reservada en los cielos, donde no se puede podrir («incorruptible»), ni contaminar, ni perder su belleza y deleite. Pero no sólo es la esperanza reservada; el creyente también es guardado (como por un soldado) por el Señor. Somos guardados por el poder de Dios debido a la fe que hemos depositado en Él. La seguridad eterna no se basa en la fe de los hombres, sino en la fidelidad de Dios. El creyente es salvado; está siendo salvado diariamente (mediante la santificación); y será salvado por completo cuando Cristo vuelva (Ro 8.15-25). El fin (completar, perfección) de nuestra fe será la salvación completa del creyente (v. 9), quien heredará un nuevo cuerpo.

Sin embargo, hasta que Cristo regrese el creyente debe atravesar pruebas. Una fe que no se puede probar no es confiable. Nuestro sufrimiento es nada más que «por un poco de tiempo», según el Señor lo ve («si es necesario», v. 6); pero la gloria será para siempre. El versículo 7 compara la prueba de nuestra fe con la del oro. La palabra «prueba» significa «aprobación». La comparación que sugiere el Dr. Kenneth Wuest es que el minero trae una muestra para que sea probada. El examinador le extiende un certificado que indica que la muestra contiene oro. El certificado es la aprobación de la muestra y ese papel vale mucho más que la pequeña muestra que se analizó.

Nuestra fe se prueba de la misma manera, con una «muestra»; y la aprobación de nuestra fe significa que hay un sinfín de riquezas más adelante. El sufrimiento que soportamos aquí resultará en más gloria cuando Cristo venga. Sabiendo esto, le amamos más.

En los versículos 10-12 Pedro nos recuerda que los profetas del AT hablaron de esta salvación que disfrutamos. No comprendieron por completo, sin embargo, el tiempo ni las circunstancias en las cuales aparecerían. Vieron la cruz y el reino, pero no percibieron por anticipado el «valle» entre los dos, esta presente edad de la Iglesia.

II. Vivir en santidad (1.13-21)

La bendita esperanza debe hacernos vivir en santidad (1 Jn 3.1-3). Debemos «reunir nuestros pensamientos» y no dejarlos que vuelen libres (véase Éx 12.11). Otro motivo para la vida santa es el mandamiento de la Palabra (Lv 11.44; 19.2; 20.7). «Santo» no significa perfección sin pecado, pues de todas maneras es una condición imposible en esta vida (1 Jn 1.8-10). Significa separado, apartado para Dios. Si somos hijos de Dios, debemos ser como nuestro Padre.

Un tercer motivo para una vida santa es el juicio de Dios (v. 17). Dios castiga a sus hijos hoy y prueba sus obras en el tribunal de Cristo (1 Co 3.1ss). Dios no tiene «favoritos», sino que trata a todos sus hijos por igual.

Los versículos 18-21 nos dan un cuarto motivo para la vida consagrada: el precio que Cristo pagó en la cruz. Antes de ser salvos la vida era vacía y sin significado («vana», v. 18); pero a través de Él ahora están completas y felices. Nuestra salvación no fue comprada con dinero; requirió la sangre de Jesucristo, el Cordero de Dios sin mancha (Jn 1.29). Dios planificó su muerte edades antes de que nosotros siquiera hayamos nacido; sin embargo, ¡Dios, en su gracia, nos incluyó en ese plan! Cuán agradecidos debiéramos estar y qué mejor manera de mostrar nuestra gratitud que rendirnos por completo a Él (1 Co 6.15-20).

III. Vivir en armonía (1.22-25)

La salvación nos da una esperanza viva, un deseo por una vida santa y una maravillosa comunión con el pueblo de Dios. El Espíritu de Dios nos amó y nos trajo a Cristo; este mismo Espíritu ha derramado en nosotros amor por el pueblo de Dios (Ro 5.5; véase 1 Jn 3.16ss). En el versículo 22 Pedro usa dos palabras para referirse al «amor»: una que significa amor fraternal y otra amor divino *(ágape)*. El cristiano posee amor fraternal; pero necesita ejercer energía espiritual y amar a otros de la manera que Dios le amó. Incluso las personas no salvas pueden mostrar amor fraternal; es necesario un cristiano, controlado por el Espíritu, para mostrar el amor *ágape*.

A Pedro le agrada la expresión «renacer»; la usa en 1.3 y 1.23. Somos renacidos mediante la misericordia de Dios para una esperanza viva y somos renacidos por la Palabra para un amor por el pueblo de Dios. Compara a la

Palabra con la semilla, así como Jesús lo hace en la parábola del sembrador (Mt 13.1-9,18-23). Como una semilla, la Palabra es pequeña y al parecer insignificante, pero tiene en sí vida y poder. La Palabra debe plantarse para que haga algún bien; pero cuando se planta en el corazón, produce fruto. La Palabra de Dios es eterna y el fruto que produce es eterno; pero las cosas de la carne no durarán. En los versículos 24-25 Pedro se refiere a Isaías 40.6-8. ¡Cualquier cosa que hagamos en obediencia a la Palabra de Dios durará para siempre! Pero cualquier cosa que hagamos con el poder de la carne se verá hermoso por un tiempo, pero luego morirá.

La armonía cristiana es una bendición para el Señor, la iglesia y los mismos creyentes (Sal 133). Si cada creyente obedece la Palabra y practica el amor, habrá armonía.

1 Pedro 2

El «pues» del versículo 1 conecta esta sección con el tema de 1.23: «siendo renacidos». El pensamiento clave de 2.1–3.7 es la sumisión (2.13,18; 3.1,5).

I. Nuestros privilegios celestiales (2.1-10)

A. *Hijos de la familia de Dios (vv. 1-3).*

La frase «niños recién nacidos» es la misma que se usa para el niño Jesús en Lucas 2.16. El nuevo creyente es un bebé que necesita leche (1 Co 3.1-3; Heb 5.13,14). Es más, una de las evidencias de la vida espiritual es el hambre de alimento espiritual, la Palabra de Dios. No debemos seguir siendo niños en Cristo, sino que así como el bebé tiene gran apetito, nosotros debemos tener similar deseo por la Palabra de Dios. A medida que crecemos en el Señor debemos incluir carne y pan en nuestra dieta espiritual (Mt 4.4). Nos convertimos en «jóvenes» y «padres» en la familia (1 Jn 2.12-14). Nuestro alimento debe ser la Palabra no adulterada, no una mezclada con filosofías y doctrinas humanas (2 Co 2.17). Una vez que hemos saboreado las bendiciones del Señor (Sal 34.8), queremos abandonar los viejos pecados de la carne: malicia, engaño, hipocresías, envidias, etc., y cultivar un apetito por la Palabra de Dios.

B. *Piedras en el templo de Dios (vv. 4-8).*

Pedro jamás dijo ser «la roca» sobre la cual está edificada la Iglesia (Mt 16.18); claramente afirma que Cristo es la Piedra (v. 4). Cristo fue rechazado por los hombres, pero escogido por Dios. Lea con cuidado Mateo 21.33.46, Isaías 28.16, Hechos 4.11 y Salmo 118.22,23. Los creyentes son piedras vivas edificadas sobre la Piedra Viva (1.3), formando un templo espiritual para la gloria de Dios (Ef 2.19-22). También somos sacerdotes en este templo, ofreciendo sacrificios espirituales a través de Cristo (véase Heb 13.15, 16). Cristo, la Piedra, es rechazado por los hombres; pero el que cree en Él no será avergonzado. Los incrédulos tropiezan con esta Piedra y un día ella los destrozará; pero para nosotros, Él es precioso.

C. Ciudadanos de una nueva nación (vv. 9-10).
La Iglesia es «el pueblo de Dios», su nación santa, su «Israel» (véanse Éx 19.6; Gl 6.16). Esto no quiere decir que las promesas del AT no se cumplirán literalmente para los judíos en el reino, sino más bien que la Iglesia hoy es para Dios lo que Israel fue para Él en el antiguo pacto, en un sentido espiritual. Puesto que Cristo es nuestro Rey-Sacerdote, somos un sacerdocio real. «Adquirido» (v. 9) significa «para la posesión propia de uno» (Ef 1.14). Es un gran privilegio ser un hijo de Dios y tener ciudadanía en el cielo (Flp 3.10).

II. Nuestras responsabilidades terrenales (2.11-25)

A. Sometimiento a las ordenanzas (vv. 11-17).
Como peregrinos y extranjeros (extraños y exiliados) podemos pensar que no tenemos ninguna responsabilidad hacia el gobierno humano, pero Pedro nos dice que tenemos una obligación incluso mayor para obedecer las leyes. El mundo no salvo observa al cristiano; por consiguiente, mediante el poder del Espíritu debemos abstenernos de los pecados. Nuestra conducta («manera de vivir», v. 12) debe ser honesta (decente, apropiada), porque esta es la única manera de silenciar su charla malévola. El versículo 12 enseña que nuestras buenas obras pueden ayudar a conducir a los perdidos a Cristo y ellos alabarán a Dios en el día que Él los visite y los salve. Aunque tal vez no les tengamos respeto a los que están en posición de autoridad, debemos respetar el oficio que representan y obedecer las leyes. Sí, el cristiano es libre, pero su libertad no es libertinaje (Gl 5.18). Léase en Romanos 13 el consejo que Pablo da sobre este asunto.

B. Siervos y amos (vv. 18-25).
Pedro habla aquí a los siervos que eran salvos y miembros de las iglesias locales. Véanse Efesios 6.5-8 y Colosenses 3.22. Es interesante notar que ni Pedro ni Pablo atacan la esclavitud como institución. Más bien animan a los esclavos a ser cristianos devotos y a obtener su libertad si podían.

Los siervos deben mostrar sumisión y reverencia a sus amos, incluso si estos son irrazonables y difíciles de tratar. Este mismo principio se aplica a los trabajadores de hoy. A menudo los supervisores inconversos tratan de «señorear» sobre los empleados cristianos y perseguirlos de diferentes maneras. Lo más fácil de hacer es desquitarse, pero esto es un método equivocado. Pedro explica que todo el mundo, salvos o perdidos, puede y debe soportarlo si el castigo es por sus faltas. Sólo un cristiano puede hacer bien y «soportarlo» si sufre injustamente. Nótese esa importante palabra: «injustamente», porque Pedro no nos dice que busquemos excusas para sufrir. Habla sobre el sufrimiento por el nombre de Cristo (véase Mt 5.9-12), sufrimiento cuando no hemos hecho nada malo, sino que hemos dejado que brille nuestra luz.

La palabra griega para «aprobación» y «aprobado» en los versículos 19-20 es la misma que se usa para «gracia». ¿Qué gracia se muestra si soportamos sufrimiento por nuestras faltas? Se necesita gracia verdadera para soportar cuando uno hace bien pero de todas maneras se nos trata mal. Véase Lucas 6.32-36.

Pedro da la «conciencia delante de Dios» (v. 19) como una razón por la cual los cristianos sufren injustamente. En el versículo 21 da una segunda razón: los cristianos han sido llamados a sufrir. No debemos esperar que nuestras vidas sean un lecho de rosas, ni debemos sorprendernos cuando vengan las pruebas (4.12ss). Jesús prometió que sus seguidores serían perseguidos por causa de su nombre.

Pedro entonces señala a Cristo como nuestro ejemplo en el sufrimiento. No enseña que somos salvos por seguir a Cristo. ¡El pecador está muerto y un muerto no puede seguir a nadie! En sus sufrimientos sobre la tierra Cristo es nuestro ejemplo de cómo soportar y glorificar a Dios. Pedro fue testigo de los sufrimientos de Cristo (5.1); sabía que su Señor no había cometido pecado alguno y que lo condenaron injustamente. En palabra, actitud y obra nuestro Señor sentó un ejemplo perfecto para que sigamos. No discutió; no se desquitó; no insultó a sus acusadores después que le insultaron. Simplemente se encomendó a su Padre y le dejó el resultado a Él. Puesto que Jesús vive en nosotros (Gl 2.20), nos puede capacitar para actuar como Él actuó cuando el mundo nos persiga.

De nuevo Pedro nos lleva a la cruz (vv. 24-25), recordándonos que Cristo murió por nosotros y que nosotros morimos con Él (Ro 6). Nuestra identificación con Cristo en su muerte (2.24) y en su resurrección (1.3) hace posible que vivamos en rectitud. Hemos sido sanados de la enfermedad del pecado mediante su sacrificio en la cruz. El versículo 24 se refiere a la sanidad del alma en el perdón de los pecados.

El cuadro del pastor y las ovejas (v. 25) debe haber significado mucho para Pedro, puesto que había oído a Jesús enseñar sobre el Buen Pastor (Jn 10) y puesto que Cristo le había ordenado que apacentara sus ovejas (Jn 21). El pecador perdido es una oveja descarriada (Is 53.6; Lc 15.3-7); pero Cristo, el Pastor, le busca y le salva. La palabra «obispo» (v. 25) significa «supervisor»; Cristo nos salva, luego nos vigila para guardarnos del mal.

Pedro ha llenado este capítulo con impactantes imágenes del creyente. Somos bebés alimentándonos de su Palabra; piedras en el templo; sacerdotes en el altar; generación escogida; pueblo adquirido; nación santa; el pueblo de Dios; extranjeros y peregrinos; discípulos siguiendo el ejemplo del Señor; y ovejas que cuida el pastor. La vida cristiana es tan rica y plena que se necesita de todas estas comparaciones y muchas más para mostrar cuán maravillosa es.

1 Pedro 3

Pedro continúa el tema de la sumisión (3.1,5,22) y muestra que el cristiano debe estar sujeto en tres áreas de la vida.

I. Sumisión en el hogar (3.1-7)

A. El esposo no salvo.

Pedro se refiere a un hogar dividido. Después de casada, la mujer llega a confiar en Cristo, pero el esposo no es creyente. Pedro describe cómo la esposa puede ganar al marido para el Señor.

B. La esposa cristiana.

Debe estar sujeta a su marido y mostrarle honor y respeto (Ef 5.22; Col 3.18). No debe hostigarlo ni predicarle, sino vivir una vida tan devota que su esposo pueda ser ganado para Cristo «sin palabra», o sea, sin predicación ni alegatos. Los seres queridos no salvos observan nuestra vida; si reflejamos a Cristo, podemos ganarlos.

Su conducta debe ser pura (casta) y su atención debe centrarse en la persona interior y no en la apariencia externa. Pedro no prohíbe que las mujeres usen joyas; lo que prohíbe es ir a extremos mundanos simplemente para «andar a la moda». Véase 1 Timoteo 2.9-12. «Peinados ostentosos» (v. 3) quiere decir los peinados exagerados, entretejiendo decoraciones de oro y cosas por el estilo. «Vestidos» (v. 3) se refiere a ropas decorativas en particular, las «cosas adicionales extravagantes» que llaman la atención. Las mujeres cristianas pueden ser atractivas sin ser mundanas. Es más, las modas ostentosas que el mundo acostumbra mucho a vestir, abochornaría a la mujer cristiana devota y haría difícil su testimonio.

La verdadera belleza viene desde adentro (v. 4). Pedro usó a Sara, la esposa de Abraham, como ejemplo. Ella era una mujer hermosa, por cuanto varios reyes trataron de quitársela a su marido; sin embargo, fue devota al Señor y a su esposo. Génesis 18.12 indica que incluso llamaba a Abraham mi «señor». No era esclava, por supuesto; más bien, estaba expresando su sumisión basada en el amor. Cuando una cristiana es fiel al Señor y a su esposo nunca tendrá temor de lo que pudiera pasar, porque Dios gobernará e invalidará las amenazas. La palabra «amenazas» en el versículo 6 significa «terror».) Por supuesto, una mujer cristiana nunca debe casarse con un hombre que no es digno de su amor y respeto.

C. Vivir como un esposo cristiano.

«Igualmente» (v. 7) indica una actitud similar de amor y respeto de parte del esposo. El matrimonio es una relación mutua. Los esposos no deben quedarse en la ignorancia, sino que deben crecer en el conocimiento del Señor y de su cónyuge. El esposo debe honrar a su esposa. Ellas son coherederas de la gracia de la vida, lo que sugiere que los hijos son herencia del Señor. Si hay disparidades entre los cónyuges cristianos, serán estorbadas sus oraciones;

provocarán problemas en el hogar. Pedro da por sentado que los cónyuges no sólo viven juntos; ¡también oran juntos!

II. Sumisión bajo el sufrimiento (3.8-14)

El versículo 8 describe el amor entre cristianos en la iglesia; lo contrasta con el conflicto que se encuentra en Santiago 4. En los versículos 9-14, Pedro se refiere a los cristianos que sufren en el mundo. Este es el sufrimiento que día tras día soportamos, no la «prueba de fuego» del sufrimiento especial que aparece más tarde (4.12ss). ¿Cómo deben los cristianos actuar cuando el mundo los persigue?

A. Deben ser una bendición (v. 9).

Lea Lucas 6.22-28. Vencemos el odio al mostrar amor. La mejor manera de enfrentar al calumniador y al perseguidor es con paciencia y gracia. ¡Deje que el Señor haga el resto!

B. Deben mantenerse limpios (vv. 10-11).

Se refiere al Salmo 34.12-16. «El que quiere amar la vida» es una excelente traducción del versículo 10. «Apartarse» significa «evadir» y «seguir» significa «procurar alcanzarla».

C. Deben recordar que Dios está vigilando (vv. 12-14).

Dios ve los problemas y oye nuestros clamores. Sabe cómo enfrentarse a quienes nos persiguen por su causa. En lugar de quejarnos debemos regocijarnos de que sufrimos por su causa (Mt 5.11,12; Hch 5.41).

III. Sujeción a Cristo (3.15-22)

«Santificad a Dios como Señor» es una traducción mejor del versículo 15. Póngalo en el trono de su corazón. Si Él controla nuestras vidas, siempre tendremos una respuesta cuando nos pregunten respecto a la esperanza que tenemos en Él (Mc 13.11). Un corazón rendido y una buena conciencia, nos darán paz cuando nos acusen falsamente.

Los pecadores pueden acusarnos, pero Dios conoce el corazón; y nosotros tememos a Dios, no a los hombres (Is 8.12,13). De nuevo Pedro les recuerda los sufrimientos de Cristo, que fue acusado falsamente y sin embargo dejó el asunto en las manos del Padre.

El misterio de los «espíritus encarcelados» (vv. 19-20) ha dejado perplejos a los estudiosos por muchos años, y no todos los intérpretes concuerdan sobre lo que significa. Sólo tenga presente la lección principal de este pasaje: Cristo sufrió injustamente, pero Dios le honró y le dio gloria (v. 22). El resto de este pasaje describe principalmente la buena conciencia del creyente delante de Dios. En cuanto a los problemas que surgen de las otras partes del pasaje, se han dado varias explicaciones. Algunos sugieren que Cristo dio a los muertos en el infierno una segunda oportunidad de salvación, pero esto es contrario a lo que enseña el resto de la Biblia. Otros sugieren que Pedro sólo dice que el mismo Espíritu Santo que levantó a Cristo de los muertos (v.

18) predicó mediante Noé y que Cristo, entre su muerte y su resurrección, visitó los espíritus de estas personas perdidas en prisión (el mundo de los muertos) y anunció su victoria. No se explica por qué Jesús visitó a estos hombres y no a otros.

Una buena explicación, sin embargo, es que los «espíritus encarcelados» son los ángeles caídos de Génesis 6, que convivieron con las hijas de los hombres yendo «en pos de vicios contra naturaleza» como lo explica Judas 6-7. La palabra «encarcelados» en el versículo 19 hace referencia al lugar de juicio mencionado en 2 Pedro 2.4: «prisiones de oscuridad». Fue esta violación de la orden de Dios lo que contribuyó a que viniera el diluvio, lo cual explica por qué Pedro menciona a Noé. Nótese también que el tema de Pedro es la sujeción de los ángeles a Cristo (v. 22). Estos ángeles caídos no estuvieron sujetos a Él y por consiguiente fueron juzgados.

Entre su muerte y resurrección Cristo visitó a estos ángeles en prisión y anunció su victoria sobre Satanás. La palabra «predicó» en 3.19 significa «anunciar» y no «predicar el evangelio». Jesús anunció la condenación de ellos y la victoria que tenía sobre todos los ángeles y autoridades. Es muy probable que en este tiempo Cristo «llevó cautiva la cautividad» (Ef 4.8), rescató las almas piadosas que moraban en el Hades (véase Lc 16.19-31) y las llevó al cielo consigo. No hay ningún indicio aquí de que alguien haya tenido una segunda oportunidad de ser salvo después de la muerte.

Pedro entonces liga a Noé al tema del bautismo. El diluvio fue en realidad un bautismo global de agua; el mundo está ahora reservado para un bautismo global de fuego (2 P 3.5-7). Pedro no dice que el bautismo nos salva ni que el agua lave pecados. Es más, deja en claro que el bautismo no puede quitar la inmundicia de la carne. La sumisión al Señor en el bautismo es una cuestión interna, la respuesta de una buena conciencia delante de Dios. El bautismo es un cuadro de muerte, sepultura y resurrección. El bautismo de Cristo en agua que realizó Juan el Bautista fue un símbolo del bautismo del Señor en su sufrimiento en la cruz (Lc 3.21,22; 12.50). Cristo mismo designó a Jonás como señal de su muerte, sepultura y resurrección. El agua que sepultó al mundo perverso condujo a Noé a la seguridad. El agua no lo salvó; lo hizo el arco iris. De esta manera Noé mostró de antemano la muerte, sepultura y resurrección de Cristo. Nótese también que Noé envió una paloma; y cuando Cristo fue bautizado, una paloma vino y se posó sobre Él.

Este es un pasaje complejo, de modo que tenga presente las lecciones principales: (1) Cristo es Señor de todos y debemos someternos a Él; (2) una buena conciencia nos fortalece en la prueba; (3) el bautismo cristiano, ilustrado por el diluvio, es un cuadro de la muerte, sepultura y resurrección, pero no salva el alma. El bautismo es importante porque indica nuestra sumisión al Señor.

1 PEDRO 4

Los capítulos 4 y 5 analizan la gracia de Dios en el sufrimiento. Pedro ya se ha referido al sufrimiento cotidiano que enfrenta el cristiano (por ejemplo: reproche, acusaciones); pero ahora les dice a sus lectores que el «fuego de prueba» de la persecución oficial está a punto de caerles encima. En este capítulo da tres maravillosos y benditos beneficios que pueden venir a los cristianos cuando estos atraviesan sufrimiento en la voluntad de Dios.

I. El sufrimiento purifica al santo (4.1-6)

Cuando la vida es fácil nos deslizamos y caemos en el descuido y el pecado; pero el sufrimiento cambia nuestros valores y metas. El «fuego de prueba» es un horno que purifica el oro y permite que Dios elimine la escoria (Sal 66.10). Esto es lo que hace el sufrimiento por nosotros:

A. *Nos identifica con Cristo (v. 1).*

Él sufrió por nosotros para poder salvarnos del pecado. Cuando nosotros sufrimos por Él y con Él, aprendemos a detestar el pecado y a amarle más. Pedro les anima a tener «el pensamiento de Cristo» y a que se den cuenta de que su identificación con Cristo significa victoria sobre el pecado. Esta es la versión de Pedro de Romanos 6.

B. *Nos recuerda que la vida es corta (vv. 2-3).*

Damos la vida por sentado hasta que tenemos que sufrir, y entonces nuestros valores cambian. ¡Qué necio es que el cristiano desperdicie «el tiempo que resta» corriendo con el mundo y pecando! Hay una mejor manera. Antes que vivir en la voluntad de hombres pecadores, debemos vivir en la voluntad de Dios.

C. *Enfoca el juicio divino (vv. 4-6).*

El cristiano vive de acuerdo al juicio de los hombres o por el juicio de Dios. El mundo piensa que es extraño que ya no nos unamos a ellos en el pecado y hablan mal de nosotros. Pero su ultraje no nos perturba; Dios los juzgará algún día. Ellos darán cuenta a Dios. El versículo 6 pudiera parafrasearse de la siguiente manera: «Hay personas muertas físicamente ahora, pero vivas con Dios en el espíritu con que fueron juzgadas por el mundo. Pero oyeron el evangelio antes de morir y creyeron. Sufrieron y murieron debido a su fe, ¡pero están vivos con Dios! Es mejor sufrir por Cristo e ir a estar con Dios, que seguir al mundo y estar perdido». No hay conexión entre 4.6 y 3.19-20, ni tampoco hay aquí ninguna sugerencia de una segunda oportunidad para el perdido después de la muerte.

Para los cristianos es importante «armarse» de la misma actitud hacia el mundo, el pecado y el sufrimiento que Jesús tuvo mientras estaba en la tierra. Si enfrentamos el sufrimiento sin una actitud espiritual, en lugar de purificarnos nos amargará.

II. El sufrimiento unifica a la iglesia (4.7-11)

Pedro repite la exhortación: «Sed, pues, sobrios» (véanse 1.13 y 5.8). Les recuerda que Cristo viene pronto (5.4) y que, en medio del sufrimiento, los santos tienen responsabilidades el uno hacia el otro. Orar es una de ellas; lo mismo que el ferviente amor; la palabra «ferviente» aquí significa «extendido». El amor cristiano nunca llega al punto de romperse. Ya es demasiado malo cuando el mundo acusa a los santos; así que estos no deben acusarse los unos a los otros. El amor ayudará a cubrir los pecados de los santos. El amor no limpia el pecado, pero sí cubre el pecado siempre que no ande por todas partes hablando de los pecados de otros.

Pedro exhorta a estos cristianos tanto a abrir sus hogares como sus corazones. La hospitalidad cristiana es una bendición olvidada en la iglesia moderna y necesitamos restaurarla.

Por último, los cristianos necesitan servir al Señor a pesar de la persecución, ministrando sus dones como buenos administradores de la multiforme gracia de Dios. La palabra que se traduce «multiforme» también significa «multicolor, variada». La gracia de Dios puede satisfacer cualquier necesidad o combinarse con cualquier «color» que pudiera venir a la vida. Dios nos da los dones y la fuerza para usarlo todo para su gloria.

III. El sufrimiento glorifica al Señor (4.12-19)

A. *Esperen pruebas (v. 12).*

Las pruebas no son extrañas en la vida cristiana; debe esperárselas. Las pruebas que son parte de la voluntad de Dios no son advertencias de que estamos desobedeciéndole; son las herramientas de Dios para perfeccionar a los suyos.

B. *Regocíjense en las pruebas (vv. 13-14).*

Cuando las pruebas vienen, sufrimos por su causa y participamos del sufrimiento con Él. Véanse Filipenses 1.29 y 3.10. El sufrimiento que soportamos ahora no es sino un preludio de la gloria que disfrutaremos en su venida. Todavía más, el Espíritu de Dios «reposa con poder refrescante» (traducción literal del versículo 14) sobre el creyente que sufre. Cuando echaron a los tres jóvenes hebreos en el horno ardiendo, tenían fe de que Dios podía librarlos (Dn 3.19-30). No sólo los libró, sino que anduvo con ellos.

C. *No se avergüencen en las pruebas (vv. 15-16).*

La ley romana exigía que cada ciudadano jurara su lealtad al emperador. Una vez al año el ciudadano echaba un puñado de incienso en el altar apropiado y decía: «¡César es Señor!» Pero el cristiano confesaba que «¡Jesucristo es Señor!» (véase 3.15). Los creyentes rehusaban inclinarse ante César. Algunas veces el oficial romano escribía el nombre de Cristo en la tierra o en la pared y le pedía al cristiano que escupiera sobre este nombre. Si el cristiano se negaba, lo arrestaban, juzgaban y tal vez mataban. Al llevar el nombre de

Cristo (cristiano) eran puestos en vergüenza ante sus amigos. ¡Pero qué glorioso nombre para llevar! Es el nombre sobre todo nombre.

D. *Testigos en las pruebas (vv. 17-18).*

Si Dios envía pruebas a la iglesia hoy, es evidencia de que un día juzgará a los perdidos. Nosotros tenemos pruebas ahora y gloria más tarde; los perdidos tienen su gloria ahora y su sufrimiento más tarde. ¡El único cielo que el pecador perdido conocerá está aquí en la tierra ahora! Dios empieza su juicio en su casa (la Iglesia); véase Ezequiel 9.6. Si la persecución por el nombre de Cristo no es sino el principio de las pruebas, ¿qué ocurrirá cuando llegue el tiempo para que los perdidos sean juzgados? Los justos (creyentes) se salvan «con dificultad» (v. 18); ¿qué esperanza hay para el incrédulo? Véase Proverbios 11.31.

E. *Encomiéndense a Dios (v. 19).*

La palabra «encomendarse» que se usa aquí es un término bancario; se refiere al acto de dejar una cantidad en depósito para que sea guardada con seguridad. Encaja hermosamente con la ilustración del «oro» en 1.7. Dios envía el fuego de prueba para quemar la escoria y nosotros nos encomendamos a Él para que nos guarde con seguridad, sabiendo que no puede fallarnos. Podemos estar seguros de que Dios «pagará interés» sobre nuestro depósito. Pero nótese que nos encomendamos a hacer el bien; esto es, nos encomendamos a Dios según obedecemos su Palabra. Esta es una rendición diaria y a toda hora, viviendo para complacer a Dios y servir a otros.

Los cristianos atravesarán el fuego de la prueba antes de que Cristo vuelva. La situación mundial no mejorará. Las actitudes hacia los cristianos no mejorarán. El mundo siempre ha aborrecido el nombre de Cristo y continuará detestándolo. Si nos identificamos con el nombre de Cristo, el mundo nos aborrecerá (Jn 15.18-21). Si hacemos componendas, escaparemos de la persecución, pero también nos perderemos la bendición y la gloria de participar de los sufrimientos de Cristo.

1 PEDRO 5

Al concluir esta carta de estímulo, Pedro da tres exhortaciones a los santos. Vemos en este capítulo varias referencias a las experiencias de Pedro en los Evangelios mientras anduvo con Cristo. Pedro presenció los sufrimientos de Cristo (v. 1); fue comisionado para apacentar las ovejas (v. 2 y véase Jn 21.15-17); vio a Cristo vestirse como siervo y humildemente lavar los pies de los discípulos (v. 5 y véase Jn 13); y Pedro sabía lo que era estar desprevenido cuando Satanás andaba al acecho (v. 8 y véase Mc 14.37). Es como si el Espíritu de Dios hurgara en la memoria de Pedro y usara estas experiencias pasadas para testificarles a los santos (véase v. 12). Pedro descubrió que la gracia de Dios era adecuada para él y quería que la iglesia supiera que la gracia de Dios los sostendría también a ellos.

I. Sean fieles (5.1-4)

La exhortación está dirigida principalmente a los pastores. Las palabras «pastor», «obispo» (supervisor) y «anciano» (líder maduro) se refieren al mismo oficio (Hch 20.17,28; 1 Ti 3.2; Tit 1.5-7). Pedro no se puso a sí mismo sobre los otros; más bien se llamó «anciano también con ellos» y deliberadamente se incluyó entre los líderes de la iglesia a los cuales exhortaba. Hubo un tiempo cuando Pedro se hubiera preocupado por su posición en el reino, pero ese tiempo ya había pasado. Pedro sabía que los pastores atravesarían mayor sufrimiento como líderes del pueblo, de modo que los animó de dos maneras: (1) les recordó que Cristo había sufrido por ellos y los sostendría; y (2) les recordó que la gloria siempre sigue al sufrimiento si nos sometemos al Señor. Los dos temas del sufrimiento y la gloria están entretejidos en 1 Pedro.

A. Su ministerio: «Apacentar el rebaño».

Los deberes de los pastores incluyen alimentar, dirigir, estimular, discipular, guardar. El pastor debe asumir la supervisión y ser el líder. ¿Dónde estaría el rebaño si las ovejas dirigen al pastor, o si a cada oveja se le permitiera salirse con la suya?

B. Su motivo: «No por fuerza, sino voluntariamente».

El pastor debe servir al Señor con un corazón dispuesto debido a que ama a Cristo y al rebaño, y no simplemente porque tiene un trabajo que hacer. Nunca debe servir por «ganancia deshonesta» (v. 2), sea esta dinero, prestigio, poder o promoción. Debe estar anhelando trabajar (con ánimo pronto) y no ser ocioso ni perezoso.

C. Su manera: Liderazgo no significa dictadura.

Los pastores son supervisores, no capataces. «Los que están a vuestro cuidado» significa literalmente «la porción que se les ha asignado». Todos los creyentes en una localidad dada son parte de la Iglesia, pero hay pequeños rebaños aquí y allá, bajo la dirección de diferentes ancianos. En ninguna parte del NT se sugiere que todas las iglesias de una población se unan para formar una sola iglesia. Puede haber unidad espiritual sin uniformidad denominacional. Los pastores deben ser ejemplo, puesto que al fin y al cabo la mejor manera de lograr que la gente les siga es mediante el ejemplo personal. El pastor no demanda respeto; lo consigue a través de su vida piadosa y servicio sacrificial.

D. Su recompensa: En el futuro, no hoy.

Habrá gloria en el cielo. Cada pastor debe someterse al Pastor Principal, Jesucristo. Es más importante agradarle y glorificarle a Él que a cualquier otro.

II. Sean humildes (5.5-7)

El versículo 5 se refiere literalmente a los jóvenes en la iglesia, pero podemos aplicarlo a todos los miembros, al seguir estos a sus líderes espirituales (Heb 13.17). Pedro se refiere aquí a aquella noche del Aposento Alto cuando Jesús les lavó los pies a los discípulos. «Revestíos de humildad» (v. 5) significa estar controlado por un espíritu humilde, ser un siervo. Dios resiste a las personas arrogantes, egoístas, pero da gracia a los humildes (Pr 3.34; Stg 4.6). «Humillaos, pues, bajo la poderosa mano de Dios», exhorta. «Permitan que este tiempo de sufrimiento les haga postrarse ante Él y entonces les exaltará cuando vea que están listos». La maravillosa promesa «Él tiene cuidado de vosotros» nos recuerda la noche en la barca cuando los discípulos le preguntaron a Jesús: «¿No te preocupa que vamos a perecer?» (véase Mc 4.38). ¡Por supuesto que Jesús se preocupaba! Satanás hubiera querido que estos cristianos creyeran que el «fuego de la prueba» era evidencia de la indiferencia de Dios; pero Pedro les recuerda que pueden echar «toda vuestra ansiedad» (v. 7) sobre Jesucristo de una vez y por todas.

III. Estén vigilantes (5.8-11)

¡Quién mejor que Pedro para saber respecto al merodear de Satanás! Varias veces Jesús le advirtió a Pedro que Satanás andaba en pos de él, pero Pedro no prestó atención a la advertencia. Demasiados cristianos se han «puesto a dormir», abriendo el camino para que Satanás obre (Mt 13.25,39).

Satanás es un «adversario», lo que quiere decir «uno que acusa en una corte». La palabra «diablo» significa «calumniador». Satanás nos acusa ante Dios (Job 1–2; Zac 3.1-5; Ap 12.10) y usa los labios de los inconversos para acusarnos falsamente (1 P 2.12; 3.16; 4.4,14). Satanás viene ya sea como una serpiente para engañar (Gn 3) o como león para devorar. Es mentiroso y homicida (Jn 8.44).

¿Qué pueden hacer los cristianos para derrotar a Satanás? (1) ¡Estar alertas! Debemos tener nuestros ojos abiertos y no bajar la guardia. Cuando David bajó la guardia y dejó la batalla, cayó en pecado (2 S 11). Cuando Pedro se sintió muy confiado, se durmió y cayó en la trampa de Satanás. (2) ¡Resistir! Esta palabra trae a la mente a un ejército, irguiéndose unido para oponerse al enemigo. Los cristianos deben estar unidos contra Satanás (Flp 1.27-30). Si hay una ruptura en las filas Satanás, tiene una oportunidad para atacar. (3) ¡Creer! Le resistimos en la fe, o sea, confiamos en la victoria de Cristo. Satanás usa mentiras como su principal arma y el creyente debe contrarrestar las mentiras de Satanás con la verdad de Dios. Jesús usó la espada del Espíritu en el desierto (Mt 4). (4) ¡Recordar! Acordarse de que otros cristianos atraviesan las mismas pruebas y que usted no está solo. Si Satanás puede lograr hacernos sentir que estamos solos, que Dios nos ha abandonado, nos desanimará y nos derrotará.

El tema de Pedro ha sido la gracia (5.12), de modo que concluye recordándoles a los santos que su Dios es el Dios de toda gracia. El cristiano tiene «gracia sobre gracia» (Jn 1.16). La vida cristiana empieza con la gracia salvadora (Ef 2.8-10), continúa con la gracia servidora (1 Co 15.9-10) y luego con la gracia santificadora (Ro 5.17; 6.17). Dios también da gracia del sacrificio (2 Co 8.1-9), gracia que canta (Col 3.16), gracia que habla (Col 4.6), gracia que fortalece (2 Ti 2.1) y gracia que sufre (2 Co 12.9). «Él da mayor gracia» (Stg 4.6).

El versículo 10 indica que la gracia es provista mediante las disciplinas de la vida. Dios nos permite sufrir para poder derramar su gracia sobre nosotros. Cuando sufrimos, llegamos a nuestro final y aprendemos a descansar en Él. La gracia se suple sólo a quienes sienten necesidad de Él. Primero sufrimos; luego, según sufrimos, Él nos equipa, nos confirma y pone un fundamento bajo nosotros. Las palabras «os perfeccione» (v. 10) se usan en Mateo 4.21 y llevan la imagen de remendar una red. La palabra griega significa «equipar para el servicio». El sufrimiento no sólo ayuda al cristiano a crecer, sino que también le prepara para el servicio futuro. Algunas veces la mejor manera que Dios tiene para «remendar nuestras redes» es ponernos a atravesar sufrimiento.

En su conclusión (5.12-14), Pedro indica que Silas y Marcos están con él. Silas fue uno de los compañeros de Pablo (Hch 15.22ss); pero si, tal como suponemos, Pablo no estaba en Roma, es de esperarse que Pedro y Silas trabajaran juntos. La presencia de Juan Marcos indica que el «antiguo desacuerdo» que involucró a Bernabé, Marcos y Silas, ya estaba perdonado y olvidado. «Babilonia» (v. 13) tal vez sea un nombre en código para Roma; aunque algunos eruditos piensan que Pedro escribió desde la antigua Babilonia.

2 Pedro 1

La palabra clave en 2 Pedro es «conocimiento», y el peligro respecto al cual Pedro escribe es la enseñanza falsa. En 1 Pedro se describe a Satanás como un león rugiente, porque el tema de la carta es la feroz persecución que estaba a punto de sobrevenirles a los santos. Pero en 2 Pedro Satanás es una serpiente buscando engañar (véase Jn 8.44,45). La enseñanza falsa dentro de la iglesia es mucho más peligrosa que la persecución externa (véase Hch 20.28-32). La persecución siempre ha limpiado y fortalecido a la iglesia; la enseñanza falsa la debilita y arruina su testimonio. La única arma para luchar contra la enseñanza falsa y las mentiras del diablo es la Palabra de Dios, y por eso Pedro enfatiza el conocimiento espiritual.

I. El don de conocimiento (1.1-4)

La salvación es una experiencia personal; uno llega a conocer a Jesucristo mediante la fe. Nótese la definición que Cristo da de la salvación en Juan 17.3. No es suficiente conocer acerca de Cristo; debemos conocerle personalmente (Flp 3.10). Cuando ponemos nuestra fe en Él, nos da su justicia (2 Co 5.21) y llega a ser nuestro Salvador. Es una experiencia personal.

En esta carta Pedro enfatiza la Palabra de Dios. Dios nos ha dado su Palabra, esta «fe preciosa» y las «preciosas promesas» de Dios, para poder vivir en santidad. Al escribir estas palabras Pedro debe haber pensado de su testimonio en Juan 6.68: «Señor, ¿a quién iremos? Tú tienes palabras de vida eterna». En la Biblia tenemos todo lo que necesitamos para la vida y la piedad. A pesar de que los escritos de los maestros y predicadores pueden ayudarnos a comprender mejor la Biblia, sólo la Biblia puede impartir vida a nuestras almas.

Nótese la definición de un cristiano en el versículo 4: «participantes de la naturaleza divina». El cristiano ha nacido en la familia de Dios y tiene Su naturaleza dentro de sí. Las personas que tratan de vivir externamente «como Cristo», pero les falta en su interior esta naturaleza divina, se engañan y salen derrotadas. Contrástese 2 Pedro 2.20-22, donde hallamos una descripción de los cristianos falsos: (1) han escapado de las contaminaciones del mundo, pero no de sus corrupciones; o sea, se han lavado por fuera, pero su interior no ha cambiado. (2) Tienen un «conocimiento mental» de Cristo y no una fe de corazón. (3) No son verdaderamente salvos, porque vuelven a la vida vieja después de profesar la fe por un tiempo. Estos falsos cristianos son «perros» y «puercos» que han sido lavados (reformados), pero que nunca han recibido la nueva naturaleza.

II. El crecimiento en el conocimiento (1.5-11)

«También» (v. 5) indica que hay algo más allá del nuevo nacimiento; hay crecimiento. No es suficiente nacer en la familia de Dios; también debemos crecer espiritualmente. Esto demanda diligencia y fervor; un cristiano perezoso y descuidado no crece. Pedro entonces hace una lista de las características espirituales que deben verse en la vida del creyente. No sugiere que «añadamos» estas virtudes de la misma manera que añadimos cuentas en una sarta. Más bien cada virtud nos ayuda a desarrollar la siguiente. Son como las secciones de un telescopio: la una conduce a la otra.

Añadimos a la fe (la que salva) virtud, o alabanza. Dios nos ha salvado para proclamar sus virtudes (1 P 2.9). La única manera de demostrar nuestra fe es teniendo una vida virtuosa. Añadimos a la virtud conocimiento, o discernimiento moral. Los cristianos deben ser capaces de discernir el bien del mal. Después del conocimiento viene el dominio propio, o temperancia. El dominio propio conduce a la paciencia, o capacidad de soportar. Este es el «poder de perseverar» que el cristiano tiene en los tiempos de prueba. Añadimos a la paciencia piedad; véase el versículo 3. Esta palabra significa «adoración correcta» o dependencia de Dios que se revela en una vida devota. Amor fraternal es la siguiente virtud, queriendo significar un amor por el pueblo de Dios. La virtud final que Pedro señala es el amor, que «envuelve» a todas las virtudes en una.

Por lo general, se puede reconocer cuando los cristianos no crecen, porque reúnen estas tres características: (1) «Ociosos»; o sea, no trabajan para Cristo. (2) «Sin fruto»; es decir, su escaso conocimiento de Cristo no da fruto en sus vidas. (3) Están ciegos, les falta la visión y la perspectiva espiritual, los «miopes» espiritualmente. Detrás de esta falta de desarrollo espiritual hay una memoria pobre, se olvidan de lo que Dios ha hecho por ellos mediante Cristo. Sin embargo, Pedro mismo había sido una vez olvidadizo: «Y Pedro se acordó de la palabra del Señor» (Lc 22.61). De modo que, por segunda vez, Pedro dice: ¡Sean diligentes! ¡Asegúrense de que son salvos! El cristiano no se salva ni se mantiene salvo a sí mismo; pero es responsable de asegurarse de que tiene las características de un verdadero creyente (1 Ts 1.4,5). Esto nos asegurará «amplia y generosa entrada» (v. 11) en el reino de Dios; esto es mucho mejor que ser salvo «así como por fuego» (1 Co 3.15).

III. La base el conocimiento (1.12-21)

«Pero, ¿cómo podemos estar seguros de que este mensaje es la verdadera Palabra de Dios?» Pedro responde a esta cuestión refiriéndose a su experiencia con Cristo en el Monte de la Transfiguración (Mt 17.1-13; Lc 9.27-36). Pedro sabía que no estaría mucho más tiempo en su cuerpo (su tabernáculo); véase Juan 21.18. La palabra «partida» (v. 15) es realmente «éxodo»; es la misma palabra que se usa para la muerte de Cristo (Lc 9.31). Cuando los cristianos mueren no es el fin; antes bien, es una salida triunfante de este mundo al venidero.

El mensaje del evangelio no es una fábula inventada por los hombres para engañar a otros. Se basa en la verdad histórica de la muerte, sepultura y resurrección de Cristo. Pedro se refiere a la venida de Cristo en gloria, un acontecimiento que fue predicho en la Transfiguración. En la montaña Cristo reveló su gloria, como lo hará cuando regrese a la tierra. Moisés y Elías estaban allí, representando a los creyentes que murieron (Moisés) y a los creyentes que serán arrebatados sin morir (Elías). Véase 1 Tesalonicenses 4.13-18. Los discípulos representan a los creyentes judíos que verán la gloria de Cristo cuando Él vuelva.

Tenga presente que el ministerio de Pedro había sido fundamentalmente a Israel (Gl 2.7,8), mientras que el de Pablo había sido a los gentiles. La pregunta se ha planteado: «¿Qué pasará con las promesas de Dios a los judíos respecto a un reino glorioso en la tierra?» La Palabra de la profecía no se ha abandonado; más bien se ha asegurado. Pedro dice: «Tenemos la transfiguración de Cristo para asegurarnos de que el reino vendrá; pero también tenemos la Palabra segura de la profecía que se ha verificado en la transfiguración». Los cristianos no deben «espiritualizar» las profecías del AT y aplicarlas a la Iglesia. Debemos interpretarlas literalmente, así como lo hacemos con el NT, por cuanto Dios las cumplirá un día.

Pedro compara la palabra profética a una luz que brilla en un lugar oscuro (vil). El mundo, para él, es una mazmorra oscura y lóbrega. La Palabra de Dios es la única luz confiable que tenemos en este mundo. Debemos prestar atención a esta Palabra y no apoyarnos en las ideas de los hombres. Pronto llegará el día en que Cristo, la Estrella de la Mañana, vendrá y llevará a su pueblo a su hogar. Para la Iglesia, Cristo es la Estrella de la Mañana que aparece cuando las cosas se ponen más oscuras, antes del amanecer. Para Israel Cristo es el Sol de Justicia que viene con juicio y sanidad (Mal 4).

Los versículos 20-21 no enseñan que sea incorrecto que los cristianos lean e interpreten la Biblia; se nos ha dado la Palabra para que la leamos, la obedezcamos y se la demos a otros. «Privada» (v. 20) significa «por sí mismo». Ningún pasaje de las Escrituras debe interpretarse «por sí mismo», o sea, separado del resto de la Palabra de Dios, o del Espíritu Santo que lo dio. La profecía no vino por voluntad de hombres, de modo que la mente natural no la puede interpretar. El Espíritu dio la Palabra y el Espíritu debe enseñarnos la Palabra (1 Co 2.9-16; Jn 14.26; 16.13,14).

¡Damos gracias a Dios porque nuestra Biblia es segura! Podemos confiar en ella porque Dios nos la dio.

2 PEDRO 2

Este es un capítulo complejo y debemos compararlo con la epístola de Judas en donde se usan algunas frases idénticas. El peligro de los falsos maestros es tan grande que el Espíritu Santo usó tanto a Pedro como a Judas para advertirnos, de modo que es mejor que prestemos atención.

Por favor, tenga presente que un falso maestro no es una persona que enseña una doctrina falsa por ignorancia. En Hechos 18.24-28 Apolos enseñaba erróneamente el mensaje y el bautismo de Juan, pero no fue un maestro falso. Muchos de los grandes líderes de la Iglesia en los siglos pasados han sostenido interpretaciones de cuestiones menores que nosotros opinamos que no fueron bíblicas; sin embargo, no podemos llamarlos falsos maestros. Los falsos maestros son creyentes profesantes que conocen la verdad, pero que deliberadamente enseñan mentiras con la esperanza de obtener prominencia y ganancia monetaria de sus seguidores (2.3,14). Son capaces de vivir en pecado para autocomplacerse (2.10,13,14,18,19). Usan medios engañosos (2.1,3) y tuercen la Palabra de Dios para acomodar sus caprichos.

I. Su condenación (2.1-9)

Pedro abre esta sección declarando que los falsos maestros aparecerán, pero que al final Dios los condenará. El versículo 1 resume los métodos de los falsos maestros: (1) aparecen entre el pueblo como miembros de la iglesia; (2) trabajan en secreto, bajo el manto de la hipocresía, pretendiendo ser lo que no son; (3) traen sus falsas enseñanzas junto con la doctrina verdadera y entonces reemplazan la verdad con sus mentiras; (4) sus vidas niegan lo que sus labios enseñan. En otras palabras, una «herejía» no es simplemente una doctrina falsa; es una vida falsa basada en una doctrina falsa. «Lobos con pieles de ovejas» es la manera en que nuestro Señor los describió (Mt 7.15; véanse 2 Co 4.1,2; 11.13). Desafortunadamente, la enseñanza falsa será más popular que el camino verdadero (v. 2); pero además Jesús dice que la levadura de la falsa doctrina afectará a toda la masa (Mt 13.33). La gente decidirá seguir a los falsos maestros porque se autoexaltan en lugar de exaltar a Cristo, y a muchos les encanta adorar a la gente popular y de éxito. También el camino falso hace más fácil vivir en el pecado mientras que se pretende practicar una vida religiosa.

«Palabras fingidas» en 2.3 quiere decir «palabras falsificadas» o «palabras manufacturadas, fabricadas». La palabra griega es *plastós,* de donde derivamos la palabra castellana «plástico». Estos falsos maestros se apartaban de las palabras bíblicas dadas por el Espíritu (1 Co 2.9-16) y manufacturaban sus propias palabras para que encajaran en sus doctrinas. Usaban palabras familiares de la Biblia y manufacturaban nuevos significados para ellas. Empleaban nuestro vocabulario, pero vaciaban de estas palabras su significado espiritual. Lo que cuenta no es lo que un maestro dice, sino lo que quiere decir.

Estos falsos maestros serán destruidos y Pedro cita tres ejemplos del AT para probarlo: los ángeles que pecaron y que ahora están en el Tártaro o «prisiones de oscuridad» (que es como se traduce la palabra en 2.4); el mundo antes del diluvio; y las ciudades de Sodoma y Gomorra. En cada uno de estos casos las personas involucradas tenían cierta forma de religión, pero no la verdadera fe que da poder a la vida (2 Ti 3.5). Antes de que Cristo regrese habrá mucha «religión» en el mundo, pero no será la verdadera fe en Él. Pedro también destaca que Dios puede preservar y librar a sus santos verdaderos, como lo hizo con Noé y su familia, y Lot. Noé es un símbolo de los judíos creyentes que serán preservados a través de la tribulación; Lot simboliza a los santos de la Iglesia que serán «arrebatados» antes de que empiece la destrucción. Estos falsos maestros pueden tener éxito y estar protegidos, pero uno de estos días Dios los destruirá.

II. Su carácter (2.10-16)

A. Orgullo (vv. 10-11).

Detestan toda clase de dominio o autoridad. Dios ha establecido los «dominios» en este mundo: el gobierno humano, la cabeza del hogar, el liderazgo en la iglesia y así por el estilo. Pero los falsos maestros quieren gobernar las cosas a su manera y rechazan el orden de Dios. Incluso los ángeles no menosprecian a las autoridades que Dios ha dado; véase Judas 8,9.

B. Ignorancia (v. 12).

Los falsos maestros se ciegan expresamente a lo que la Biblia enseña (véase 2 P 3.5). Llaman «sin educación» a los cristianos evangélicos y «anticuada» a la teología bíblica.

C. Lujuria (vv. 13-14).

La doctrina errada y la manera errada de vivir van juntas. Los falsos maestros viven en lujo y «seducen» (pescan con carnada) a las personas inestables que se dejan atraer por sus enseñanzas. Es trágica la manera en que han blasfemado (v. 2) el nombre de Cristo los «líderes religiosos» que viven en el pecado mientras intentan ayudar a otros a hallar al Señor.

D. Codicia (vv. 15-16).

El versículo 3 destaca que los falsos maestros usan palabras fingidas para explotar a la gente; y el versículo 18 dice que usan «palabras infladas». Desafortunadamente hay mucha gente inestable que se deleita en seguir a estos «charlatanes» religiosos, sin darse cuenta de que estos hurgan en sus bolsillos mientras envenenan sus vidas. Pedro cita a Balaam como ejemplo (Nm 22–25). Balaam fue un profeta que usó sus dones para ganar dinero y condujo a Israel al pecado.

III. Sus pretensiones (2.17-22)

Prometen a sus seguidores satisfacción, pero no sacian su sed espiritual. ¡Qué inútiles son los pozos sin agua! Estos maestros, con sus grandiosas palabras infladas (propaganda religiosa), dan la apariencia de ser veraces y de que ayudan, pero resultan ser nubes llevadas por el viento: hermosas, pero de ninguna ayuda para los sedientos. Millones hoy en día siguen religiones falsas que prometen ayuda, pero que no pueden dar ninguna.

Los falsos maestros prometen libertad, pero conducen a la gente a la esclavitud. Pedro usa un poco de sarcasmo aquí; ¡cómo pueden quienes son esclavos del pecado libertar a alguien! En el versículo 12 llama «animales irracionales» a estos falsos maestros; y ahora claramente los llama puercos y perros. Por favor, tenga presente que en los versículos 20-21 no habla de alguien que «pierde su salvación», porque eso contradeciría lo que escribió en 1 Pedro 1.3-5. En este pasaje (1 P 2.25) el autor compara a los cristianos con ovejas, no con perros y puercos. El cristiano ha recibido una nueva naturaleza (2 P 1.4) y ha sido libertado de la corrupción del mundo. Usted no tiene que preocuparse de que una oveja se coma su propio vómito o que se revuelque en el cieno, porque una oveja es un animal limpio.

Pedro describe a los falsos cristianos, gente que sólo se ha lavado de las contaminaciones externas (o sea la reforma «religiosa»), pero que nunca ha recibido la nueva naturaleza en su interior. Usted puede lavar a un perro o a una puerca, pero el animal no cambia su naturaleza básica. Estas personas conocían el camino a la justicia y tenían un conocimiento de la obra de Cristo, pero no le recibieron en sus corazones. Lavaron su contaminación externa, pero la corrupción interna aún seguía allí. Estos «profesantes, pero no poseedores» parecían haber experimentado la salvación, pero a su tiempo se deslizaron regresando a la vida que encajaba a su naturaleza. Los perros regresan a su vómito; los puercos regresan al fango. Véase Proverbios 26.11.

Vivimos en días de falsos maestros. Podemos detectarlos porque se auto-exaltan en lugar de exaltar a Cristo, por su charla fingida y sus «grandiosas palabras infladas», por su énfasis en acumular dinero, por sus grandes pretensiones de que pueden cambiar a las personas y por sus vidas ocultas de lujuria y pecado. No podemos detenerlos por ahora, excepto mediante la enseñanza sincera de la Palabra, pero un día Dios los dejará al descubierto y los juzgará.

2 Pedro 3

Este capítulo revela a Pedro como el pastor cariñoso, que cuida a sus ovejas y corderos. Cuatro veces usa la palabra «amados» y cada vez da una solemne admonición.

I. Amados[...] ¡que tengáis memoria! (3.1-7)

«Acordarse» ha sido un tema clave en esta carta (véase 1.12-15). Pedro mismo había sido culpable de olvidarse (Lc 22.61), de modo que su amonestación era significativa. Quería que tuvieran una mente «sincera»; o sea, mentes no confundidas con las doctrinas falsas que se mencionan en el capítulo 2. Les señala los profetas del AT y los apóstoles del NT, o sea, la Palabra de Dios entera. Véase 1.19-21.

La doctrina que Pedro defiende es la venida de Cristo a la tierra para establecer su reino y entonces, después de mil años, introducir los nuevos cielos y la nueva tierra. Pedro no se refiere al Rapto de la Iglesia, o sea, al regreso secreto de Cristo en el aire (1 Ts 4.13-18). El mundo por supuesto se burla de la idea de la venida de Cristo (Jud 18) y no puede ver que toda la historia está avanzando en esa dirección. «Todas las cosas permanecen así como desde el principio de la creación», es el argumento que oímos de los pensadores del mundo. «¡Dios no va a irrumpir en la historia e interrumpir el progreso del tiempo!»

Pero Pedro cita ejemplos del AT para probar que Dios en efecto irrumpe en la historia. Empieza con el mundo creado en Génesis 1 (v. 5), hecho por la Palabra de Dios. Luego presenta el diluvio (Gn 6) y el mundo que Dios juzgó (v. 6). El versículo 7 indica que el mundo ahora está guardado «para el fuego» y está ya preparado para el juicio. Esto pudiera sugerir la liberación del poder atómico. Si relacionamos el versículo 6 al diluvio, tenemos el mismo argumento: Dios juzga el pecado en el tiempo en que los hombres están confiados de que nada va a pasar.

II. Amados, ¡no ignoréis! (3.8-11)

La gente ve la historia en términos de días y años, pero para Dios el tiempo es siempre presente. Mil años son para Él como un día (Sal 90.4). Dios no se tarda (retarda); cuando llegue el tiempo apropiado actuará y cumplirá su Palabra. ¿Por qué retarda su juicio, el terrible Día del Señor? Porque quiere que los pecadores vengan a Cristo y sean salvos de la ira venidera.

«El día del Señor» es aquel período de juicio que se conoce también como la gran tribulación. Vendrá sobre toda la tierra después del Arrebatamiento de la Iglesia al cielo (Ap 3.10; 1 Ts 5.8,9). Un ladrón viene de pronto, cuando menos se lo espera (Mt 24.43; Lc 12.39; 1 Ts 5.2; Ap 3.3; 16.15). Cuando el mundo dice: «Paz y seguridad», el juicio vendrá (1 Ts 5.3). El pueblo de Dios no estará desprevenido cuando Cristo venga para llevarlos al cielo, pero el mundo se sorprenderá por los juicios que seguirán.

III. Amados[...] ¡procurad con diligencia! (3.11-14)

Esta es la tercera vez que Pedro menciona diligencia (1.5,10). En estos días postreros los creyentes deben estar en guardia. En vista de lo que Dios ha planeado para este mundo, ¿cómo deben vivir los cristianos?

No debemos buscar paz ni esperanza en este mundo. Esperamos los nuevos cielos y la nueva tierra que Dios crea y sobre la cual Jesucristo reinará (Ap 21.1ss). Esta bendita seguridad nos ayuda a mantenernos limpios y a ser fieles en hacer nuestro trabajo hasta que Jesús venga.

IV. Amados[...] ¡guardaos! (3.15-18)

Pedro explica lo que parece ser tardanza en el programa de Dios y nos remite a las cartas de Pablo para los detalles. Nótese que Pedro llama «Escrituras» a las cartas de Pablo. ¿Por qué Jesús no ha regresado para establecer su reino? Porque hoy está edificando su Iglesia, algo que no se menciona en las profecías del AT. Esta tardanza significa salvación para judíos y gentiles que creen. Los que no entienden el programa de Dios tuercen las Escrituras y mezclan la profecía del AT con la verdad de la Iglesia, acabando en confusión.

¿Cómo evitamos caer? Al crecer y edificarnos en el Señor (Jud 24,25).

Los «niños recién nacidos», que no se alimentan de la Palabra (1 P 2.2) y que no crecen en el Señor, son inestables. En este mundo perverso los cristianos deben dedicar tiempo a alimentarse de la Palabra, orar y ejercitar sus músculos espirituales.

El tema de 1 Pedro fue gracia, el de 2 Pedro fue conocimiento; el autor resume ambas cartas amonestándonos a crecer en la gracia y en el conocimiento. Este conocimiento no es sólo el de la Biblia; es el de Cristo mediante la Biblia. Debemos llegar a conocerle mejor (Flp 3.10). Es posible, desafortunadamente, crecer en el conocimiento (tener la verdad bíblica en la cabeza) y jamás crecer en la gracia (mostrar la verdad bíblica en nuestras vidas). Pedro quiere que tengamos vidas equilibradas: debemos aprender *y* vivir la Palabra.

1 Juan

Bosquejo sugerido de 1 Juan

Introducción: La realidad de Jesucristo (1.1-4)

I. Las pruebas de la comunión: Dios es luz (1.5–2.29)
   A. La prueba de la obediencia (1.5–2.6)
   B. La prueba del amor (2.7-17)
   C. La prueba de la verdad (2.18-29)

II. Las pruebas de la calidad de hijos: Dios es amor (3–5)
   A. La prueba de la obediencia (3.1-24)
   B. La prueba del amor (4.1-21)
   C. La prueba de la verdad (5.1-21)

Primera de Juan está construida alrededor de la repetición de tres temas principales: luz *versus* tinieblas, amor *versus* odio y verdad *versus* error. Estas tres «hebras» se entretejen en toda la carta, dificultando la elaboración de un bosquejo simple. El bosquejo que se indica arriba se basa en la lección principal de cada sección, aun cuando el estudiante atento verá que los tres temas se entremezclan. En estos días cuando muchos cristianos piensan que tienen comunión con Dios, pero no la tienen, y cuando muchos religiosos piensan que son verdaderos hijos de Dios, pero no lo son, es importante que apliquemos estas pruebas y examinemos con cuidado nuestras vidas.

Notas preliminares 1 Juan

I. El escritor
El Espíritu usó al apóstol Juan para darnos el Evangelio según Juan, tres epístolas y el libro de Apocalipsis. Estas tres obras se complementan mutuamente y nos dan un cuadro completo de la vida cristiana.

El Evangelio de Juan	Las epístolas de Juan	El Apocalipsis de Juan
Énfasis en la salvación	Énfasis en la santificación	Énfasis en la glorificación
Historia pasada	Experiencia presente	Esperanza futura
Cristo murió por nosotros	Cristo vive en nosotros	Cristo viene por nosotros
El Verbo se hizo carne	El Verbo hecho real en nosotros	El Verbo conquistando

II. Objetivo
Juan indica cinco propósitos para escribir su primera epístola:

A. Que tengamos comunión (1.3).
«Comunión» es el tema clave de los dos primeros capítulos (véase 1.3,6,7). Tiene que ver con nuestra comunión con Cristo, no con nuestra unión con Cristo, lo cual es asunto de nuestra calidad de hijos. Nuestra comunión diaria cambia; nuestra condición de hijos sigue siendo la misma.

B. Que tengamos gozo (1.4).
La palabra «gozo» se usa aquí solamente, pero la bendición del gozo se ve en toda la carta. El gozo es el resultado de una comunión íntima con Cristo.

C. Que no pequemos (2.1,2).
La pena del pecado queda resuelta cuando el pecador confía en Cristo, pero el poder del pecado sobre la vida diaria es otro asunto. Primera de Juan explica cómo podemos tener victoria sobre el pecado y cómo recibir perdón cuando pecamos.

D. Que venzamos el error (2.26).
Juan enfrentaba las falsas enseñanzas de su día, así como nosotros enfrentamos hoy a falsos maestros (2 P 2). Los falsos maestros de la época de Juan argumentaban que: (1) la materia es mala, por consiguiente Cristo no vino en carne; (2) Cristo sólo parecía ser un hombre verdadero; (3) conocer la verdad es más importante que vivirla; y (4) nada más que unas «pocas personas espirituales» podían entender las verdades espirituales. Al leer esta

epístola verá que Juan enfatiza que: (1) la materia no es mala, sino que la naturaleza del hombre es la pecaminosa; (2) Jesucristo tenía un cuerpo verdadero y experimentó una muerte real; (3) no es suficiente «decir» que creemos, debemos practicarlo; y (4) todos los cristianos tienen una unción de Dios y pueden conocer la verdad.

E. Que tengamos seguridad (5.13).

En su Evangelio, Juan nos dice cómo ser salvos (Jn 20.31), pero en esta epístola nos dice cómo estar seguros de que somos salvos. La carta es una serie de «pruebas» que los cristianos pueden usar para examinar su comunión (caps. 1–2) y su calidad de hijos (caps. 3–5). Nótese que el énfasis de los capítulos 3–5 es que hemos nacido de Dios (3.9; 4.7; 5.1,4,18).

III. Análisis

Estudie el bosquejo sugerido y verá que se destacan dos divisiones en la carta: los capítulos 1–2 enfatizan la comunión y los capítulos 3–5 enfatizan la condición de hijos. En cada una de estas secciones Juan nos da tres «pruebas» básicas: obediencia (andar en la luz), amor (andar en amor) y verdad (andar en la verdad). En otras palabras, puedo saber que estoy en comunión con Dios mediante Cristo si no tengo algún pecado conocido en mi vida, si tengo amor por Él y por su pueblo, y si creo y practico la verdad y no alguna mentira satánica. Es más, sé que soy un hijo de Dios de la misma manera: si obedezco su Palabra, si tengo amor por Él y por su pueblo, y si creo y vivo la verdad. Juan nos pide que apliquemos estas pruebas, de manera que podamos disfrutar al máximo la vida cristiana.

IV. Estudio

Recomiendo que lea 1 Juan en una versión como *Dios habla hoy*, o *La Biblia al día*. Los verbos griegos son importantes en esta carta y a veces la *Versión Reina Valera* no expresa su significado por completo. Primera de Juan 3.9 será discutido más adelante.

1 JUAN 1-2

Estos dos capítulos se refieren a la comunión, en los cuales Juan nos da las tres pruebas de la verdadera comunión. Nótese el contraste entre decir y hacer: «Si decimos» (1.6,8,10; 2.4,6). ¡Demasiadas veces somos mejores para «hablar» que para «andar»! En 1.1-4 Juan presenta su tema: Cristo el Verbo que el Padre ha revelado. (Véase Jn 1.1-14.) Explica que cuando Cristo estaba aquí en la tierra era una Persona, no un fantasma, y que tenía un cuerpo verdadero (Lc 24.39). Los falsos maestros del día de Juan negaban que Jesús había venido en carne. Si no tenemos un Cristo real, ¿cómo podemos tener perdón verdadero de pecado? Juan sirve de testigo al decir lo que había visto y oído (Hch 4.20). Explica que Cristo se manifestó para revelar a Dios y hacer posible nuestra comunión con Él. Véanse también en 3.5,8 y en 4.9 otras razones por las que Cristo vino.

I. La prueba de la obediencia (1.5-2.6)

Juan nos presenta la imagen de la luz (Jn 1.4). Dios es luz, y Satanás es el príncipe de las tinieblas (Lc 22.53). Obedecer a Dios es andar en la luz; desobedecerle es andar en tinieblas. Téngase presente que la comunión es una cuestión de luz y tinieblas; la condición de hijos es un asunto de vida y muerte (3.4; 5.11,12). Juan destaca que es posible que las personas digan que están en la luz y sin embargo vivan en tinieblas. Nótense los cuatro «mentirosos» aquí: (1) mintiendo respecto a la comunión, 1.6-7; (2) mintiendo respecto a nuestra naturaleza, diciendo que no tenemos pecado, 1.8; (3) mintiendo respecto a nuestras obras, diciendo que no hemos pecado, 1.10; y (4) mintiendo respecto a nuestra obediencia, diciendo que hemos guardado sus mandamientos, cuando no lo hemos hecho, 2.4-6.

Los cristianos pecan, pero esto no quiere decir que necesitamos salvarnos otra vez totalmente. El pecado en la vida del creyente rompe la comunión, pero no destruye la condición de hijo. Un verdadero cristiano siempre es aceptado aun cuando no siempre sea aceptable. ¿Cómo provee Dios por los pecados de los santos? A través del ministerio celestial de Cristo. Somos salvos de la ira del pecado por su muerte (Ro 5.6-9), y somos salvos diariamente del poder del pecado por su vida (Ro 5.10). La palabra «abogado» quiere decir «uno que defiende un caso» y es la misma palabra griega para «Consolador» en Juan 14.16. El Espíritu Santo representa a Cristo ante nosotros en la tierra y el Hijo nos representa ante Dios en el cielo. Sus heridas testifican de que Él murió por nosotros y por lo tanto Dios puede perdonarnos cuando confesamos nuestros pecados. Lea con cuidado Romanos 8.31-34. La palabra «confesar» significa «decir lo mismo». Confesar el pecado significa decir lo mismo respecto a lo que Dios dice. Tenga presente que los cristianos no tienen que hacer penitencia, ni sacrificios, ni castigarse cuando han pecado. Todos los pecados han quedado ya resueltos en la cruz. ¿Esto nos permite pecar? ¡Por supuesto que no! El cristiano que entiende de verdad la provisión de Dios para una vida de santidad no quiere desobedecer deliberadamente a Dios.

II. La prueba del amor (2.7-17)

A. *El nuevo mandamiento (vv. 7-11).*

Véase Juan 13.34. Cuando estamos en comunión con Dios, andando en la luz, andamos también en amor. Es un principio espiritual básico que cuando los cristianos no están en comunión con Dios no pueden llevarse bien con el pueblo de Dios. Todos somos miembros de la familia de Dios, así que debemos amarnos unos a otros. Esto era un «viejo mandamiento», incluso allá en los días de Moisés (Lv 19.18).

B. *La nueva familia (vv. 12-14).*

Como un padre amoroso Juan llama «hijitos» a los santos; todos los hijos de Dios han sido perdonados. Pero debemos crecer en el Señor, convertirnos en jóvenes fuertes en la fe y a la larga «padres y madres» espirituales.

C. *El nuevo peligro (vv. 15-17).*

Hay un conflicto entre el amor al Padre y el amor al mundo. Por «el mundo» Juan quiere decir todo lo que pertenece a esta vida y que se opone a Cristo. Es el sistema de Satanás, la sociedad opuesta a Dios y que usurpa su lugar. Si amamos al mundo, perdemos el amor del Padre y dejamos de hacer su voluntad. Cualquier cosa en nuestras vidas que embote nuestro amor por las cosas espirituales o que nos hace más fácil pecar es mundana y se debe descartar. Juan menciona tres problemas específicos: los deseos de la carne, los deseos de los ojos y la vanagloria de la vida. ¿No es esto para lo que vive la gente del mundo? Pero vivir para el mundo significa que con el tiempo todo se perderá, porque el mundo es pasajero. Lot sufrió tal pérdida. Pero si vivimos para Dios, permaneceremos para siempre.

No puede haber verdadera comunión sin amor. A menos que amemos a Dios y a sus hijos, no andaremos en la luz y en comunión con Él.

III. La prueba de la verdad (2.18-29)

Dios se nos revela en su Palabra, la cual es la Verdad (Jn 17.17); de modo que no podemos creer mentiras y tener comunión con Dios. Juan advierte en contra de los maestros anticristianos que ya hay en el mundo, y nos dice cómo reconocerlos: (1) han dejado la comunión de la verdad, v. 19; (2) niegan que Jesucristo es el Hijo de Dios venido en carne, v. 22; (3) tratan de seducir a los creyentes, v. 26. Juan está de acuerdo con lo que Pedro describe (2 P 2): estos falsos maestros estuvieron una vez en la iglesia, pero se apartaron de la verdad que profesaban creer.

Aquí es donde entra el Espíritu Santo: Él es nuestra unción (ungimiento) celestial que nos enseña la verdad. El Espíritu de Dios usa la Palabra inspirada para comunicarnos la verdad de Dios. «Sabéis todas las cosas» en el versículo 20 debe leerse «y todos ustedes saben». No debe interpretarse que el versículo 27 significa que los cristianos no necesitan pastores y maestros, de otra manera Efesios 4.8-16 no estaría en el NT. Más bien lo que Juan dice es que el Espíritu es quien debe enseñar a los creyentes mediante la Palabra y que no siempre deben depender de los maestros humanos. El cristiano en comunión con Dios leerá y comprenderá la Biblia y el Espíritu lo enseñará.

En los versículos 28-29 Juan sugiere (como Pedro también lo enseñó) que la falsa doctrina y la vida falsa van juntas. Si creemos la verdad con nuestro corazón y nos comprometemos a ella, viviremos santamente ante los hombres. Por supuesto, uno de los más grandes incentivos para vivir en santidad es la inminente venida de Jesucristo. Cuán trágico es que algunos cristianos que no permanecen (en el compañerismo) con Cristo se avergonzarán cuando Él vuelva.

Mientras que hay otros muchos detalles en estos capítulos que hemos tenido que pasar por alto, la lección principal es clara: Si los cristianos desean tener comunión con Cristo, deben obedecer la Palabra, amar al pueblo de Dios y creer la verdad. Siempre que el pecado entre, el cristiano debe confesarlo inmediatamente y pedir el perdón de Dios. Debemos dedicarle tiempo a la Palabra, aprendiendo la verdad y permitiendo que esta domine la persona interior. O, para verlo negativamente, el cristiano que deliberadamente desobedece la Palabra, la descuida y no puede llevarse bien con el pueblo de Dios, no tiene comunión con Dios y está en tinieblas. No es suficiente hablar acerca de la vida cristiana; debemos practicarla.

«Propiciación» (2.2 y 4.10) tiene que ver con el significado de la muerte de Cristo desde la perspectiva de Dios. La muerte de Cristo trajo el perdón; pero antes de que Dios pudiera perdonar a un pecador culpable, se debía satisfacer su justicia. Aquí es donde interviene la propiciación. La palabra encierra la idea de satisfacer la santidad de Dios mediante la muerte de un sustituto. No significa que Dios estaba tan enfurecido que Cristo tuvo que morir para lograr que Dios amara a los pecadores. La muerte de Cristo satisfizo las demandas de la ley de Dios y así derribó la barrera entre los hombres y Él, haciendo posible que este quitara el pecado. La palabra «propiciatorio» en Hebreos 9.5 es equivalente a «propiciación». Véase Éxodo 25.17-22. La sangre en el propiciatorio cubría la ley quebrantada y hacía posible que Dios se relacionara con Israel.

1 JUAN 3

Avanzamos ahora a la segunda parte de la carta, la cual se refiere a nuestra condición de hijos. La palabra «comunión» no se halla en ninguna parte de esta sección. Juan hace hincapié en haber «nacido de Dios» (véanse 3.9; 4.7; 5.4). Este pasaje se entrelaza a Juan 3 y enfatiza el tema «Dios es amor» (4.8,16). En este capítulo Juan afirma que un verdadero hijo de Dios demostrará su nacimiento espiritual al ser obediente a la Palabra de Dios. Juan nos da cinco motivos para la obediencia:

I. El maravilloso amor de Dios (3.1)

«Mirad qué clase de amor extraño nos ha dado el Padre» es literalmente lo que Juan escribe. Pablo tenía esta idea en mente cuando escribió Romanos 5.6-10. El amor es el más grande motivo en el mundo y si comprendemos el amor de Dios, obedeceremos su Palabra. «Si me amáis, guardad mis mandamientos» (Jn 14.15). Por supuesto, el mundo no tiene comprensión de este amor y nos aborrece. Pero el mundo no conoce a Cristo, de modo que no puede conocer a los que son de Cristo.

II. El regreso prometido de Cristo (3.2,3)

Es maravilloso lo que ahora somos; ¡pero lo que seremos será incluso más maravilloso! «Seremos semejantes a Él». Esto quiere decir heredar un cuerpo glorificado como el Suyo (Flp 3.20,21) y participar en su gloria eterna (Jn 17.24). Pero el santo que realmente espera la venida de Cristo obedecerá su Palabra y mantendrá limpia su vida. Le veremos «como Él es», pero debemos también «andar como Él anduvo» (véase 2.6) y ser justos «así como Él es justo» (3.7). Se espera que los santos se purifiquen, esto es, que guarden limpios sus corazones (2 Co 7.1).

III. La muerte de Cristo en la cruz (3.4-8)

Juan nos da varias razones por las que Cristo fue manifestado: (1) para revelar al Padre y permitirnos tener comunión con Él, 1.2,3; (2) para quitar nuestros pecados 3.4-5; (3) para deshacer (anular) las obras del diablo, 3.8; y (4) para mostrar el amor de Dios y otorgar Su vida, 4.9. Debido a que el pecado provocó el sufrimiento y la muerte de Cristo, debe ser razón suficiente para que el cristiano deteste el pecado y huya de él. Juan define el pecado como transgredir la ley. El cristiano que permanece en Cristo (esto es la comunión de los capítulos 1–2) no infringirá deliberadamente la ley de Dios. Todo cristiano peca, tal vez sin saberlo (Sal 19.12); pero ningún cristiano desafiará deliberada y repetidamente la Palabra de Dios y le desobedecerá. El versículo 6 debe leerse: «Cualquiera que permanece en Él no peca por hábito». Efesios 2.1-3 deja en claro que el no salvo peca de manera constante porque vive en la carne y para el diablo. Pero el cristiano tiene una nueva naturaleza en su interior y ya no es más esclavo de Satanás.

IV. La nueva naturaleza interior (3.9-18)

La clave a través de los capítulos 3–5 es «la condición de hijos», la cual da como resultado una nueva naturaleza en el creyente. Dios no deshace ni erradica la vieja naturaleza; más bien implanta una nueva naturaleza que da al creyente un deseo por las cosas espirituales. El versículo 9 debería decir: «El que es nacido de Dios no peca habitual, ni deliberadamente; porque tiene dentro de sí la semilla de una nueva naturaleza». Esta nueva naturaleza no puede pecar. Por supuesto, los creyentes que se rinden o someten a la vieja naturaleza tropezarán y caerán. Véase Gálatas 6.1-2.

Juan contrasta los hijos de Dios y los hijos del diablo, usando a Caín y a Abel como ejemplos. Abel tuvo fe y fue aceptado; Caín trató de salvarse por sus obras, pero no fue aceptado (Gn 4). Caín fue un mentiroso y homicida, como el diablo (Jn 8.44); asesinó a su hermano y luego le mintió a Dios al respecto. Génesis 3.15 afirma que la simiente (hijos) de Satanás se opondrá a la simiente de Dios. Nótese Mateo 3.7 y 23.33. Esto finalmente culminará en la batalla de Cristo con el anticristo en los últimos días. Pero, por favor, note que los hijos de Satanás son «religiosos». Caín adoró en un altar y los fariseos eran la gente más religiosa de su época. Ninguna religión, sino un verdadero amor hacia Dios y los hijos de Dios, será la prueba de nuestra entrega a Dios. Los verdaderos cristianos no odian ni asesinan; en lugar de eso, muestran amor y tratar de ayudar a otros. La nueva naturaleza que es implantada en el nuevo nacimiento es responsable de este cambio.

V. El testimonio del Espíritu (3.19-24)

El verdadero cristianismo es asunto del corazón, no de la lengua. Tenemos el testimonio del Espíritu en nuestros corazones de que somos hijos de Dios (Ro 8.14-16). Por lógica, el versículo 19 debe relacionarse con 2.28. Cuando Cristo vuelva, los creyentes con corazones confiados no se avergonzarán.

Los cristianos necesitan cultivar la seguridad. «Tanto más procurar hacer firme vuestra vocación y elección» es lo que Pedro escribió (2 P 1.10). El versículo 19 nos asegura que cuando amamos con sinceridad a los hermanos, pertenecemos a la verdad y somos salvos (véase también 3.14). A las personas no salvas les pueden agradar algunos cristianos debido a sus cualidades personales, pero sólo el cristiano nacido de nuevo ama incluso a un total extraño cuando descubre que es un cristiano. Este es el mensaje de Romanos 5.5. Tristemente, nuestros corazones (conciencias) nos condenan porque sabemos que no siempre hemos amado a los hermanos como deberíamos haberlo hecho. Pero Juan nos ayuda a alejar nuestra vista de nuestros sentimientos y dirigirlos al Dios que nos conoce. ¡Gracias a Dios que la salvación y la seguridad no se basan en lo que siente el corazón!

El versículo 21 promete que el cristiano con un corazón confiado puede orar con audacia (confianza). Si hay pecado en nuestro corazón, no podemos orar con confianza (Sal 66.18,19). Pero el Espíritu Santo que tengo dentro me convence de este pecado y puedo confesarlo y volver a la comunión con el Padre. Qué tremenda revelación: siempre que un cristiano no esté en comunión con otro cristiano, no puede orar como debiera. Léase 1 Pedro 3.1-7 para ver cómo se aplica esto al hogar cristiano. El secreto de la oración contestada es obedecer a Dios y procurar agradarle. Al hacerlo así permanecemos en Él y cuando permanecemos en Él, podemos orar con poder (Jn 15.7).

La fe y el amor van juntos (v. 23). Si confiamos en Dios, nos amamos unos a otros. Amamos a los santos porque todos somos uno en Cristo y porque procuramos agradar al Padre. ¡Qué felices son los padres terrenales cuando sus hijos se aman los unos a los otros! El Espíritu Santo que mora en nosotros anhela la unidad de todos los creyentes en una maravillosa comunión de amor, la clase de unidad espiritual por la cual oró Cristo en Juan 17.20-21.

Dios mora en nosotros por su Espíritu; debemos permanecer en Él rindiéndonos al Espíritu y obedeciendo la Palabra. Las personas que dicen haber nacido de Dios, pero que continuamente desobedecen la Palabra y no tienen ningún deseo de agradarle, deben autoexaminarse para ver si en realidad han nacido de Dios.

1 Juan 4

Usted ha notado que Juan repite y repite. Los temas de la luz, el amor y la verdad están entretejidos en toda esta breve carta. El capítulo 4 afirma que quienes han nacido de Dios lo demuestran por su amor. En este capítulo Juan usa los mismos motivos para el amor como lo hizo para la obediencia en el capítulo 3. Los verdaderos creyentes se amarán los unos a los otros por estas tres razones.

I. Tenemos una nueva naturaleza (4.1-8)

Juan empieza con una advertencia acerca de los falsos espíritus en el mundo. Tenga presente que el NT todavía aún no se había completado y lo que ya se había escrito no era muy conocido; hasta que no se terminó el NT las iglesias locales dependían del ministerio de personas con dones espirituales para enseñarles la verdad. ¿Cómo podía un creyente saber cuándo un predicador era de Dios y que se podía confiar en su mensaje? (Véase 1 Ts 5.19-21.) Después de todo, Satanás es un imitador. Juan afirma que los falsos espíritus no confiesan que Jesús es el Cristo (véase 1 Co 12.3). Las sectas falsas de hoy niegan la deidad de Cristo y le hacen un simple hombre o un maestro inspirado. Pero el cristiano tiene el Espíritu dentro de sí, la nueva naturaleza, y esto le da poder para vencer.

Hay dos espíritus en el mundo de hoy: el Espíritu divino de Verdad, que habla a través de la Palabra inspirada y el espíritu satánico de error que enseña mentiras (1 Ti 4.1ss). Los maestros que Dios envía hablarán de Él y los hijos de Dios los reconocerán. Los obreros de Satanás hablarán a partir de la sabiduría humana y en dependencia de ella (1 Co 1.7–2.16). Las verdaderas ovejas reconocen la voz del Pastor (Jn 10.1-5,27-28). Las verdaderas ovejas también se reconocen y aman las unas a las otras. Satanás divide y destruye; Cristo une a las personas en amor.

II. Cristo murió por nosotros (4.9-11)

El mundo realmente no cree que Dios es amor. Miran los terribles estragos del pecado en el mundo y dicen: «¿Cómo puede un Dios de amor permitir que ocurran estas cosas?» Pero la gente nunca necesita dudar del amor de Dios: Él lo demostró en la cruz. Cristo murió para que nosotros pudiéramos vivir «por medio» de Él (1 Jn 4.9), «por» Él (2 Co 5.15) y «con» Él (1 Ts 5.9,10). La lógica es clara: «Si Dios nos amó, nosotros también debemos amarnos los unos a los otros». Debemos amarnos los unos a los otros en la misma medida y manera que Dios nos amó.

La cruz es un signo de adición; reconcilia a los pecadores a Dios y a las personas entre sí. Cuando dos cristianos no se aman, han apartado sus ojos de la cruz.

III. El Espíritu nos testifica (4.12-16)

Las personas no pueden ver a Dios, pero pueden ver a los hijos de Dios mostrando Su amor los unos a los otros y hacia aquellos en necesidad. Este amor no sólo es algo que fabricamos; es la obra interna del Espíritu (Ro 5.5). El amor de Dios fluye de nosotros a medida que nos rendimos y sometemos al Espíritu. Los cristianos no se aman los unos a los otros debido a sus buenas cualidades, sino a pesar de sus malas cualidades. A medida que permanecemos en su amor, no tenemos dificultad en amar a otros cristianos.

IV. Cristo viene por nosotros (4.17,18)

Los cristianos que obedecen a Dios tiene confianza en Él ahora (3.21,22); y los que se aman los unos a los otros la tendrán cuando Cristo vuelva. Algunos, sin embargo, se avergonzarán en su venida (2.28). Los cristianos tendrán que llevarse los unos con los otros en el cielo, así que, ¿por qué no empezar a amarnos aquí? Donde hay verdadero amor por Dios y su pueblo, no habrá necesidad de temer el juicio futuro. Dios quizás tenga que castigarnos en amor durante esta vida, pero no necesitamos temer estar frente a Él cuando vuelva. Tal vez nos avergoncemos, pero no hay necesidad de temer.

El versículo 17 debería leerse: «Aquí el amor es perfeccionado con nosotros». El amor de Dios se ha manifestado «hacia» nosotros (4.1), «en» nosotros (4.12) y también «con» nosotros. Esta es una comunión en la vida y en la iglesia saturada con el amor de Dios. Esta clase de amor procura agradar al Padre y no tiene interés en el mundo. No necesitamos temer el día del juicio, porque el testimonio de amor del Espíritu prueba que somos sus hijos y que nunca enfrentaremos condenación. Nótese la asombrosa declaración al final del versículo 17: «cómo Él es (ahora en el cielo), así somos nosotros (ahora en la tierra)». Él está en el cielo representándonos ante el Padre y nosotros estamos en la tierra representándole ante los hombres pecadores. Mientras Él esté en el cielo no tenemos nada que temer. ¿Hacemos tan buen trabajo aquí en la tierra como Él lo hace en la gloria?

Dios nunca intentó que la gente viviera en terror. No había temor en la tierra hasta que Satanás y el pecado entraron en el mundo (Gn 3.10). Adán y Eva temieron y se escondieron. El juicio se avecina y todo el que nunca ha confiado en Cristo debe temer. Pero los cristianos nunca deben temer el encuentro con su Señor (2 Ti 1.7; Ro 8.15).

V. Dios nos ama (4.19-21)

El tema del amor de Dios empezó en el capítulo 3 y aquí cierra el capítulo: «Nosotros le amamos a Él, porque Él nos amó primero». Por naturaleza sabemos muy poco respecto al amor (Tit 3.3-6); Dios nos lo ha mostrado en la cruz (Ro 5.8) y lo ha derramado en nuestros corazones (Ro 5.5). Nótese 1 Juan 4.10. «No hay quien busque a Dios», dice Romanos 3.11, de modo que Dios viene en busca del hombre (Gn 3.8; Lc 19.10).

Juan muestra la contradicción entre decir que amamos a Dios mientras que aborrecemos a otros cristianos. ¿Cómo podemos amar a Dios en el cielo cuando no amamos a los hijos de Dios aquí en la tierra? Juan usa el término «hermanos» diecisiete veces en su carta, refiriéndose, por supuesto, a todos los hijos de Dios. Se espera que los cristianos se amen porque han experimentado el amor de Dios en sus corazones.

Dios nos ordena que nos amemos los unos a los otros; véanse 3.11; Juan 13.34,35; 15.17; Colosenses 1.4. Es muy malo que nuestros corazones sean tan fríos que Él tenga que seguir recordándonos esta obligación.

Tenga presente que el amor cristiano no quiere decir que debamos estar de acuerdo con todo lo que un hermano piensa o hace. Tal vez no nos gusten algunas de sus características personales. Pero, debido a que están en Cristo, los amamos por causa de Jesús. Lea Santiago 4 para ver lo que ocurre cuando el egoísmo reina en lugar del amor.

1 JUAN 5

Ahora llegamos a la tercera prueba de nuestra condición de hijos, la prueba de la verdad. «Sabemos» es la expresión clave aquí (vv. 2,15,18-20). Hay varias evidencias en este capítulo.

I. Sabemos qué es un cristiano (5.1-5)

La mayoría de las personas no saben lo que es un cristiano ni cómo pueden convertirse en cristianos. Confían en las obras religiosas y buenas intenciones, dependiendo de la energía de la carne. Dios dice que un cristiano es alguien que ha nacido de nuevo. Lo que convierte a un hijo de desobediencia en un hijo de Dios es la fe en la obra que Cristo consumó (véanse Jn 1.12,13; Stg 1.18; 1 P 1.3). Juan usa la frase «nacido de Dios» siete veces en su primera epístola y describe las «características de nacimiento de los creyentes»: (1) practican la justicia, 2.29; (2) no practican el pecado, 3.9; (3) aman a otros cristianos, 4.7; (4) vencen al mundo, 5.4; y (5) se guardan de Satanás, 5.18.

De nuevo Juan enfatiza el amor, la obediencia y la verdad como las pruebas de la verdadera condición de hijos. Si tenemos a Dios como nuestro Padre y le amamos, seguramente amaremos también a sus otros hijos. Este amor conducirá a la obediencia (véanse Jn 14.21 y 15.10). Donde hay amor, hay disposición y voluntad de servir y agradar a otros. Los mandamientos de Dios no son fastidiosos debido a que le amamos. En cada ciudad hay una ley de que los padres deben cuidar a sus hijos, o de otra manera los encerrarán en la cárcel. ¿Es una carga para los padres trabajar y sacrificarse para cuidar sus hijos? O, ¿los cuidan sólo por temor a esta ley? ¡Nada de eso es verdad! Obedecen la ley porque aman a sus hijos. El cristiano que se queja de que la Palabra de Dios es una carga no sabe el significado de amar. Véase Mateo 11.28-30.

Los cristianos no deben amar al mundo, ni pertenecer al mundo, ni someterse al mundo. Son vencedores, venciendo al mundo, al diablo (2.13,14) y a los falsos maestros (4.4). Vencen por fe en la Palabra de Dios, no por su propio poder o sabiduría.

II. Sabemos quién es Jesús (5.6-13)

Los pecadores deben creer que Jesús es el Cristo y que murió por sus pecados antes de que puedan ser salvos y nacer en la familia de Dios. El versículo 5 recalca la Persona de Cristo y los versículo 6-7 su obra en la cruz. Hay varias explicaciones sugeridas de la frase «agua y sangre». Podemos relacionarla con Juan 19.34-35, donde Juan vio agua y sangre brotando del costado herido de Cristo, probando así que realmente había muerto. O, quizás sea que Juan tuviera en mente a los falsos maestros. Algunos de ellos enseñaban que Jesús era un simple hombre, pero que «el Cristo» vino sobre Jesús en el bautismo y luego le dejó cuando murió en la cruz. Esto significaría que no tenemos ningún Salvador, después de todo. No, dijo Juan, nuestro Salvador Jesucristo fue declarado el Hijo de Dios en su bautismo (Mt 3.17) y lo demostró en la cruz (Jn 8.28; 12.28-33). Por consiguiente, el simbolismo nos recuerda el altar de oro (sangre) y el lavatorio (agua de la Palabra) en el tabernáculo del AT. El Espíritu da testimonio de que Jesús es el Cristo a través de la Palabra escrita de Dios.

La Deidad entera concuerda de que Jesús es el Cristo; y en la tierra el Espíritu, la Palabra (agua) y la cruz (sangre) testifican lo mismo. Dios da testimonio al mundo de que este es su Hijo; y sin embargo la gente no cree. Reciben el testimonio de los hombres, pero rechazan el de Dios. Pero cuando rechazamos este testimonio, hacemos a Dios mentiroso. Todo lo que Dios pide es que confiemos en su Palabra. Podemos descansar en el testimonio interno del Espíritu (v. 10, véase Ro 8.16) conforme Él usa la Palabra. Los versículos 11-13 resumen tan claro como es posible la seguridad que tenemos en Cristo. La vida eterna está en Cristo: Dios ha dado testimonio de esto. Si creemos en el testimonio de Dios, tenemos esta vida en nosotros. La seguridad cristiana no es cuestión de «fabricar» una emoción religiosa; es simplemente cuestión de tomarle a Dios en su Palabra.

III. Sabemos cómo orar con confianza (5.14-17)

Se ha dicho muy bien que la oración no es una manera de vencer la renuencia de Dios sino de aferrarnos a su buena disposición. Si sabemos la voluntad de Dios, podemos orar con audacia. O sea, «orar en el Espíritu» (Jud 20), permitiendo que el Espíritu nos dé el testimonio interno de la voluntad de Dios, respaldado por el testimonio de la Palabra de Dios. Véase 3.22. Juan menciona que se ore en específico por otro creyente que ha pecado de una manera que pudiera resultar en muerte (1 Co 11.30). Este «pecado de muerte» no es un «pecado imperdonable» en el cual el creyente cae sin proponérselo, sino un pecado deliberado en desafío a la Palabra de Dios (Heb 12.9), algo que otros creyentes pueden ver y reconocer como rebelión. A Jeremías se le dijo que no orara por los judíos rebeldes (7.16; 11.14; 14.11; y véase Ez 14.14,20). Cuando mostramos verdadero arrepentimiento y confesamos, el Padre es pronto para perdonarnos y limpiarnos (1 Jn 1.9–2.2).

La verdadera oración es mucho más que decirle palabras a Dios. Involucra buscar la Palabra, permitir que el Espíritu busque las cosas de Dios (Ro 8.26-28) y someterse a la voluntad de Dios al hacer nuestras peticiones. Hay un precio que pagar en esta clase de oración, pero vale la pena.

IV. Sabemos cómo actúa un cristiano (5.18,19)

El verbo griego en el versículo 18 significa «no practica el pecado». Los cristianos no se guardan salvos a sí mismos, pero sí se guardan de las asechanzas del diablo. «Conservaos en el amor de Dios» (Jud 21). «El que fue engendrado por Dios» puede referirse a Jesucristo, el unigénito Hijo, o al creyente; tal vez ambas cosas son verdad. Debemos someternos a Cristo para tener victoria; pero tenemos que luchar «desde» la victoria tanto como «por» la victoria.

El pueblo de Dios debe mantener sus ojos bien abiertos debido a que el mundo está «bajo el maligno». Satanás es el dios de este siglo y el príncipe de las tinieblas. Ha cegado espiritualmente a millones de personas y las ha mantenido en esclavitud.

V. Sabemos la verdad (5.20,21)

El Espíritu y la Palabra siempre concuerdan, por cuanto «el Espíritu es la verdad» (5.6) y la Palabra de Dios es verdad (Jn 17.17). El testimonio del Espíritu en el corazón nunca contradecirá las palabras del Espíritu en la Biblia. Los falsos maestros a quienes Juan se oponía enseñaban que uno tiene que pertenecer a un «círculo interno» especial antes de poder entender el conocimiento espiritual, pero Juan afirma que cualquier creyente verdadero puede conocer la verdad de Dios.

El verdadero Dios se opone a los dioses falsos, los ídolos. Un ídolo es la concepción humana de dios. Dios hizo al hombre a su imagen; ¡ahora los hombres hacen dioses a su propia imagen! Léase Romanos 1.21ss. ¡Nótese que Juan afirma que Jesucristo es el Dios verdadero!

Obediencia, amor y verdad son los pensamientos clave de esta epístola. Son la evidencia de la salvación y esenciales de la comunión, el secreto de una vida verdadera y permanente.

2 Juan

El anciano Juan escribió esta breve carta personal a una mujer estimada en una iglesia local. Los versículos 2-3 son introductorios y describen a la mujer como una persona conocida y querida por su práctica de la verdad (la Palabra de Dios). Nótese que la verdad y el amor van juntos; los cristianos no pueden tener comunión donde exista doctrina falsa. Juan analiza a continuación dos asuntos específicos.

I. La práctica de la verdad (vv. 4-6)

Nótese la repetición de la palabra «andar». La verdad no es simplemente algo que estudiamos o creemos; es una fuerza motivadora en nuestras vidas. No es suficiente saber la verdad; debemos mostrarla mediante nuestras acciones en dondequiera que estemos. Juan se regocijaba porque estaba seguro de que los hijos de esta señora andaban en la verdad, lo cual equivale a «andar en la luz» y que el apóstol analizó en 1 Juan 1.

El amor cristiano no es una emoción que se desarrolla; es simple obediencia a la Palabra de Dios. Los hijos aman a sus padres al obedecerles. «Si me amáis, guardad mis mandamientos» (Jn 14.15). Qué triste es cuando los cristianos dicen amar la Biblia, pero detestan a los hermanos. Aunque los santos difieran en sus interpretaciones de ciertos pasajes de la Palabra, deben estar de acuerdo en cuanto a amarse los unos a los otros. Donde exista un amor sincero hacia la Biblia habrá amor por el pueblo de Dios. El amor a la verdad y el amor a los hermanos no pueden separarse.

II. Proteger la verdad (vv. 7-11)

A. *Los que engañan (v. 7).*

Aquí Juan se refiere a los falsos maestros mencionados en su primera epístola. Nos recuerda que la prueba de un maestro es lo que este cree acerca de Jesucristo. Si el maestro niega que Jesucristo vino en carne, es un maestro falso y procede del anticristo. Mientras que el gran «hombre de pecado» (o anticristo) se revelará al final del siglo (1 Ts 2), el espíritu del anticristo ya está en el mundo (1 Jn 4.3).

B. *Los que destruyen (v. 8).*

Aquí Juan nos advierte a no destruir las cosas que han sido forjadas en Cristo. La manera más fácil de desviarse de su andar cristiano y perder todo el terreno espiritual que ha ganado es enredarse con doctrinas falsas. Satanás es un destructor y usa mentiras para robarles las bendiciones a los santos.

C. *Los que se han apartado (v. 9).*

La palabra «extraviarse» aquí significa «ir más allá». O sea, estos falsos maestros no están contentos con quedarse dentro de los límites de la Palabra de Dios. Son «progresistas» y «modernos», prefieren ir más allá de la Biblia y «mejorar» lo que Dios ha escrito. ¡Este es el tipo equivocado de progreso!

Mientras que los cristianos deben progresar en su andar, nunca deben ir más allá de los límites de la Biblia. Debemos «permanecer» en la doctrina, afirmando las cosas fundamentales de la Palabra de Dios.

Juan nos advierte a no darles la bienvenida en nuestros hogares a estos falsos maestros ni tan siquiera saludarlos. Cualquier ayuda que le damos a los falsos maestros es una participación en sus obras malvadas. Averigüe lo que la gente cree antes de admitirlos en su casa o darles donativos. Verifique con su pastor si tiene alguna pregunta.

3 JUAN

Tercera de Juan se escribió a un miembro de una iglesia local que estaba acosado por problemas. En la carta Juan se refiere a tres hombres.

I. Gayo: Un cristiano próspero (vv. 1-8)

Cuánto agradecemos a Dios por miembros de la iglesia como Gayo. Juan usa la palabra «amado» cuatro veces para referirse a él (vv. 1,2,5,11). El versículo 2 sugiere que quizás Gayo no gozaba de buena salud o que se estaba recuperando de alguna enfermedad. Pero esto sí sabemos: tenía una saludable vida espiritual. Cualquiera que fuera la condición externa del hombre, su interior estaba prosperando.

Gayo era la clase de cristiano respecto al cual otros disfrutan de hablar. Los hermanos (tal vez evangelistas y misioneros viajeros) habían conocido a Gayo y habían sido recibido en su casa. Ellos informaron que andaba en la verdad y fielmente trataba de ayudar a los diferentes obreros cristianos que se cruzaban en su camino. Tenga presente que no había hoteles en los días de Juan, sino sólo posadas incómodas y a menudo peligrosas. Los evangelistas viajeros dependían de los santos para su alimentación y alojamiento. Gayo era de los cristianos que le agradaba recibir a los santos y «encaminarlos» según estos iban de lugar a lugar.

¿Por qué ayudaba Gayo a los santos? En primer lugar, porque los amaba y porque quería participar en su ministerio y contribuir al avance de la verdad. Un hombre que no pueda predicar, sí puede ayudar a otros a hacerlo.

II. Diótrefes: Un cristiano arrogante (vv. 9-10)

Este es la clase de miembro de la iglesia sin el cual bien podemos vivir. Quería ser el «jefe» de la iglesia; le encantaba tener la preeminencia y ser el primero en todo. Colosenses 1.18 dice que sólo Cristo merece la preeminencia. «Es necesario que Él crezca, pero que yo mengüe», fue como lo dijo Juan el Bautista (Jn. 3.30).

¿Cómo actuaba este miembro? Bien, por un lado, pero rehusaba reconocer el liderazgo de Juan. Siempre que un miembro de una iglesia quiere posición y prestigio, usualmente ataca al pastor, bien sea en privado o en forma abierta. Por lo general, empiezan una «campaña de murmuraciones» y tratan de socavar el carácter y ministerio del pastor. Como Absalón, en el AT, «sugieren» que el liderazgo presente no es eficiente (2 S. 15.1-6) y que ellos pudieran manejar las cosas en mejor forma. Hebreos 13.7,17 resuelve esta cuestión de una vez por todas.

Diótrefes decía mentiras sobre Juan. «Parloteando» en el versículo 10 quiere decir «levantar falsas acusaciones» y es similar a las «chismosas» de 1 Timoteo 5.13. Si los miembros de las iglesias recordaran que no deben dar oídos a las acusaciones contra el pastor si no hay testigos presentes, esto ayudaría a resolver el problema del chisme (1 Ti 5.19).

También rehusaba ayudar a los hermanos, e incluso llegaba al extremo de ser un tirano en la iglesia y expulsar de ella a algunos. El NT enseña que en determinados casos de disciplina, se deben separar a algunos miembros, pero Diótrefes los separaba sin darles oportunidad de defenderse ni de ser oídos por la congregación. Nótese 1 Pedro 5.3.

Es esta clase de miembros la que destruye iglesias. Ávidos de poder y autoridad, pisotean la verdad, ignoran la Biblia, entristecen al Espíritu Santo y dispersan el rebaño.

III. Demetrio: Un cristiano agradable (vv. 11-12)

¡Qué refrescante pasar de Diótrefes a Demetrio! Este era la clase de persona que otros podían imitar. Los santos hablaban bien de él y de la misma Palabra. Podría someter a prueba su vida mediante la Biblia y pasaba la prueba.

Las iglesias de hoy necesitan más miembros como Gayo y Demetrio, santos que amen la Biblia, la familia de la iglesia y las almas perdidas. ¡Podemos arreglárnosla mejor sin esos como Diótrefes!

JUDAS

El escritor era medio hermano de Cristo, como se menciona en Marcos 6.3. Jacobo, otro medio hermano del Señor (1 Co 15.7), vio al Cristo resucitado, de modo que sin duda Jacobo [o Santiago (nota del editor)] y Judas llegaron a ser creyentes más o menos al mismo tiempo. Los hermanos de Cristo se mencionan en Hechos 1.13,14 como participantes en una reunión de oración antes del Pentecostés. Nótese que Judas no se jacta de su relación humana a Cristo. Prefiere llamarse un esclavo, un «siervo de Jesucristo» y hermano de Jacobo. Aunque en su carta Judas habla del juicio, se cuida de destacar que el verdadero creyente es guardado en Cristo (vv. 1,24). No nos guardamos salvos nosotros mismos, sino que debemos guardarnos en el amor de Dios obedeciendo su Palabra (v. 21).

I. El objetivo de la carta (vv. 3-4)

Judas empezó a escribir un mensaje sobre la «salvación», pero el Espíritu lo guió a abandonar su tema y a advertir a los creyentes respecto a los falsos maestros que surgieron en la iglesia. Usted notará que muchos versículos de Judas son semejantes a 2 Pedro 2. Pedro profetizó que esos falsos maestros vendrían (2 P 2.1; 3.3), de ahí que Judas escribiera posteriormente, pues dice que ya están allí y activos. Nos recuerda que Pedro ya había anunciado su condenación. Identifica a esos falsos maestros como las mismas personas que Pedro describió: se introducen encubiertamente, traen falsa doctrina y viven en pecado. «Que convierten en libertinaje la gracia de nuestro Dios» (v. 4) quiere decir que les decían a la gente que la gracia les permitía vivir como se les antojara. Véase Romanos 6.1ss.

¿Cómo deben reaccionar los cristianos ante este peligro? «Que contendáis ardientemente por la fe» (v. 3) es lo que Judas ordena. Debemos defender la verdad de Dios y el cuerpo de doctrina que el NT llama «la fe». Debemos ser soldados que defiendan la fortaleza a cualquier costo.

II. El argumento (vv. 5-16)

El tema de Judas en esta sección es la condenación de esos falsos maestros y de quienes les siguen. Cita siete ejemplos del AT para probar su punto:

A. *Israel (v. 5)*.

Dios libró a Israel de Egipto y sus plagas, pero después tuvo que destruir a los incrédulos. Judas deja en claro que estos hombres no eran creyentes; el versículo 19 indica que no tenían el Espíritu. La simple presencia «en la iglesia» no es evidencia de salvación. Muchos judíos estaban «en la nación» y sin embargo fueron destruidos debido a su pecado.

B. *Ángeles caídos (v. 6)*.

Véase 2 Pedro 2.4. Tal parece que Judas se refiere a los ángeles que convivieron con las hijas de los hombres, según Génesis 6. Esta fue la trama de

Satanás para corromper la raza humana y estorbar así el nacimiento de la Simiente prometida (Gn 3.15). Esos ángeles que desafiaron a Dios fueron juzgados y encarcelados en el Tártaro, una parte especial del infierno.

C. Sodoma y Gomorra (v. 7).

La frase «de la misma manera» sugiere que los pecados de estas ciudades eran semejantes a la fornicación de los ángeles mencionados en el versículo 6. Segunda de Pedro 2.6-8 se refiere a estas ciudades perversas. Judas dice que el juicio de estas ciudades es una ilustración del infierno.

D. Miguel y Moisés (vv. 8-10).

El arcángel Miguel es el ángel especial para Israel (Dn 12.1). La referencia aquí parece ser a la sepultura de Moisés (Dt 34.6). Dios traerá de nuevo a Moisés como uno de los testigos a los judíos durante el período de la tribulación (Ap 11), pero Satanás trató de apoderarse del cuerpo. El punto de Judas es que el arcángel no reprendió a Satanás, porque esto requiere más autoridad de la que Miguel realmente tenía. El ángel permitió a Dios que pronunciara la reprimenda. Esos falsos maestros, en su orgullo, menospreciaban la autoridad, y en su pecado e ignorancia hablaban mal de las cosas santas.

E. Caín (v. 11).

Este ejemplo nos lleva de regreso a Génesis 4, donde Caín aparece ante el altar sin sacrificio de sangre. La manera de Caín es la misma de la religión hecha por el hombre, rechazando la revelación de Dios y la sangre del Salvador. Véanse 1 Juan 3.11,12; Hebreos 11.4.

F. Balaam (v. 11).

Véase 2 Pedro 2.15,16. El error de Balaam se trataba de conducir a otros al pecado para obtener ganancia personal. Balaam sabía la verdad, pero deliberadamente guió a Israel al pecado para ganar dinero, Véase Números 22–25, especialmente 25.1-9.

G. Coré (v. 11).

Léase Números 16. Coré y sus seguidores rechazaron la autoridad divina dada a Moisés y trataron de adueñarse del poder. Los falsos maestros se autoexaltan y pasan por alto la autoridad de los siervos de Dios. Ellos serán juzgados, así como lo fueron Coré y sus seguidores.

En los versículos 12-13 Judas describe a estos falsos maestros en términos vívidos; léalos en una traducción moderna para notar una descripción precisa. ¿De qué valen nubes sin agua, árboles sin fruto y estrellas que deambulan y por eso no proveen de ninguna ayuda al viajero? Judas cierra su argumento citando a Enoc que, al principio de la historia, profetizó su condenación. Nótese en estos versículos la repetición de la palabra «impíos».

III. La admonición (vv. 17-25)

¿Cómo deben actuar los cristianos a la luz de esta situación? Primero, deben recordar la Palabra (véase 2 P 3). Cristo prometió que vendrían burladores y ahora ya han aparecido. El crecimiento de la apostasía es evidencia adicional de la determinación de Satanás a bloquear la verdad de la Palabra de Dios. Todavía más, los cristianos deben crecer espiritualmente, edificándose en el Señor. Hacen esto orando en el Espíritu (conforme el Espíritu guía, véase Ro 8.26,27), obedeciendo la Palabra, y de este modo permaneciendo en el amor de Dios y velando por el regreso de Cristo. Qué combinación de una vida cristiana victoriosa: orando, aprendiendo y viviendo la Biblia y esperando el regreso de Cristo.

¿Cómo deben actuar los cristianos con los que siguen a esos falsos maestros? «Convencedlos» (v. 22) es su admonición. En otras palabras, traten cada situación individualmente. Algunas personas necesitan que se les muestre compasión; otras pueden ser salvadas y arrebatadas del fuego. Algunas tal vez ya hayan ido demasiado lejos como para ayudarles. Judas nos advierte que, al procurar ayudar a otros, debemos tener cuidado de no contaminarnos nosotros mismos. El sacerdote del AT no debía contaminar sus vestidos y los cristianos del NT (que también son sacerdotes) deben conservarse sin mancha en el mundo (Stg 1.27).

Judas cierra con una maravillosa bendición, enfatizando el poder de Cristo para guardar a los suyos. Los cristianos no se guardan a sí mismos salvos; Cristo los guarda hasta el mismo fin. El versículo 1 dice que somos «guardados en Jesucristo», indicando que el Padre tiene un interés personal en nuestra preservación. El versículo 24 también lo indica. ¿Qué más seguridad podría desear el cristiano?

Hebreos 12.2 dice que Cristo soportó la cruz «por el gozo puesto delante de Él». Judas nos dice cuál fue ese gozo: el privilegio de presentar a su Iglesia ante el Padre en gloria. El Novio presentará un día a su novia sin mancha en gloria. ¡Qué día será ese!

Al leer esta epístola uno no puede sino darse cuenta de que los cristianos deben defender la fe y oponerse a los falsos maestros. Cristo nos guarda, pero quiere que nosotros guardemos el depósito que Él ha dejado en nuestras manos (2 Ti 1.13-14; 1 Ti 6.20). Hay una condenación terrible esperando a quienes rechazan a Cristo y enseñan las mentiras de Satanás. Salvaremos a algunos; a otros podremos solamente tenerles compasión. ¡Que Dios nos ayude a ser fieles hasta que Él venga!

APOCALIPSIS

Bosquejo sugerido de Apocalipsis

Versículo clave (1.19)

I. Las cosas que has visto (1)
    A. La visión de Juan del Cristo glorificado como el Rey-Sacerdote

II. Las cosas que son (2–3)
    A. Las siete iglesias revelan la condición del pueblo de Dios

III. Las cosas que vendrán después (4–22)
    A. El Rapto de la Iglesia (4–5)
        1. Juan es levantado
        2. El Cordero se sienta en su trono
    B. La tribulación de siete años (6–19)
        1. Primera mitad de la tribulación (6–9)
        2. A mediados de la tribulación (10–14)
        3. La segunda mitad de la tribulación (15–19)
    C. El reino milenial de Cristo (20)
    D. Los nuevos cielos y la nueva tierra (21–22)

Notas preliminares a Apocalipsis

I. Trasfondo

El apóstol Juan asumió la obra pastoral en Éfeso alrededor del año 70 d.C., incluyendo las iglesias del área circunvecina, las «siete iglesias de Asia Menor» de Apocalipsis 2–3. El emperador romano Nerón había perseguido a los cristianos en Roma, pero la «prueba de fuego» que Pedro había prometido (1 P 4.12ss) todavía no había empezado. Mas cuando Domiciano ascendió al trono (81-96 d.C.), la persecución se intensificó. Domiciano era un asesino a sangre fría como nunca se encontrará en las páginas de la historia. Promovió la «adoración al emperador» y empezaba sus anuncios con: «Nuestro señor y dios Domiciano ordena». Toda persona que hablaba con él debía llamarle: «señor y dios». Fue riguroso en su tratamiento tanto a los judíos como a los cristianos, y bajo su decreto Juan tuvo que ir al exilio en la isla de Patmos, una isla rocosa de quince kilómetros de largo y diez de ancho, en el Mar Egeo. Roma tenía un campamento penal allí, en donde los prisioneros trabajaban en las minas. Fue allí en este desolado paraje que Juan recibió las visiones que forman Apocalipsis. Lo escribió alrededor del año 95 d.C.

II. Carácter

Apocalipsis es un libro único, con características que deben notarse. El texto de Juan es:

A. *Profético.*

Es un libro de profecía (1.3; 10.11; 19.10; 22.7,10,18,19).

B. *Cristocéntrico.*

Es la revelación de Jesucristo, no simplemente un programa profético. En el capítulo 1, Él es el Sacerdote-Rey resucitado; en los capítulos 2–3 examina a las iglesias; en los capítulos 4–5 recibe adoración y alabanza y el título de propiedad de la creación; en los capítulos 6–19 juzga al mundo y vuelve en gloria; y en los capítulos 20–22 reina en gloria y poder.

C. *Abierto.*

La palabra «apocalipsis» literalmente significa «descorrer el velo». A Daniel se le dijo que sellara su libro (Dn 12.4), pero a Juan, «no selles» (22.10). En lugar de ser una colección de profecías enigmáticas, Apocalipsis es el velo de Cristo que se descorre de manera ordenada y razonable y de su victoria final sobre Satanás, el pecado y el sistema mundial.

D. *Simbólico.*

«La declaró enviándola» (1.1) sugiere que el libro usa señales y símbolos para trasmitir su mensaje. Algunos se explican (1.20; 4.5), otros quedan sin explicación (4.4; 11.3) y se explican otros en referencia a los paralelos del AT (2.7,17,27,28). Este simbolismo espiritual sería claro para los cristianos que recibirían el libro, pero no tendría ningún sentido para sus perseguidores romanos. Téngase presente que los símbolos hablan de la realidad. Una bandera, por ejemplo, indica la existencia de una nación. El cuadro de Cristo en 1.12-16 no es literal, pero cada uno de estos símbolos implica una verdad espiritual acerca de Él.

E. Basado en el AT.

Es imposible comprender el libro sin referirse a las Escrituras del AT. De los 404 versículos que hay en Apocalipsis, 278 contienen referencias al AT. Se calcula que en Apocalipsis hay más de 500 referencias o alusiones al AT, siendo los Salmos, Daniel, Zacarías, Génesis, Isaías, Jeremías, Ezequiel y Joel a los que se hace referencia con más frecuencia.

F. Numérico.

Hay una serie de «sietes» en el libro: siete iglesias, sellos, trompetas, copas, candeleros, etc. El número tres y medio también aparece con frecuencia (11.2,3; 12.6; 13.5). También hallamos a los 144.000 (múltiplo de 12) israelitas sellados, dos estrellas (12.1), doce puertas (21.12) y doce cimientos (21.14).

G. Universal.

Apocalipsis enfoca al mundo entero. Juan ve naciones, pueblos, multitudes (véanse 10.11; 11.9; 17.15, etc.). Este libro describe el juicio de Dios sobre el mundo y su creación de un nuevo mundo para su pueblo.

H. Majestuoso.

Este es el «libro del trono», porque desde el capítulo 4 hasta el final leemos acerca del Rey y su gobierno. La palabra «trono» se usa cuarenta y cuatro veces; «rey», «reino», o «gobierno» alrededor de treinta y siete veces; «poder» y «autoridad» unas cuarenta veces. Vemos a Cristo como el Soberano del universo, rigiendo desde el trono celestial.

I. Compasivo.

Por todo el libro vemos los sufrimientos del pueblo de Dios y la compasión del cielo por el pueblo de Dios en la tierra. Juan está en el exilio (1.9); Antipas es martirizado (2.13); la iglesia de Esmirna enfrentará prisión (2.10); las almas debajo del altar claman por el juicio vengador de Dios (6.9,10); la hora del juicio ha llegado (3.10); la gran ramera ha bebido la sangre de los santos (17.6; 18.24; 19.2). Sin embargo, Dios juzgará al mundo y salvará a su pueblo.

J. Culminante.

Apocalipsis es el clímax de la Biblia y muestra el cumplimiento del plan y propósito de Dios para el universo.

III. Interpretación

Intérpretes buenos y consagrados difieren en el significado de los detalles del libro. Se han sugerido cuatro interpretaciones amplias:

A. Preterista (del latín preter, que significa «pasado»).

Este enfoque afirma que todo en el libro ocurrió en el primer siglo. Juan se refiere, dicen, a la guerra entre la Iglesia y Roma. Juan escribió a los santos para consolarlos y animarlos en su tiempo de persecución. Pero Juan indica siete veces que escribe *profecía*. Sin duda que el libro tuvo un valor especial para quienes soportaban la persecución romana, pero su valor no cesó con el final de la era apostólica.

B. Histórica.

Los intérpretes en este campo argumentan ver el cumplimiento de la historia de la Iglesia en los símbolos de Apocalipsis. Creen que el libro bosqueja el curso de la historia desde los tiempos apostólicos hasta el fin del siglo. Investigan en los libros de historia para hallar acontecimientos que parecen ser paralelos a los que se mencionan en Apocalipsis, pero algunas veces los resultados son desastrosos. Un intérprete ve a Lutero y a la Reforma como un símbolo mientras que, para otro erudito, iindica la invención de la imprenta! ¿De qué valor sería Apocalipsis para los creyentes en el día de Juan si todo lo que el libro hacía era predecir la historia mundial? ¿Y qué valor tendría eso para nosotros hoy en día?

C. Espiritual.

Esos estudiosos destierran por completo la idea de profecía y usan Apocalipsis como una presentación simbólica del conflicto entre Cristo y Satanás, el bien y el mal. Rechazan la idea de que Juan escribe sobre sucesos reales; afirman que él analiza sólo los principios espirituales básicos. Pero de nuevo Juan nos dice que escribe *profecía*. Aunque reconocemos que Apocalipsis contiene en efecto muchos principios espirituales básicos en forma simbólica, también debemos admitir que el libro se relaciona con sucesos reales que ocurrirán un día en el mundo.

D. Futurista.

Esta escuela hace hincapié en que Apocalipsis es profecía; los capítulos 6 al 22 describen un escenario de acontecimientos que se revelarán en la tierra y en el cielo después del Arrebatamiento de la Iglesia. A pesar de que tales eruditos reconocen las lecciones espirituales del libro, también admiten que habla respecto a sucesos reales que un día acontecerán. Si Apocalipsis no se debe interpretar como profecía, Dios no ha dado a la iglesia en el NT un libro que explique el futuro del mundo, el curso de los acontecimientos, la victoria de la Iglesia, el juicio del pecado y el cumplimiento de las promesas y las profecías que se hallan en el AT. Esto es inconcebible. No, Apocalipsis es ese libro; y el estudiante que lo aborda reverentemente como profecía de sucesos que ocurrirán después del Arrebatamiento de la Iglesia, recibirá recompensa por sus esfuerzos.

IV. Génesis y Apocalipsis: Libros complementarios

Génesis	Apocalipsis
Creación de los cielos y la tierra (Caps. 1–2)	Creación de los nuevos cielos y la nueva tierra (Caps. 21–22)
El primer Adán reinando sobre la tierra (1.26)	El reinado en gloria del Postrer Adán (21.5)
Creación de la noche y los mares (1.5,10)	No más noche; no más mar (21.1,25)
Una esposa para Adán (2.18-25)	La novia preparada para Cristo (19.7ss)
Un árbol de la vida en Edén (2.9; 3.22)	Un árbol de la vida en la nueva creación (22.2)
Muerte y una maldición (3.14,17-19)	No más maldición; no más muerte ni lágrimas (22.3)
Conflicto entre Cristo y Satanás (3.15)	Condenación final de Satanás (20.10)
El hombre separado de la presencia de Dios (3.23; 4.16)	El hombre ve la cara de Dios en gloria (22.4)
Los creyentes en busca de una ciudad (Heb 11.13-16)	La ciudad santa presentada en gloria (21.10)
«¿Dónde está el cordero?» (22.7)	El Cordero reina (22.3)
Satanás pronuncia la primera mentira (3.1)	Nadie que mienta entra en la ciudad (21.27)

Apocalipsis, entonces, bosqueja el programa de Dios para la historia humana. Lo que empezó hace siglos en la primera creación, se completará finalmente en la nueva creación. Este es el «libro con una bendición» (1.3, y véanse las otras seis «bendiciones» en 14.13; 16.15; 19.9; 20.6; 22.7,14). Nos muestra que «la historia es la historia de Cristo»; que los asuntos humanos están en las manos de nuestro Cristo victorioso. El estudio de este libro nos estimulará e inspirará a servir y a recibir la preparación para tener vidas limpias, de manera que estemos listos para cuando Él vuelva.

APOCALIPSIS 1

Dios el Padre le dio el contenido del libro a Cristo, quien se lo dio a su ángel para que se lo diera al apóstol Juan. «Su ángel» puede traducirse como «su mensajero», puesto que la palabra griega *angelos* (ángel) significa «mensajero» (22.16). «La declaró» indica que el libro usa signos y símbolos para trasmitir la verdad espiritual. Juan en realidad vio el contenido del libro desplegarse ante sus ojos. Físicamente estaba en la isla de Patmos (1.9), pero Dios lo transportó al cielo (4.1), al desierto (17.3) y a una montaña (21.10) para que pudiera presenciar estos acontecimientos y registrarlos para nosotros.

Hay una bendición para el que lee este libro en voz alta y para los que oyen con corazones atentos. Pero el versículo 3 indica que Apocalipsis no es un libro para estudiarse con indolente curiosidad; estas palabras deben «guardarse», o sea, obedecerse y practicarse.

Las frases «está cerca» (v. 3) y «que deben suceder pronto» (v. 1) no significan que estas profecías se iban a cumplir de inmediato en los días de Juan. Más bien indican cuán velozmente pasará el tiempo cuando estas se cumplan. Hoy el Dios compasivo está a la espera de los pecadores para darles una oportunidad de arrepentirse. Pero cuando llegue el tiempo de estos juicios, no habrá más demora.

I. El Cristo que Juan conoció (1.4-8)

Juan envía saludos a las iglesias del Asia Menor como se le ordenó que hiciera (v. 11). Repasa la maravilla de la Deidad, nombrando a cada una de las Personas de la Trinidad:

A. El Padre.

«Del que es y que era y que ha de venir» (v. 4), esto es, el Dios eterno. Véanse 1.8 y 4.8. Dios se yergue sobre la historia; no está limitado por el tiempo.

B. El Espíritu.

«Siete» es el número que indica algo completo y significa la plenitud del Espíritu. En 4.5 vemos que los siete espíritus se simbolizan por siete lámparas; y en 5.6 por siete ojos. Cristo tiene los siete espíritus (3.1); el Espíritu apunta a Cristo.

C. El Hijo.

A Cristo se lo presenta en su Persona triple como Profeta (testigo fiel), Sacerdote (el primogénito de los muertos; o sea, superior a los que se levantaron de entre los muertos) y Rey (soberano de los reyes de la tierra). Luego Juan alaba a Dios por la triple obra que Cristo logró en la cruz: nos amó, nos lavó (o libertó) de nuestros pecados y nos hizo un reino de sacerdotes. El dominio que perdimos en Adán lo recuperamos en Cristo.

El versículo 7 es la primera de siete referencias en Apocalipsis a la venida de Cristo (2.25; 3.3,11; 22.7,12,29). Este regreso es público (Dn 7.13; Hch 1.8ss) y no debe confundirse con el Rapto de la Iglesia, el cual es secreto (1 Ts 4.13ss). Los gentiles lamentarán por Él y los judíos verán al que traspasaron (Zac 12.10-12; véase Mt 24.27-30).

II. El Cristo a quien Juan oyó (1.9-11)

Juan estaba en el exilio en una isla ubicada aproximadamente a cien kilómetros de Éfeso, lugar donde había pastoreado las iglesias de Asia. En Marcos 10.35-45 Jacobo y Juan pidieron tronos; en años posteriores, sin embargo, sufrieron gran tribulación. Jacobo fue ejecutado (Hch 12) y Juan sufrió el exilio. Lo enviaron al exilio debido a la Palabra de Dios que había predicado. Es interesante que Juan menciona el mar veintisiete veces en este libro. «En la isla[...] en el Espíritu» (vv. 9-10): ¡qué maravillosa situación! Nuestra ubicación geográfica nunca debe privarnos de las bendiciones espirituales.

Juan oyó la voz de Cristo como una trompeta. Las trompetas son importantes en Apocalipsis; en 4.1 la trompeta llama a Juan al cielo, un cuadro del arrebatamiento; y en 8.2ss las trompetas señalan que la ira de Dios se derramará sobre el mundo. En el AT los judíos usaban trompetas para reunir a la asamblea, para anunciar la guerra o para proclamar días especiales (Nm 10). La trompeta de Dios llamará a la Iglesia a su hogar (1 Ts 4.16), reunirá a Israel (Mt 24.31) y anunciará la guerra sobre el mundo (Ap 8.2ss). La voz le dijo a Juan que escribiera este libro y lo enviara a las iglesias de las cuales él había sido separado. Había más de siete iglesias en esta área, pero Cristo escogió estas siete para representar las necesidades espirituales de su pueblo.

III. El Cristo que Juan vio (1.12-20)

Juan ya no conocería más a Cristo «según la carne» (2 Co 5.16); ahora Él es el Rey-Sacerdote resucitado y exaltado. Juan vio al Cristo glorificado en medio de los siete candeleros, que simbolizan a las siete iglesias (1.20). El pueblo de Dios es la luz del mundo; la Iglesia no crea la luz, sino que sólo la mantiene y le permite brillar. No vemos una sola lámpara gigantesca; más bien tenemos siete candeleros separados.

Use sus referencias cruzadas para estudiar los símbolos que aquí se emplean para indicar al Cristo glorificado. Sus vestidos son los de un Sacerdote-Rey. El caballo blanco habla de su eternidad (Dn 7.9). Sus ojos lo ven todo y juzgan lo que ven (Dn 10.6; Heb 4.12; Ap 19.12). Cristo, en medio de las iglesias, ve lo que ocurre y juzga. Los pies de bronce hablan de juicio; el altar de bronce era el lugar donde se juzgaba el pecado. Su voz, «como el estruendo de muchas aguas», sugiere dos cosas: (1) el poder de su Palabra, como el mar; y (2) todos los «arroyos» de la revelación divina convergen en Cristo. Véanse el Salmo 29 y Ezequiel 43.2.

Tiene en su mano siete estrellas y estas son los mensajeros (o pastores) de las siete iglesias. Es posible que vinieran mensajeros de estas iglesias a Juan y recibieran personalmente el libro de Apocalipsis. Las estrellas son los mensajeros (1.20); Cristo tiene a sus siervos en sus manos. Véase Daniel 12.3. La espada que sale de su boca es su Palabra que juzga; véanse Isaías 11.4; 49.2 y también Apocalipsis 2.12,16 y 19.19-21. El brillo de su faz es como el sol que habla de su gloria (Mal 4.2). En 22.16, Él es la brillante estrella de la mañana, porque aparecerá por su Iglesia cuando la hora sea más oscura, antes de que la ira de Dios irrumpa en el horizonte.

Cuando Cristo estaba en la tierra, Juan se recostó a su lado (Jn 13.23); pero ahora cae a sus pies (Dn 8.17; y véase Ap 22.8). Los santos de hoy deben evitar llegar a tener demasiada «familiaridad» con Cristo en su hablar y actitudes, porque Él merece todo honor y alabanza. Cristo le asegura a Juan y calma sus temores. Cristo es el primero y el último (1.8; 22.13), de modo que no hay necesidad de temer. Él tiene las llaves del Hades (no «infierno»), el campo de los muertos. El Hades un día entregará las almas de los perdidos (20.13,14).

En 1.19 Cristo nos bosqueja el Apocalipsis (véase el bosquejo). Seguir cualquier otro método es presumir que sabemos más sobre este libro de lo que Cristo sabe.

En los capítulos 2–3 Cristo analiza a las siete iglesias. Al estar en medio de ellas, examina su condición espiritual con ojos de fuego. Esto lo hace hoy en día. No importa lo que los hombres o las denominaciones piensen respecto a una iglesia; ¿qué piensa Cristo de ella? Debemos notar que los diferentes elementos de la descripción de Cristo en los versículos 13.16 se repiten en las cartas a las siete iglesias. Ese atributo de Cristo que se aplica a las necesidades particulares de la Iglesia es lo que se enfatiza en el mensaje. El peligro para las iglesias es que Cristo quite su testimonio (2.5). Él prefiere tener a una ciudad en tinieblas que un candelero fuera de su divina voluntad.

Mucho del simbolismo de este capítulo se repetirá más tarde en el libro. No se puede enfatizar mucho en que examine sus referencias cruzadas mientras estudia.

IV. Las siete iglesias del Asia Menor

Si Apocalipsis 1.19 es el bosquejo inspirado del libro, Apocalipsis 2–3 se refiere a «las cosas que son». En otras palabras, Cristo seleccionó siete iglesias de entre las muchas del Asia Menor para recalcar su mensaje específico. Es cierto que había pecados en las otras iglesias, pero las cuestiones que se tratan en estas siete iglesias cubren todas las circunstancias posibles. Cristo seleccionó estas siete iglesias para ilustrar las condiciones espirituales posibles en las iglesias hasta que Él vuelva.

Algunos estudiosos creen que estas iglesias también ilustran la «historia profética» de la iglesia desde los tiempos apostólicos hasta el fin del siglo: Éfeso era la iglesia de los tiempos apostólicos que empezaba a perder su primer amor por Cristo; Esmirna era la iglesia perseguida de los primeros siglos (c. 100-300 d.C.); Pérgamo era la que se unió a Roma, la iglesia estado; Tiatira representaba la dominación por parte del catolicismo romano; Sardis simbolizaba la iglesia de la Reforma; Filadelfia («amor fraternal») simbolizaba la iglesia misionera de los postreros días; y Laodicea era la iglesia tibia y apóstata de los últimos días. Sin embargo, tenga presente que todas las condiciones mencionadas estaban presentes en las iglesias en ese mismo tiempo y que están presentes también hoy en día. Aún más, si esta secuencia es una «historia profética» de la Iglesia, Jesús no podría volver por su pueblo hasta la era de la iglesia de Laodicea; y esto haría imposible su inminente venida. Mientras que las siete iglesias pueden ilustrar el desarrollo general de la iglesia a través de las edades, ese no fue el propósito principal de estas siete cartas.

Nótese que en cada iglesia se pronuncia una palabra especial: «al que venciere» (2.7,11,17,26; 3.5,12,21). Estos «que vencieren» no son los «supersantos» de cada iglesia, un grupo especial que recibirá privilegios especiales de Cristo, sino los verdaderos creyentes en cada una de estas iglesias. No nos atrevemos a dar por sentado de que cada miembro de cada iglesia en cada período de la historia es un verdadero hijo de Dios. Los que realmente pertenecen a Cristo son los «que vencen» (1 Jn 5.4,5). En cualquier época de la historia ha habido verdaderos santos en la iglesia profesante (a menudo llamada «la iglesia invisible»). Cristo les da una palabra especial de estímulo que sin duda podemos aplicarnos hoy a nosotros mismos.

Nótese también que Satanás se menciona en conexión con cuatro iglesias: (1) causó la persecución en Esmirna, 2.9; (2) tiene su trono en Pérgamo, 2.13; (3) enseña sus «profundidades» en Tiatira, 2.24; y (4) usa su «sinagoga» de falsos cristianos para oponerse a los esfuerzos de ganar almas en Filadelfia, 3.9.

Cristo destaca varios peligros en estas iglesias:

A. *Los nicolaítas (2.6,15).*

El nombre «Nicolás» significa «conquistar al pueblo» y sugiere una separación entre el clero y los laicos de las iglesias. Este pecado empezó como «obras» en Éfeso (v. 6), pero se convirtió en doctrina en Pérgamo. De modo que ocurre así: los engañadores introducen falsas actividades en la iglesia y antes de que pase mucho tiempo estas se aceptan y estimulan.

B. *Sinagoga de Satanás (2.9; 3.9).*

Quizás esto se refiera a las iglesias con personas que decían ser creyentes, pero que en realidad era hijos del diablo (Jn 8.44). La palabra «sinagoga» simplemente significa «reunir» o «juntar»; es una asamblea de gente religiosa. Satanás, entonces, ¡tiene una iglesia!

C. *La doctrina de Balaam (2.14).*

Lea Números 22–25. Balaam guió a Israel al pecado al decirle que debido a que era el pueblo del pacto de Dios, se podía mezclar con paganos sin ser juzgado. Balaam no podía maldecirlo, pero podía tentarlo con pecados de la carne. Esta doctrina, entonces, es la idea de que la iglesia puede casarse con el mundo y todavía servir a Dios.

D. Jezabel (2.20).
Lea 1 Reyes 16 hasta 2 Reyes 10. Jezabel fue la esposa pagana del rey Acab, una mujer que llevó a Israel a la adoración de Baal. Sedujo a Israel con su falsa enseñanza.

V. El mensaje personal

Nótense los problemas espirituales en estas iglesias y lo que Jesús les instruyó que hicieran para poder tener su bendición:

A. *Éfeso*.
Muy atareada trabajando para el Señor, pero sin ningún amor sincero por Él. Programa sin pasión. Esta es la iglesia afanada por las grandes estadísticas, pero que se aleja de una entrega de corazón a Cristo.

B. *Esmirna*.
El Señor no critica a esta iglesia, pero sin embargo hay un peligro presente. Esta era una iglesia pobre y que sufría. Qué fácil hubiera sido hacer compromisos, enriquecerse y escapar de la persecución. Cuán desalentados deben haber estado debido a que no eran «ricos» como la iglesia de Laodicea.

C. *Pérgamo*.
Esta iglesia tenía miembros que sostenían la falsa doctrina de que era fácil confesar a Cristo, mientras que al mismo tiempo se vivía en pecado. También, la gente estaba bajo la pesada mano de dictadores espirituales que se autoexaltaban, no al Señor.

D. *Tiatira*.
Esta mujer estaba fuera de lugar al enseñar la doctrina; su doctrina llevó a la gente al pecado. Debemos mantener el orden de Dios en la iglesia local (1 Ti 2.11-15)

E. *Sardis*.
Reputación sin vida. Sus mejores días estaban detrás. Esta es la iglesia que «ha sido», un gran nombre en el pasado, pero sin ministerio hoy. Está lista para morir, pero puede recibir nueva vida si afirma lo que tiene.

F. *Filadelfia*.
La iglesia ante la puerta abierta, que lleva el evangelio al mundo. Esta es la iglesia que sostiene la Palabra y honra el nombre de Cristo. Pero la sinagoga de Satanás no está lejos y siempre hay el peligro del compromiso.

G. *Laodicea*.
La iglesia tibia y apóstata, con un gran presupuesto y nada de bendición. Esta es la iglesia que es rica en lo material y pobre en lo espiritual. ¡Y la tragedia es que la gente no sabe cuán pobre y miserable son en realidad! Cristo está fuera de la iglesia, llamando a que tan siquiera un creyente que se someta a Él.

APOCALIPSIS 2

I. Éfeso: La iglesia descarriada (2.1-7)

Aquí se enfatiza las manos y los pies del Cristo exaltado: Él sostiene las estrellas (los mensajeros de las iglesias) y anda en juicio entre las iglesias (los candeleros). Empieza con Éfeso, la ciudad más próxima a Patmos. Era un gran centro comercial. El emperador había hecho de Éfeso una ciudad libre; tenía el título de «Suprema Metrópolis de Asia». De suma importancia era el templo de Diana, una de las siete maravillas del mundo antiguo. Tenía como 130 m de largo, 70 de ancho y 20 de alto, con grandes puertas plegables y 127 columnas de mármol, algunas de ellas cubiertas de oro. La adoración a Diana era «inmoralidad religiosa» en su peor expresión. Léase Hechos 19–20.

La iglesia de Éfeso tenía obras, trabajo y paciencia; pero no tenía amor por Cristo. En contraste, los tesalonicenses fueron elogiados por su «trabajo de vuestro amor y de vuestra constancia en la esperanza» (1 Ts 1.3). Lo que cuenta no es «lo que» hacemos por Cristo, sino el motivo detrás de eso, el incentivo. Éfeso tenía una iglesia atareada con altas normas espirituales. No podían soportar «gente indigna [malos]» y no prestaba atención a los falsos maestros. La obra había sido difícil, pero no habían desmayado. Desde el punto de vista humano tenía éxito en todo. Algunas de las atareadas iglesias de hoy con sus calendarios repletos y obreros exhaustos encajarían en esta descripción.

Pero el Varón en medio de las iglesias vio lo que faltaba: habían dejado (no «perdido») su primer amor (Jer 2.2). La iglesia local está casada con Cristo (2 Co 11.2), pero siempre existe el peligro de que ese amor se enfríe. Como Marta, podemos estar tan atareados trabajando para Cristo que no tenemos tiempo para amarle (Lc 10.38-42). Cristo está más interesado en lo que hacemos con Él que en lo que hacemos por Él. El trabajo no es sustituto del amor. Para el público la iglesia de Éfeso era de éxito; para Cristo, había caído.

Su consejo a ella está en estas palabras: «recuerda, arrepiéntete, haz las primeras obras» (v. 5). Si queremos regresar a nuestro primer amor, debemos repetir las primeras obras, esos esfuerzos de amor que caracterizaron nuestro primer encuentro con Cristo. Si la iglesia no retorna su corazón a su condición correcta, se le quitará el candelero. La iglesia local debe brillar como una luz en el mundo. Sin verdadero amor por Cristo, su luz se apagará.

Los elogia por aborrecer las obras de los nicolaítas. El nombre griego «Nicolás» significa «conquistar al pueblo». Se refiere al desarrollo de una casta sacerdotal (clero) en la iglesia, que desplaza a los creyentes comunes. Mientras que debe haber liderazgo pastoral en la iglesia, no debe haber diferencias entre el «clero» y los «laicos», donde los primeros se enseñorean sobre los segundos.

II. Esmirna: La iglesia sufriente (2.8-11)

Note cómo cada descripción de Cristo vuelve al cuadro que se da en 1.13-16 y cómo cada una satisface la necesidad especial de cada iglesia. Esmirna era la iglesia perseguida, de modo que Cristo les recuerda su propio sufrimiento, muerte y resurrección (2.8). Esmirna significa «amarga» y se relaciona a la palabra «mirra». Uno piensa en la fragancia que se libera debido al destrozo de la persecución. La iglesia siempre ha sido la más pura y la más fragante cuando ha atravesado tiempos de sufrimiento.

Cristo no critica a esta iglesia. Los santos eran fieles a pesar del sufrimiento. Pensaban que eran pobres, pero eran ricos; contrasta con Laodicea, quienes pensaban que eran ricos, pero eran pobres (3.17). Los falsos cristianos (de la sinagoga de Satanás, Jn 8.44; Flp 3.2) blasfemaban (calumnias) contra los santos. Satanás está detrás de toda esta persecución, incluso la que se hace en nombre de la religión. Cristo les promete que habrá más persecución; los «diez días» (v. 10) puede referirse a las diez grandes persecuciones de los primeros siglos de la Iglesia. Satanás viene como un león, buscando a quien devorar (1 P 5.8), pero la persecución sólo consigue fortalecer a la Iglesia.

El enemigo puede matar el cuerpo, pero el santo nunca debe temer la segunda muerte, que es el infierno (20.14; 21.8). Los que han nacido dos veces morirán sólo una vez. Los que han nacido sólo una vez morirán dos veces.

III. Pérgamo: La iglesia mundana (2.12-17)

Pérgamo significa «casada», y esta iglesia estaba casada a algunas doctrinas y prácticas erradas. Existían tres problemas serios en Pérgamo:

A. *El trono de Satanás (v. 13).*

Este pasaje se refiere a los «cultos de misterio» de Babilonia que establecieron sus sedes en Pérgamo. También incluye la adoración al emperador, que jugaba un papel clave en esta ciudad pagana.

B. *La doctrina de Balaam (v. 14, véase también Nm 22–25).*

Balaam fue un profeta asalariado que guió al pueblo de Israel al pecado a cambio de la riqueza y el prestigio que recibió. Animó a Israel a adorar ídolos paganos y a darse a la fornicación. En Pérgamo la iglesia estaba casada con el mundo para poder lograr ventajas mundanas.

C. *La doctrina de los nicolaítas (v. 15, véase también v. 6).*

Lo que empezó como «obras» en una iglesia ahora es una doctrina establecida en otra. Ahora tenemos a esta iglesia dividida entre «sacerdotes» y «pueblo».

IV. Tiatira: La iglesia impenitente (2.18-29)

Los ojos de fuego y los pies de bronce vienen a ver y a juzgar, pero esta iglesia perversa no se arrepentirá. La iglesia tenía obras, servicio y paciencia, pero estaba llena de pecado. Aquí tenemos a Jezabel, la única mujer que se menciona en las siete cartas, refiriéndose a la perversa reina Jezabel, esposa de Acab (1 R 16–2 R 10). Fue una mujer pagana, hija de un sacerdote de Baal; y promovió la adoración a Baal en Israel. Practicaba tanto la prostitución y la hechicería (2 R 9.22) como la idolatría, el homicidio, el engaño y el oficio sacerdotal. ¡Y la iglesia de Tiatira estaba siguiendo su ejemplo y liderazgo!

Nótese que esta falsa profetiza en la iglesia estaba usando su enseñanza falsa para seducir (engañar) al pueblo de Dios. Les dio permiso para pecar (véanse 2 P 2 y Jud). La tragedia es que ella no se arrepentiría, aunque Dios le diera la oportunidad. Nunca es demasiado tarde para que una iglesia se arrepienta y regrese al Señor, pero debemos estar alertas, no sea que dejemos pasar las oportunidades que Dios nos da.

APOCALIPSIS 3

I. Sardis: La iglesia que se muere (3.1-6)

Sardis era una iglesia con obras, pero con poca vida. Una vez había tenido una reputación de estar viva, pero ahora estaba muerta. ¡Qué descripción más gráfica de algunos ministerios históricos de hoy! G. Campbell Morgan lo llamó «reputación sin realidad».

Cristo advierte a los santos que: (1) Sean vigilantes, estén alerta; (2) afirmen lo poco que tienen; (3) recuerden la Palabra que han recibido y oído; (4) perseveren y se preparen para cuando Él venga.

El versículo 5 ha molestado a mucha gente, porque parece sugerir que los nombres de los cristianos infieles serán borrados del libro de la vida. El «libro de la vida» contiene los nombres de todos los que han nacido. Los nombres de los que rechazan a Cristo son borrados del libro porque están muertos. Los nombres de los verdaderos creyentes están anotados en el Libro de la Vida del Cordero (13.8; 21.27). Aquellos cuyos nombres no están anotados en este último libro de la vida irán al infierno (20.15). El nombre de una persona puede constar en la lista de una iglesia, sin que esa persona sea salva. ¡Qué sorpresas habrán cuando «se abran los libros»! (20.12). Las iglesias de hoy puede tener nombres «vivos» y sin embargo estar muertas.

II. Filadelfia: La iglesia que sirve (3.7-13)

El nombre significa «amor fraternal», de modo que inmediatamente sabemos que nos relacionamos con personas salvas que se aman entre sí y al Señor. Filadelfia representa a la iglesia misionera de los últimos días. Con la excepción de esfuerzos misioneros ocasionales, las iglesias de la Edad Media hicieron muy poco para esparcir el evangelio a otras tierras. Emplearon mucho tiempo librando guerras religiosas y jugando a la política con los gobernantes civiles. Las iglesias pueden no ser grandes ni fuertes (v. 8), pero pueden tener la fe y el amor para atravesar las puertas del servicio que Cristo ha abierto con su llave. «La llave de David» (v. 7) se refiere a su autoridad como el Hijo de David; véase Isaías 22.22, donde una llave es un símbolo de autoridad. Alrededor del mundo siempre se abren o cierran puertas, de modo que es importante que la iglesia esté alerta y lista para aprovechar las oportunidades que Dios presenta. Cuando Cristo abre o cierra una puerta, nadie puede interferir.

Esta iglesia sufría la oposición de la falsa iglesia (la sinagoga de Satanás), los falsificadores. Esos falsos hermanos afirman ser la iglesia y se oponen al ministerio del pueblo de Dios, pero Cristo promete ponerlos de rodillas. La falsa iglesia tiene popularidad, influencia y dinero, pero un día tendrá que postrarse ante los pocos santos de Dios que llevan la verdad al mundo.

El versículo 10 es una de las más fuertes declaraciones de que la Iglesia no atravesará la tribulación. Los verdaderos creyentes son hoy parte de la iglesia de Filadelfia y no entrarán en los siete años de terrible juicio sobre la tierra. Véase también 1 Tesalonicenses 5.8,9. El mismo texto de Apocalipsis es otra prueba, porque no hay mención a la iglesia sino hasta 22.16. La oración de 22.20 sería imposible elevar si tuviéramos que esperar que la tribulación venga antes de que podamos ser arrebatados.

III. Laodicea: La iglesia apóstata (3.14-22)

El nombre «Laodicea» significa «el gobierno del pueblo» y sugiere una iglesia democrática que ya no sigue a sus líderes espirituales ni a la autoridad de la Palabra de Dios. La iglesia es tibia, una condición que viene al mezclar lo caliente y lo frío. Es una iglesia con verdad diluida con error. La tragedia es que esta iglesia es «rica» y no sabe que es pobre, miserable, ciega y desnuda. ¡Qué cuadro de la iglesia apóstata de hoy, con su prestigio, riqueza y poder político, y mientras tanto espiritualmente pobre!

La ciudad de Laodicea era conocida por su lana, riqueza y medicina, y por eso Cristo usa esas imágenes en el versículo 18. Quería darles las verdaderas riquezas de la Palabra de Dios, los vestidos de la gracia, y la capacidad de ver las cosas espirituales. Había algo errado con sus valores, sus vestiduras y su visión. Si no se arrepentían, Él los castigaría en amor.

El versículo 20 se usa a menudo como una invitación del evangelio y esta aplicación es buena. Pero la interpretación básica es que Cristo está fuera de la puerta de una iglesia tibia. Esta iglesia tiene riqueza y poder, pero no a Cristo. Él está incluso deseando venir a la vida de la persona, si tan solo la persona le invita. Qué trágico es que una iglesia llegue a ser tan tibia y arrogante que Cristo tiene que salir y quedarse fuera. Son totalmente indiferentes a Cristo. Se le deja fuera de sus planes, programas y corazones.

Así como estas iglesias existían en el día de Juan, también existen hoy. Tenemos iglesias muy activas que han dejado su primer amor (Éfeso) que a menudo acaban como iglesias tibias hacia Cristo (Laodicea). La falsa doctrina empieza de una manera pequeña, pero luego crece e infecta a toda la asamblea. Sin embargo, en cada iglesia hay un remanente de verdaderos creyentes (los vencedores), quienes son los responsables de ser fieles a Cristo hasta que Él venga.

Algunos estudiosos de la Biblia han destacado que las promesas a los que vencen en estos capítulos se asemejan a la historia del AT: el árbol de la vida en Edén, 2.7; el hombre echado fuera del jardín para que muera, 2.11; el maná en el desierto, 2.17; la edad del reino de Israel, 2.26-27; el ministerio sacerdotal, 3.5; el templo, 3.12; y el glorioso trono de Salomón, 3.21. Es como si Cristo reuniera la historia de Israel y la aplicara a su pueblo hoy.

Note, finalmente, la importancia de la Palabra de Dios para las iglesias. Siete veces Cristo llama a las iglesias a oír lo que el Espíritu está diciendo. Cuando las iglesias dejan de escuchar la voz del Espíritu mediante la Palabra y empiezan a escuchar las voces de los falsos maestros, comienzan a alejarse de la verdad. No debemos negar la fe (2.23), aunque nos cueste la vida. Debemos guardar su Palabra (3.8,10) y no negar Su nombre. Sin la Palabra de Dios no hay vida ni esperanza para las iglesias.

APOCALIPSIS 4

La palabra clave en este capítulo es «trono»; se usa catorce veces. Es más, la palabra se usa cuarenta y seis veces en todo el libro. Apocalipsis deja en claro que el trono de Dios es el que rige el universo, no los tronos de los hombres. Véase el Salmo 103.19.

I. La citación desde el trono (4.1)

Este es un cuadro vívido del Rapto de la Iglesia. Recuerde que Apocalipsis 1.19 es el bosquejo del libro dado divinamente; de modo que ahora estamos a punto de ver «las cosas que serán después de estas». A partir de 4.1 todo es profecía. El hecho de que Juan «sube» en este momento es otra evidencia de que la Iglesia no atravesará la tribulación. Nótese cómo su experiencia se asemeja al Rapto: (1) el cielo se abre para recibir al hijo de Dios; (2) hay una voz como de trompeta, 1 Tesalonicenses 4.16; 1 Corintios 15.52; (3) es un suceso súbito; (4) viene al final de la «edad de la iglesia» (caps. 2–3); (5) lleva a Juan a la sala del trono en el cielo; (6) señala el principio del juicio de Dios sobre el mundo. Podemos notar las diferentes puertas en Apocalipsis: (1) la puerta del servicio, 3.8; (2) la puerta cerrada contra Cristo, 3.20; (3) la puerta al cielo, 4.1; y (4) la puerta para salir del cielo, 19.11.

II. La gloria del trono (4.2,3)

La persona en el trono es Dios el Padre, puesto que el Espíritu está representado por las lámparas que están ante el trono (4.5), y el Hijo viene al trono en 5.6. Juan usa piedras preciosas para simbolizar la gloria del Padre. El jaspe es una piedra clara, que habla de la pureza de Dios; la cornalina es roja, que habla de la ira y del juicio de Dios; y la esmeralda es verde, color asociado con la gracia y la misericordia. Todas estas piedras preciosas se hallan en el hermoso pectoral que usaba el sumo sacerdote (Éx 28.17-21).

Alrededor del trono había un arco luminoso color esmeralda. Esto nos lleva de regreso a Génesis 9.11-17, cuando Dios hizo su pacto con la humanidad y la naturaleza para no destruir nunca más el mundo con agua. El arco luminoso habla de la promesa de Dios y su pacto de misericordia. Incluso cuando el trono de Dios esté a punto de enviar terrible juicio sobre la humanidad, en su ira Dios todavía recuerda la misericordia (véase Hab 3.2). En Apocalipsis 10.1 vemos a Cristo llevando el arco luminoso sobre su cabeza, porque es a través de Cristo que la gracia y la misericordia han venido al mundo. Noé vio sólo un arco iris en el firmamento, mientras que Juan vio el arco luminoso completo alrededor del trono. Lo que vemos de la misericordia de Dios es incompleto hoy, porque «vemos por espejo, oscuramente» (1 Co 13.12); pero cuando lleguemos al cielo veremos todo el modelo completo.

III. Los ancianos alrededor del trono (4.4)

Estos ancianos no pueden ser ángeles, por varias razones: (1) nunca vemos ángeles en tronos; (2) nunca los vemos con coronas; (3) en 7.11 se distingue a los ancianos de los ángeles; (4) en 5.8-10 los ancianos cantan un himno de alabanza y no tenemos constancia de que los ángeles hayan cantado alguna vez; (5) en su canto afirman que han sido redimidos, algo que un ángel no puede decir; (6) en 5.12 los ángeles dicen, mientras que en 5.9 los ancianos cantan; (7) los ángeles nunca son contados, Hebreos 12.22; (8) el nombre «anciano» significa madurez, en tanto que los ángeles son seres sin tiempo.

Veinticuatro sacerdotes servían en el templo del AT (1 Cr 24.3-5,18 y Lc 1.5-9). Parece probable que estos veinticuatro ancianos sean los santos arrebatados en el Rapto y reinando con Cristo en gloria. Cuando Daniel vio tronos «puestos» (Dn 7.9; no «quitados»), estaban vacíos; pero Juan vio los tronos llenos, porque ahora el pueblo de Dios ha sido llevado a su hogar. Somos reyes y sacerdotes con Él (1.6).

IV. Los juicios que proceden del trono (4.5a)

El versículo 5 describe, no un trono de gracia, sino un trono de juicio. ¡Los truenos y los relámpagos son advertencias de que la tormenta se avecina! Dios hizo tronar en el Sinaí cuando dio la Ley (Éx 19.16) y lo hará de nuevo para juzgar a los que han quebrantado su ley (véanse Sal 29 y 77.18). Asimismo advirtió a Egipto (Éx 9.23-28) y también lo hará a este mundo impío. Véase el Salmo 9.7.

V. Los objetos ante el trono (4.5b-11)

A. *Las lámparas.*

Estos son símbolos del Espíritu Santo (1.4), quien es el Espíritu de fuego (Is 4.4). Cristo tiene la plenitud del Espíritu, porque siete es el número que indica plenitud (3.1). Durante esta edad de la gracia, al Espíritu se le muestra como una paloma de paz (Jn 1.29-34); pero después del Rapto de la Iglesia, el Espíritu ministrará un juicio de fuego.

B. El mar de vidrio.

Aquí tenemos un templo celestial, similar al templo del AT (véanse 11.19 y Heb 9.23). Las siete lámparas corresponden al candelero de siete brazos; el mar de vidrio a la fuente de bronce; y el trono al arca del pacto donde Dios reinaba en gloria. Apocalipsis 6.9-11 indica que hay un altar de sacrificio en el cielo, y 8.3-5 que hay uno de incienso. Los veinticuatro ancianos corresponden a los sacerdotes del templo y los seres vivientes a los querubines del velo. Respecto a la fuente (o «mar») del templo véase 1 Reyes 7.23-27. El mar celestial es un cuadro de la santidad de Dios; el fuego, su juicio sobre el pecado debido a que Él es santo.

C. Los seres vivientes.

Cuatro es el número de la creación, de modo que aquí tenemos el pacto de Dios con la creación. Lea Génesis 9.8-13 y verá que Dios ha hecho su pacto con la humanidad, aves, animales y toda bestia de la tierra; y cada una de ellas está representada por una cara de los seres vivientes. Dios le dio al hombre dominio sobre la creación, pero este gobierno se perdió por el pecado (Gn 1.28-31; Sal 8). Sin embargo, en Cristo ese dominio se recuperará cuando el reino se establezca; véanse Isaías 11.6-8 y 65.25. La presencia de los cuatro seres vivientes (simbolizando la creación) ante el trono de Dios nos enseña que Él está en control de la creación y que mantendrá su promesa de que un día libertará a la creación de la esclavitud del pecado (Ro 8.19-24).

Estos cuatro seres vivientes son una combinación de los serafines de Isaías 6 y las criaturas de Ezequiel 1 y 10. No se nombra a estas criaturas. En Apocalipsis 4.7 cada ser viviente tiene cuatro rostros, que corresponden a los cuatro de la visión de Ezequiel. Estos seres vivientes ante el trono alaban a Dios y le dan gloria y honor. El Salmo 148 muestra cómo toda la creación alaba a Dios; qué tragedia que un mundo pecador rehúse alabarle.

Los ancianos se unen a esta alabanza y arrojan sus coronas ante el trono. Estas coronas simbolizan sus recompensas por el servicio mientras estaban en la tierra. Cuando lleguemos al cielo nos daremos cuenta de una nueva manera que toda alabanza le pertenece a Dios y sólo a Él. El versículo 11 es la primera de varias doxologías en Apocalipsis. Aquí los seres celestiales alaban a Dios porque Él es el Creador de todas las cosas. En Apocalipsis 5.9-10 los seres vivientes y los ancianos se unen para alabar a Dios por su redención mediante la sangre de Cristo; porque incluso la creación es redimida mediante la cruz. En Apocalipsis 11.16-19 los cielos alaban a Dios porque Él es el juez que castigará con justicia al mundo por sus pecados.

El escenario está ahora listo: se ha llevado a la Iglesia al cielo, el Señor está en el trono y los cielos le alaban y esperan el derramamiento de su ira. Es interesante notar que el nombre de Dios que se usa aquí es «Señor Dios

Todopoderoso» (4.8). La historia nos dice que este era el título oficial que usaba el emperador Domiciano, quien fue el responsable de la persecución que envió a Juan a Patmos. Hombres y mujeres se pueden honrar entre sí, pero el día vendrá cuando todo el mundo, grande o pequeño, reconocerá que Jesucristo es el Señor de todo.

APOCALIPSIS 5

I. El libro sellado (5.1-5)

La palabra «libro» (v. 1) se refiere a un rollo; los libros encuadernados no existían en esos días. Estos rollos se hacían de juncos que crecían en los ríos y eran muy costosos. Este rollo en particular es el título de propiedad de Cristo sobre la creación. Un testamento romano se sellaba con siete sellos; este rollo es un testamento, que otorga a Cristo el derecho de reclamar la creación por virtud de su sacrificio (v. 9). Un testamento sólo lo podía abrir el heredero y Cristo es el «heredero de todo» (Heb 1.2). Algunos estudiosos piensan que el rollo contiene los juicios de los capítulos 6-9. El hecho de que el rollo está escrito por ambos lados muestra que no se le puede añadir nada más; el destino de un mundo pecador ya está determinado.

Para comprender esta escena debemos considerar el sistema hebreo de propiedad de la tierra. Si un hombre empobrecía al punto de tener que vender la tierra, o a sí mismo, podía ser redimido por un pariente. La historia de Rut se basa en esta ley; véanse también Jeremías 32.6.15 y Levítico 25.23-25. Este redentor tenía que ser un pariente cercano con la disposición y la capacidad de comprar la propiedad y libertar a su pariente. Toda la creación ha estado bajo la esclavitud del pecado, Satanás y la muerte; pero ahora Cristo, nuestro Pariente-Redentor, va a libertar a la creación.

Dios deja en claro que sólo Cristo puede redimir. Ningún santo en gloria, ni persona en la tierra, ni alma en el mundo de la muerte, debajo de la tierra, podía tomar aquel libro. Nadie era digno. Juan lloraba por varias razones: (1) anhelaba ardientemente ver a la creación liberada de su esclavitud; (2) quería que se cumpliera la promesa de 4.1; (3) sabía que las promesas del AT a Israel nunca se cumplirían a menos que el rollo pudiera abrirse. Juan participaba de los «gemidos» de Romanos 8.22-23. El ángel le secó las lágrimas al señalar hacia Cristo. El «León» (v. 5) nos lleva de regreso a Génesis 49.8-10 y habla de la realeza de Cristo en la familia de David. La «Raíz de David» habla de su deidad, Aquel a través de quien vino David (Is 11.1,10). Cristo es digno de abrir el libro porque ha «vencido» (2.7,11,17,26; 6.2, etc.), o «alcanzado la victoria» (15.2). ¡El Cordero ha obtenido la victoria! (17.14).

II. El Cordero inmolado (5.6-10)

Juan esperaba ver un león, pero vio un Cordero. En los dos nombres León y Cordero tenemos el énfasis doble de la profecía del AT: como León, Cristo conquista y reina; como el Cordero, muere por los pecados del mundo. No podemos separar el sufrimiento de la gloria (Lc 24.26; 1 P 1.11), la corona de la cruz. Es digno de notarse que a Cristo se le llama «el Cordero» veintiocho veces en Apocalipsis. Es más, la Biblia entera pudiera resumirse trazando el tema del «cordero». En Génesis 22.7 Isaac preguntó: «¿Dónde está el cordero?»; y Juan el Bautista contestó: «¡He aquí el Cordero de Dios!» (Jn 1.29). Ahora Juan escribe: «¡Digno es el Cordero!» Véanse también Éxodo 12 e Isaías 53.

La palabra «inmolado» significa «degollado para un sacrificio». Cristo no fue simplemente matado; fue ofrecido como sacrificio. Su muerte y resurrección prueban que Él es digno de ser el heredero de la creación, digno de tomar el libro y abrir sus sellos. Cuando Cristo toma el libro, los ancianos (representando a la Iglesia glorificada) cantan sus alabanzas y magnifican su muerte por la redención de una creación perdida. El cielo canta acerca de la cruz. Las copas de incienso tipifican las oraciones del pueblo de Dios (Sal 141.2; Lc 1.10). Esto no significa que los cristianos en la tierra pueden tener contacto con los creyentes que ya están en el cielo. Es un recordatorio simbólico de que Dios se acuerda de las oraciones de su pueblo: «Venga tu reino» (véase Mt 6.10). Nótense en 6.9-11 y 8.1-6 que Dios un día contestará las oraciones de su pueblo que ha sufrido persecuciones y pruebas debido a su fe. Por cientos de años el pueblo de Dios ha orado por la venida de Cristo y la corrección de los males en el mundo; un día Dios contestará esas oraciones. «Reinaremos sobre la tierra» (v. 10) es su expectación. Esta es otra prueba de que Cristo un día reinará sobre un reino literal sobre la tierra. Véase 20.4.

III. Las multitudes que aclaman (5.11-14)

Los ancianos cantan, pero las criaturas angélicas «decían a gran voz». No hay evidencia en la Biblia de que los ángeles canten. Job 38.7 indica que, en la creación, «se regocijaban los hijos de Dios [ángeles]». Los «ángeles de Navidad» de Lucas 2.13-14 alababan a Dios y «decían», no cantaban. Las multitudes de ángeles en el cielo unieron sus voces en una gran exclamación de alabanza cuando el Cordero tomó el rollo, pero no cantaron. El canto es un privilegio reservado para los santos de Dios que han experimentado el gozo de la salvación. Hay muchas cosas que los ángeles pueden hacer que no pueden hacer los santos; pero un ángel no puede experimentar salvación, ni tampoco puede cantar con los santos las alabanzas al Cordero. Respecto al número de ángeles véase Daniel 7.10.

Sólo Cristo es digno de alabanza. Es interesante contrastar esta doxología con la vida terrenal de Cristo. Sus enemigos dijeron que era digno de muerte (Jn 19.7), pero los ángeles dicen que Él es digno de alabanza. Los hombres le acusaron de obrar por el poder de Satanás (Mt 12.24), pero los ángeles dicen que Él es digno de poder. Jesús vino pobre por amor a nosotros (2 Co

8.9), pero merece todas las riquezas. «La predicación de la cruz es insensatez» para el pecador (1 Co 1.18), pero es sabiduría para los ángeles. En la tierra Jesús fue «crucificado en debilidad» (2 Co 13.4), pero en el cielo es homenajeado por su poder. Deshonrado en la tierra, pero honrado en la gloria. Hecho maldición en la cruz, mas hoy es tanto el que recibe como el que otorga bendición.

Después que los ángeles terminaron su alabanza, toda la creación se une para honrar al Señor Jesucristo. «Toda criatura» sugiere que toda la creación espera con expectación la redención que vendrá cuando Cristo finalmente venza al enemigo y establezca su reino.

Compare el versículo 13 con Filipenses 2.10-11 y Colosenses 1.20. Toda la creación alaba a Dios el Padre y a Dios el Hijo; véase Juan 5.23. Muchos dicen: «Yo adoro a Dios, pero no a Jesucristo». Ignorar a Cristo es insultar al Padre. En el cielo cada ángel y cada santo que fue llevado en el Rapto honrará al Padre y al Hijo y les alabarán.

Cristo está a punto de abrir el libro sellado y dejar en libertad el juicio sobre el mundo. Tenga presente el doble propósito de la tribulación: (1) castigar a las naciones por sus pecados, especialmente por la manera en que han tratado a Israel, y (2) purgar a Israel y preparar un remanente creyente para recibir a Cristo cuando Él venga en gloria (Ap 19.11). Los habitantes de la tierra ignoran esta gloriosa escena en el cielo. Como en los días de Noé y de Lot, cada uno sigue su propio camino, comiendo y bebiendo e ignorando las advertencias de Dios. Entonces el Cordero empezará a abrir el libro y el juicio vendrá. ¡Qué importante es que usted sea salvo *ahora mismo*, mientras todavía hay oportunidad!

APOCALIPSIS 6

Juan ahora empieza a describir la primera parte de la septuagésima semana de Daniel (Dn 9.27), aquel período de siete años de tribulación. El Cordero ha tomado el libro sellado (su título de propiedad de la creación); está a punto de abrir los sellos y declarar guerra a un mundo sin Dios. Cada vez que abre un sello en el cielo ocurre un suceso importante en la tierra. Asegúrese de comparar estos sellos con lo que Cristo enseñó en Mateo 24 respecto a los tiempos finales.

I. El primer sello: El anticristo asciende al poder (6.1,2)

Cuando se abren los primeros cuatro sellos uno de los cuatro seres vivientes que estaban ante el trono (4.6-11) llama al jinete y al caballo: «¡Ven!» El primer caballo es blanco y a su jinete se le da un arco y una corona. No confunda esta escena con la que se describe en Apocalipsis 19.11, donde vemos a Cristo cabalgando en conquista. No; el jinete aquí es el anticristo, el falso Cristo, empezando su conquista de la tierra. El hecho de que tiene un arco, pero no flechas, indica que conquista las naciones pacíficamente. Después del Arrebatamiento de la Iglesia el camino queda abierto para que el anticristo avance en triunfo (2 Ts 2). Habrá temporalmente una falsa paz, porque Él unirá a toda Europa y hará un pacto con los judíos (1 Ts 5.2,3). Este pasaje es paralelo a Mateo 24.5 y cumple la profecía de Cristo en Juan 5.43.

II. El segundo sello: Guerra (6.3,4)

Esta paz mundial no durará mucho, porque mientras los hombres digan: «Paz y seguridad», estallarán terribles guerras. Esto es paralelo a Mateo 24.6,7. Rojo es un color asociado con el terror y la carnicería. En Apocalipsis tenemos el caballo rojo de la guerra (6.3,4), el dragón escarlata (12.3) y la bestia escarlata (17.3). Nótese que Dios le da al anticristo autoridad para quitar la paz de la tierra; esto es una parte del plan divino. El anticristo cambia su arco sin flechas por una gran espada, y los hombres empiezan a matarse unos a otros. Esto indica claramente que los métodos de acuerdos internacionales y la diplomacia no producirán paz duradera.

III. El tercer sello: Hambruna (6.5,6)

La hambruna y la guerra a menudo marchan juntas; véase Mateo 24.7. El color negro le hace a uno pensar en la hambruna; véanse Jeremías 14.1,2 y Lamentaciones 5.10. El jinete (todavía el anticristo) sostiene una balanza, indicando que su gobierno ha establecido el control de los alimentos. Una medida de trigo era alrededor de un litro; y un denario era el jornal diario de un obrero. En otras palabras, ¡los alimentos escasearían tanto que una persona necesitaría todo un día para ganar lo suficiente para comprar apenas un litro de grano! Pero nótese que no hay escasez de aceite y vino para el rico. Este se enriquece más y disfruta de lujos, mientras que el pobre empobrece más y difícilmente puede conseguir lo suficiente como para comer. Esto indica que todos los esquemas que el hombre hace para que la gente satisfaga incluso las necesidades de la vida fracasarán. Es digno de notar que el grano, el aceite y el vino eran productos clave de Israel (Os 2.8). Puesto que el anticristo ha hecho su pacto con Israel es de suponer que querría proteger sus recursos.

IV. El cuarto sello: Muerte (6.7,8)

El adjetivo «amarillo» sugiere un color de lepra (Lv 13.49: verdoso). La muerte cabalga en este caballo y el «Hades» (no el infierno) cabalga junto a ella. La muerte pide el cuerpo, el Hades el alma. ¡Dios los autoriza a que maten a una cuarta parte de la población de la tierra! Se usan cuatro métodos: la espada (violencia y guerra); hambre (hambruna); muerte, o pestilencia (enfermedades que acompañan a la guerra y al hambre); y bestias (la naturaleza se adueña de todo cuanto la civilización desbarata). Léase un paralelo en Ezequiel 14.21. Incluso las bestias salvajes padecerán hambre y atacarán a los seres humanos. Después que la Iglesia ha sido llevada al cielo, ¡qué terribles juicios esperan al mundo que rechaza a Cristo! Véase Mateo 24.7.

V. El quinto sello: Los mártires (6.9-11)

El sacerdote del AT derramaba la sangre del sacrificio bajo el altar de bronce (Lv 4.7); y puesto que la sangre habla de la vida (o alma, Lv 17.11), aquí vemos a las almas de los mártires bajo el altar celestial. Sus muertes no se han vengado aún. Estos santos martirizados clamaban venganza; véanse Salmos 74.9-19, 79.5 y 94.3-4. Es cierto que a los santos en esta edad se les dice que deben orar por los que los persiguen y esto es lo que Cristo, Esteban y Pablo hicieron (Lc 23.34; Hch 7.60; 2 Ti 4.16). Pero este período será de juicio, cuando Dios responderá a las oraciones de su pueblo que clama liberación y venganza. Después de todo, Dios juzga al mundo cuando ellos oran; de modo que oran en la voluntad de Dios. Esto es un paralelo a Mateo 24.9. Dios les promete que responderá sus oraciones; pero antes, más de sus hermanos serán sacrificados. Veremos otros santos asesinados en 12.11, 14.13 y 20.4-5. Entre los asesinados estará Moisés y Elías, los dos testigos de Dios, quienes incluso estaban ministrando en la tierra (11.1-7). Apocalipsis 20.4 indica que estos mártires de la tribulación resucitarán para reinar durante el Milenio.

VI. El sexto sello: Caos mundial (6.12-17)

Este pasaje es paralelo a Lucas 21.25,26; véanse también Joel 2.30-31; 3.15 e Isaías 13.9,10; 34.2-4. En Apocalipsis se mencionan tres terremotos, pero junto con ellos habrá disturbios en la tierra y en el cielo que aterrorizarán a grandes y a chicos. Algunos estudiosos piensan que estos versículos describen los resultados de la guerra atómica, con el sol y la luna oscurecidos, grandes masas de tierra moviéndose y la gente escondiéndose en agujeros en la tierra para escapar de la radiación atómica. Esto bien pudiera ser así; pero necesitamos notar que la gente se esconde de Cristo y de su ira en particular, no de alguna catástrofe causada por el hombre.

El versículo 15 es una descripción vívida de lo que será la vida durante los primeros tres años y medio de la tribulación. Por un lado, algunos reinos resurgirán. Hoy el movimiento es hacia el nacionalismo y la democracia; pero esta tendencia cambiará. Véase 16.12-14. El anticristo reinará sobre «los Estados Unidos de Europa», el Imperio Romano restablecido, con una serie de reyezuelos que le siguen (17.12-14). Otra característica de los días de la tribulación es el militarismo; habrá «capitanes». Este es un título romano que significa «tribunos militares» y encaja muy bien con el resurgimiento del Imperio Romano del anticristo. Habrá esclavitud («siervo»); véase 18.13 en donde «los esclavos y las almas de los hombres» se incluyen en las mercancías de Babilonia. Existirá grande riqueza juntamente con gran pobreza, y esta redistribución de la riqueza destruirá la economía de las naciones. Parece, entonces, que el juicio del sexto sello involucra tanto destrucción física literal en los cielos y en la tierra, como el estremecimiento de los sistemas económicos y políticos de las naciones. Todo lo cual le facilitará al anticristo extender su gobierno.

Los pueblos de la tierra reconocerán que Cristo envía su juicio, ¡pero no lo recibirán! Preferirán más bien esconderse en las rocas que en la Roca. Los primeros tres años y medios de la tribulación son simple preparación para los siguientes tres años y medio, y este período posterior se conoce como «la ira de Dios» (véanse 11.18; 12.12; 14.10; 18.3, etc.). Hay una pausa, sin embargo, entre el sexto y el séptimo sello (así como también la habrá entre la sexta y la séptima trompetas, 10.1–11.13) para que veamos a los dos grupos de redimidos que serán salvos durante el período de la tribulación.

En resumen, nótese que el anticristo empieza su carrera como un conquistador político pacífico, pero entonces recurre a la guerra y a los controles económicos para dominar a otras naciones. El mundo aceptará su falsa paz porque ha rechazado al Príncipe de paz, Jesucristo.

APOCALIPSIS 7

Hay una pausa entre el sexto y el séptimo sello; el juicio se detiene por un breve momento mientras Dios sella a los 144.000 judíos que llevarán su mensaje hasta lo último de la tierra. No se nos dice específicamente que estos judíos serán los embajadores de Dios, pero damos por sentado que por eso Él los sella. Hemos visto que el día de la ira de Dios está a punto de ocurrir (6.15-17); de modo que Dios trae una calma en la tormenta y extiende su misericordia a judíos y a gentiles por igual. Vemos aquí dos grupos de redimidos:

I. Los judíos sellados (7.1-8)

Los vientos del cielo hablan del juicio de Dios y los juicios aquí son específicamente sobre la tierra, el mar y la vegetación. Puede ser que estos cuatro ángeles que detienen los cuatro vientos sean también los ángeles que tocan las primeras cuatro trompetas, por cuanto los juicios son similares (véase 8.6-12). El ángel del oriente tiene el sello de Dios. Un sello significa posesión y protección; nótese 9.4. Hoy el cristiano está sellado por el Espíritu Santo (Ef 1.13,14). Este sello se estampa en el instante en que el pecador confía en Cristo y le asegura al creyente la vida eterna y una herencia en el cielo. El ángel que sella ordena a los ángeles de los vientos que detengan su juicio hasta que los siervos de Dios hayan sido sellados y de esta manera protegidos del juicio que viene. Véase en Ezequiel 9 una escena paralela. Recuerde también que Cristo enseñó que los ángeles de Dios tendrían una parte en reunir a sus elegidos (Mt 24.31). Junto con los ángeles de los vientos tenemos también a los del fuego (14.18) y del agua (16.5). Estos ángeles son ministros especiales de Dios que supervisan las actividades de la naturaleza.

Estos siervos sellados son todos judíos: Hay 12.000 de cada una de las doce tribus de Israel. Es desafortunado que algunos bien intencionados cristianos enseñen que los 144.000 son un símbolo de la Iglesia (el nuevo Israel), porque la Iglesia ya no está en la tierra en este punto de la historia. Los 144.000 son verdaderos judíos que estarán vivos en la tierra en ese tiempo. Tal vez serán ganados para Cristo mediante los ministerios de Moisés y Elías, los dos testigos que predicarán durante los primeros tres años y medio de la tribulación (véase 11.1-12). Estos judíos quizás serán los misioneros escogidos de Dios; 144.000 «apóstoles Pablo» que llevan el evangelio a todas las naciones. Este acontecimiento dará cumplimiento a la profecía de Cristo en Mateo 24.14; cuyo resultado será la salvación de una multitud de gentiles (7.9ss). Cuando usted piensa en las multitudes que Pablo ganó durante su ministerio, puede empezar a imaginarse lo que lograrán 144.000 de tales misioneros.

La tribu de Dan falta en la lista y la de Manasés ocupa su lugar. Las razones parecen ser: (1) Dan guió a Israel a la idolatría, Jueces 18.30; 1 Reyes 12.28-30; (2) por consiguiente, Dios prometió borrar el nombre del idólatra, Deuteronomio 29.18-21.

II. Los gentiles salvos (7.9-17)

Los judíos son contados, pero esta multitud no se puede contar. Estos gentiles son el fruto de la labor de los 144.000 y vienen de todas las naciones bajo el cielo. No son parte de la Iglesia, puesto que los vemos *ante* el trono y no *en* tronos, como los ancianos. El versículo 14 deja en claro que han salido (no «salieron») de la gran tribulación. Aquí Juan los ve ante el trono celestial, alabando a Dios y al Cordero. Sus «palmas» sugieren la Fiesta de los Tabernáculos del AT (Lv 23.40-43), la actividad en la cual Israel se regocijaba por las bendiciones del Señor. Están con vestiduras blancas, lo cual indica su justicia mediante el Cordero. El versículo 14 dice que estos gentiles se salvaron por la fe en Cristo, porque esta es la única manera en que una persona se puede salvar.

Los versículos 15-17 dan una lista de las pruebas que estos gentiles soportaron en la tierra. Han estado con hambre y sedientos, porque muy probablemente fueron víctimas de la escasez de alimento y agua pura. No tenían refugio del calor del día. Sufrieron lágrimas y pruebas. Es probable que estos gentiles pertenezcan a las «ovejas» de Mateo 25.31-46, los gentiles que amaban a los judíos y se mostraban sus amigos durante la tribulación. Estos creyentes rehusaron recibir la marca de la bestia (13.16-18) y por consiguiente no podían ni comprar ni vender. Su amistad con los judíos aborrecidos y perseguidos provocará la ira de los gobernantes. Por supuesto, también tendrán que soportar los terribles juicios de la tribulación: el racionamiento de alimentos, 13.17; el agua convertida en sangre, 16.4; y el calor abrasador, 16.8-9.

Nótese que los 144.000 sobreviven la tribulación, mientras que multitudes de gentiles creyentes darán sus vidas durante este tiempo terrible. (Recuerde las almas bajo el altar, en 6.9-11.) Dios recompensará a estos gentiles creyentes y les dará gloria por su sufrimiento. Muchos estudiosos creen que las promesas de los versículos 14-17 se cumplirán en el reino milenial antes que en el cielo. Apocalipsis 20.4 indica una resurrección especial de estos mártires de la tribulación, y promete que vivirán y reinarán durante la edad del reino. Sin embargo, tenemos buena razón para aplicar los versículos 14-17 al estado de bendición de los santos de Dios ya en gloria.

En resumen, notamos que Israel ha regresado a su antigua tierra en incredulidad. La adoración en el templo ha empezado. El anticristo reina sobre los Estados Unidos de Europa y el mundo está convulsionado con guerra, hambruna y caos político y económico. Los dos testigos (Moisés y Elías) predica en Israel y Dios ha sellado al remanente en la nación, 144.000 judíos, para que sean sus testigos entre los gentiles. Por supuesto, su ministerio sufrirá persecución y arrestarán a muchos de ellos (Mt 25.36). Pero los gentiles que se conviertan los ayudarán y, debido a su testimonio, muchos gentiles pondrán sus vidas por el evangelio.

Algunos estudiosos creen que 2 Tesalonicenses 2.11-14 enseña que la gente que voluntariamente rechaza el evangelio durante esta edad de gracia no podrá ser salva después de que la Iglesia sea quitada de la tierra. Arguyen que la gente no creerá en la verdad, sino que creerán en una mentira. Los que fueron dejados oyeron la Palabra y la comprendieron, pero voluntariamente la rechazaron. Sin embargo, una multitud de gentiles creerán en el evangelio después del Arrebatamiento de la Iglesia y estarán dispuestos a poner sus vidas por Cristo. Sí, habrá muchos que se salvarán durante la tribulación, pero pagarán un alto precio. ¡Cuán sabio es recibir a Cristo hoy!

Podemos bosquejar estos capítulos como sigue:

Grupo # 1 (7.1-8)
1. Judíos
2. Un grupo de 144.000
3. Sellados y protegidos
4. Vistos testificando en la tierra
5. Entran en el reino

Grupo # 2 (7.9-17)
1. Gentiles
2. Multitudes que nadie puede contar
3. No sellados; muchos morirán
4. Vistos adorando en el cielo
5. Participan en el reino

APOCALIPSIS 8

Cuando se abre el séptimo sello, comienza la siguiente serie de juicios, las siete trompetas. En el AT las trompetas se usaban para anunciar la guerra (Nm 10.5-9), mover el campamento (Nm 8), anunciar las fiestas (Nm 10.10) y traer juicio (Jos 6.13ss). El sonido de la trompeta es símbolo de poder y autoridad (Éx 19.16). Note que hay un paralelo entre las siete trompetas y las siete copas de los capítulos 15–16.

Las trompetas	Recibe el juicio	Las copas
8.1-7	La tierra	16.1,2
8.8,9	El mar	16.3
8.10,11	Los ríos	16.4-7
8.12,13	Los cielos	16.8,9
9.1,2	La humanidad	16.10,11
9.13-21	El ejército/Éufrates	16.12-16
11.15-19	Las naciones en ira	16.17-21

Tal parece que las siete copas son un juicio intensificado que sigue a los juicios de las trompetas. Las trompetas se tocan durante los primeros tres años y medio, mientras que las copas se derraman durante los últimos tres años y medio, el período que se llama «la ira de Dios» (14.10; 15.7).

I. La preparación en el cielo (8.1-6)

A. Silencio (v. 1).

Esto es la calma antes de la tormenta; véanse Zacarías 2.13; Habacuc 2.20; Isaías 41.1; y Sofonías 1.7,14-18. En 7.10-12 tenemos una gran expresión de alabanza de parte de las huestes celestiales; aquí tenemos un silencio tenso en el cielo, por los juicios que están a punto de caer.

B. Súplica (vv. 2-6).

Notamos en el cap. 4 que hay un santuario celestial y aquí tenemos el altar del incienso, símbolo de la oración. Véanse Levítico 16.12 y Salmo 141.2. Este ángel puede ser Cristo, el Sacerdote Celestial. Las «oraciones de los santos» no son oraciones ofrecidas por los santos en gloria. En 5.3 nadie fue hallado digno de abrir el libro, sólo Jesucristo, de modo que, ¿por qué habríamos de orar en algún otro nombre? Estas oraciones son las plegarias del pueblo de Dios: «¡Venga tu reino!» Este incienso representa especialmente los clamores de los mártires (6.9-11; 20.4). Muchas de las oraciones de venganza en los Salmos las usarán legítimamente el pueblo de Dios durante esos días de intenso sufrimiento. El fuego del altar arrojado en la tierra habla de la ira de Dios a punto de ser derramada sobre los incrédulos. Compárese el versículo 5 con 4.5, 11.19 y 16.18 y se verá que los truenos siempre advierten que la tormenta se avecina. Los siete ángeles están listos para la acción, entonces tocan sus trompetas, uno por uno.

II. La desolación en la tierra (8.7-11)

El primer juicio es paralelo a la séptima plaga en Egipto (Éx 9.18-26). Egipto era el centro del sistema mundial sin Dios, de modo que es lógico que las plagas del día de Moisés se repitan en escala mundial durante la tribulación. Las tormentas de granizo pueden causar terribles daños, pero cuando el fuego se mezcla con el granizo, las posibilidades de desolación son pasmosas.

Un tercio de los árboles y hierba verde será destruido por la primera trompeta de juicio. En Apocalipsis 8–9 hay trece referencias a «la tercera parte». Algunos estudiosos creen que esto se refiere sólo al área que abarca el Imperio Romano que ha resurgido, gobernado por el anticristo.

La segunda trompeta afecta al mar, convirtiendo una tercera parte del mismo en sangre y tanto matando a un tercio de sus criaturas, como destruyendo un tercio de las naves. Este acontecimiento es paralelo a la primera plaga de Egipto (Éx 7.19-21). El objeto ardiendo que cae no era una montaña literal; era únicamente «como una montaña ardiendo». «El mar» aquí puede significar sólo el Mediterráneo; pero es más probable que se incluyan a todos los mares del globo.

La tercera trompeta afecta a los ríos, haciendo amargas sus aguas. Dios es el único que conoce la gran estrella del versículo 10, Él llama a las estrellas por nombre (Job 9.9,10). Jeremías profetizó que un día Israel tendría que beber aguas amargas (Jer 9.14,15). Parece que esta amargura continuará hasta el establecimiento del reino milenial, por cuanto en Ezequiel 47.6-9 se profetiza que la sanidad de las aguas contrarrestará los efectos amargos de los juicios de la tribulación.

¿Deben entenderse literalmente estos juicios? Pensamos que sí. Si Dios pudo enviar los mismos juicios a Egipto en el día de Moisés, ¿qué impide que los envíe sobre el mundo entero? Podemos sólo imaginarnos las tremendas consecuencias económicas de la pérdida de la tierra de cultivo y del pasto, y de la contaminación del agua pura. La humanidad nunca ha apreciado las bendiciones de Dios en la naturaleza. Sin embargo, incluso cuando Él quita algunas de esas bendiciones, los pecadores todavía no se arrepienten (9.20,21).

III. La conmoción en el cielo (8.12)

El cuarto ángel toca y trae grandes calamidades en los cielos, porque se oscurece una tercera parte de la luz de los cuerpos celestes. Esto es cumplimiento de una profecía de Cristo registrada en Lucas 21.25-28 (véase también Am 8.9). Es interesante notar que Dios creó los cuerpos celestes en el cuarto día de la creación; cuando la cuarta trompeta suene, Él los oscurecerá.

¿Cuáles serán las consecuencias? Por un lado, el terror llenará la tierra. La humanidad siempre ha temido las señales en los cielos. Este terror, sin embargo, no hará que los hombres se arrepientan. El primer juicio devasta la vida vegetal y los días acortados les privarán a las plantas de la luz del sol. Jesús dijo que el acortamiento de los días durante la tribulación significará vidas salvadas (Mt 24.22). Sin embargo, es fácil imaginarse el pecado, el crimen y el terror que reinará en las calles cuando la oscuridad viene temprano en el día y cuando la noche es más negra que nunca. «Todo aquel que hace lo malo, aborrece la luz», dice Juan 3.19,20. La humanidad nunca verá una oleada de crimen como esta.

IV. La proclamación del ángel (8.13)

Este ángel es un mensajero literal de Dios, ¡advirtiendo al mundo que los próximos tres juicios serán todavía peores! Podríamos pensar que los hombres prestarían atención al llamado de Dios y se arrepentirían, pero ese no es el caso.

La frase «los que moran en la tierra» también aparece en 3.10, 6.10, 11.10, 13.8, 13.14, 14.6 y 17.8. Se refiere no sólo a los que viven «en» la tierra, sino también a los que viven «para» la tierra. Son «terrenales», gente que rechaza el cielo y su Cristo por las comodidades de este mundo. Se describen perfectamente en Filipenses 3.18-20. En Éxodo se describen como la «multitud mezclada» que codiciaba los alimentos de Egipto y rechazaba el maná del cielo. Tales personas atravesarán la tribulación (Ap 3.10) y serán los responsables de la matanza de los santos (Ap 6.10). Se regocijarán cuando asesinen a los dos testigos de Dios (11.10); pero nótese el contraste en 12.12, donde los cielos se regocijan por la expulsión de Satanás. Apocalipsis 13.8 deja en claro que estos moradores de la tierra adorarán a la bestia, lo que significa que rechazarán por completo a Cristo. Habiendo rechazado la verdad, creerán en la mentira.

Toda alma debe contestar: ¿Está mi ciudadanía en el cielo, o pertenezco a este mundo solamente?

APOCALIPSIS 9

El bien conocido erudito bíblico y experto en Apocalipsis, el Dr. Wilbur M. Smith, escribe: «Es probable que, aparte de la exacta identificación de Babilonia en los capítulos 17 y 18, el significado de los dos juicios en este capítulo representa el problema de mayor dificultad en Apocalipsis». El ángel en 8.13 promete tres «ayes» sobre la tierra y estos se envían al sonar de la quinta (9.1-12), sexta (9.13-21) y la séptima (11.15-19) trompetas. Repase el bosquejo sugerido de Apocalipsis y verá que nos acercamos a la mitad de la tribulación, a cuyo tiempo tendrán lugar varios acontecimientos críticos.

I. Se liberta al ejército del infierno (9.1-12)

A. La estrella (vv. 1,11).

Juan no vio caer la estrella; el versículo 1 debe leerse: «Y vi una estrella que había caído» (en algún momento en el pasado). Es probable que esta estrella se refiera a Satanás. Se le llama «Lucifer», que significa «brillantez» o «estrella matutina». Isaías 14.12ss describe la caída de Satanás en alguna fecha pasada y Ezequiel 28.11-19 completa el cuadro. Note también Lucas 10.18. Dios le da a Satanás «la llave del abismo». Este abismo sin fondo no es el Hades ni el infierno; más bien es una prisión en alguna parte del mundo de abajo, donde Dios tiene confinados a los demonios. (Léase Lc 8.26-36 para ver cómo a los demonios les aterra que los envíen al abismo.) En 1.18 leemos que Cristo tiene todas las llaves; Satanás debe recibir su autoridad de Cristo. Esta estrella caída (Satanás) se describe también como el destructor en el versículo 11. Es rey sobre los demonios del infierno.

B. *El humo (v. 2).*

Las criaturas demoníacas no son propiamente el humo, porque el versículo 3 deja en claro que las criaturas salen del humo. El mundo de abajo es un lugar de tinieblas y fuego; aquí se lo compara a un gran horno. Los que bromean respecto al infierno no se dan cuenta de cuán ignorantes son de sus tormentos. Estas terribles tinieblas nos recuerdan la plaga en Egipto (Éx 10.21-29) cuando la oscuridad podía palparse. Satanás es el príncipe de las tinieblas. Es digno de notar que este «abismo sin fondo» dejará escapar un día a la bestia (11.7; 17.8) y que el diablo un día será arrojado allí (20.1-3).

C. *Las criaturas como escorpiones (vv. 3-10).*

Los escorpiones son nativos de la tierra santa y algunas especies crecen hasta medir quince centímetros de largo. Su principal arma es el aguijón que llevan en el extremo de su cola, y se les usa en la Biblia como símbolo de juicio doloroso (Dt 28.38-42; 1 R 12.11-14). A estas criaturas infernales que salen del humo también se las compara con langostas, puesto que las plagas de langostas eran azotes comunes en Israel (véase Jl 2). Que estas langostas no son literales se ve claro en la advertencia del versículo 4 (véase 8.7) y en que tienen rey (v. 11, véase Pr 30.27). Se les prohíbe atormentar a los judíos sellados (7.1-3); se limita a cinco meses su tiempo. Su propósito es atormentar, no matar. A decir verdad, la gente querrá morir, pero Dios no lo permitirá (véase Jer 8.3). Es probable que estas sean criaturas demoníacas, libertadas del abismo para atormentar a los hombres. Este juicio es paralelo a la octava plaga en Egipto (Éx 10.3-20). El hecho de que las criaturas tengan características de bestias (caballos, v. 7), hombres y animales salvajes (v. 8), sugiere que Satanás está imitando a las criaturas celestiales de 4.7.

Este es el primer ay y, ¡qué tiempo de tortura soportará la población de la tierra! ¡Cuánto mejor es conocer a Cristo hoy y escapar de la ira venidera!

II. Se liberta a los ángeles de los ríos (9.13-21)

Este es el segundo de los tres «ayes» prometidos en 8.13. La voz sale del altar del incienso debido a que las oraciones de los santos han llegado a Dios, pidiéndole que vengue su sangre (6.9-11; 8.3). En 7.1-3 vimos a cuatro ángeles que los detiene una orden; aquí vemos a cuatro ángeles (sin duda ángeles caídos) con la orden de que los desaten. El río Éufrates siempre ha tenido un lugar notable en la historia. Fluía del Edén, donde empezó la historia; y figurará en los acontecimientos que serán el clímax de la historia (16.12ss). Babilonia estaba situada al margen del Éufrates (Ap 17–18). Estos cuatro ángeles están preparados para «la hora, día, mes y año» del programa de Dios; y es su tarea matar a una tercera parte de la población de la tierra. En 6.8 leemos que se mató a una cuarta parte de la gente, dejando tres cuartas partes para los juicios subsiguientes; después de que estos ángeles han destruido otra tercera parte, la mitad de la población mundial habrá sido destruida.

Una vez desatados, ¡estos ángeles traerán a la batalla ejércitos de jinetes que suman un total de 200 millones de soldados! Esta caballería satánica no es como ningún otro ejército ni en apariencia ni en las armas que usa. Fuego, azufre y humo son sus armas principales; también tienen colas como de serpiente. Esta no es otra descripción del ejército al que se refiere los versículos 1-12, puesto que a ese ejército se le prohíbe matar. A este ejército se le comisiona matar a una tercera parte de la humanidad. Esta es una manera en que Dios contestará a las oraciones de los mártires, según 6.9-11.

Uno pensaría que multitudes de personas se arrepentirían de sus pecados y se volverían a Cristo; pero no va a ser así. Aquellos que (en la misericordia de Dios) quedan con vida, sólo continuarán en sus terribles pecados. La bondad de Dios al dejarlos con vida no los guía al arrepentimiento (Ro 2.4-6); por consiguiente, tendrán que soportar juicios más terribles en los días que vendrán y finalmente el lago de fuego.

Los versículos 20-21 nos dan un cuadro vívido de lo que será la vida después de que la iglesia sea llevada al cielo. Se extenderá la idolatría. Por supuesto, adorar a ídolos es adorar a los demonios (1 Co 10.16-22). Satanás siempre ha querido que la humanidad le adore (Mt 4.8-10), y ahora recibirá tal adoración. Dondequiera que exista idolatría, también hay ignorancia e inmoralidad; el versículo 21 nos dice de los terribles pecados y crímenes que habrán en esos días. La palabra «hechicerías» es el vocablo griego *farmakeia*, la raíz de las palabras castellanas «farmacéutico» y «fármaco». Quiere decir «algo que tiene que ver con drogas». Esta es la misma palabra que aparece en Gálatas 5.20 y «hechiceros» en 21.8 y 22.15. Véase también 18.23. El hecho de que los hechiceros usan drogas y pociones en sus actividades diabólicas muestra la conexión entre estas palabras. Juan sugiere que habrá un resurgimiento de la hechicería y un incremento en el uso de drogas en los últimos días. Varias organizaciones de brujas existen a nivel mundial y el espiritismo va en aumento. En cuanto al incremento del uso de drogas, ¡todo lo que tenemos que hacer es leer los periódicos de hoy!

¿Cómo encaja este capítulo en el esquema total de Apocalipsis? Es probable que este gigantesco ejército de doscientos millones de jinetes aparecerá antes de la mitad de la tribulación. La bestia ya es la cabeza del Imperio Romano que ha resurgido, cooperando con la «iglesia mundial» y las Naciones Unidas. Dios le permite a Satanás que enrole este formidable ejército, posiblemente de Rusia. Sabemos por Ezequiel 38–39 que Rusia invadirá Palestina aproximadamente a mediados del período de la tribulación. Tratará de conquistar a Israel, pero la bestia librará a los judíos y cumplirá el pacto de siete años que hizo para protegerlos. Ezequiel deja en claro que Dios juzga a Rusia y envía al ejército de regreso derrotado. Una vez en la Tierra Santa, la bestia romperá su pacto, entrará en el templo y empezará a asumir poderes mundiales. Apocalipsis 11.1,2 indica que los gentiles están en posesión del templo reconstruido de Jerusalén; y el resto del capítulo indica que la bestia mata a los testigos que han predicado durante los primeros tres años y medio de la tribulación. Este gigantesco ejército (v. 16) no es el ejército ruso que invade a Israel, sino que el toque de la sexta trompeta indica el surgimiento de las conquistas militares y apunta a la batalla de Gog y Magog que ocurrirá en este momento. Repase la tabla profética que aparece en las notas introductorias.

APOCALIPSIS 10

Este capítulo nos conduce al punto medio del período de la tribulación (véase el bosquejo). De acuerdo a Daniel 9.27 este es el tiempo en que la bestia rompe su pacto con Israel y revela su furia satánica. Note también que los dos testigos ministran durante los primeros tres años y medio (11.3); Dios protege al remanente judío durante los últimos tres años y medio (12.6,14); la bestia tiene autoridad mundial en los tres años y medio finales (13.5); Satanás es arrojado a la tierra por tres años y medio de terrible persecución en contra de los creyentes (12.12); y Jerusalén es hollada por los gentiles por tres años y medio (11.2). Notamos un paréntesis entre la sexta y la séptima trompetas (10.1–11.14). La séptima trompeta dará inicio a las siete copas de la ira de Dios y a los últimos tres años y medio de tribulación («la ira de Dios»).

I. La aparición del Ángel (10.1-4)

Este mensajero celestial es probablemente Jesucristo, el Ángel del Señor. Juan ya había visto un «ángel fuerte» en 5.2; ahora ve «otro ángel fuerte». Los símbolos que se usan aquí nos llevan de nuevo a la descripción del Cristo glorificado que se da en 1.12-16. La nube y el arco iris se refiere a 1.16; los pies de fuego a 1.15; el rostro como el sol a 1.16. La voz como de león ciertamente se refiere a 5.5; véanse también Oseas 11.10 y Joel 3.16. Esta no es una voz de invitación de gracia; es una voz que anuncia que el juicio viene. Tal vez la mejor evidencia de que este ángel es Cristo está en 11.3, donde dice: «Y daré a mis dos testigos que profeticen». De modo que aquí está Cristo, el Ángel del Señor, para anunciar que Dios está a punto de obrar velozmente y concluir sus propósitos en la tierra.

El librito (v. 2) es un contraste con el rollo grande de 5.1. Este rollo está abierto; el de 5.1 estaba sellado. Vemos por los versículos 9-11 que este es un libro de profecía; el versículo 7 deja en claro que los profetas declararon el contenido del libro. Puesto que los profetas del AT no hablaron las verdades de la Iglesia, estas profecías deben referirse a Israel, los judíos y Jerusalén; este tema es exactamente lo que hallamos en el capítulo 11 y subsiguientes.

Tal vez este librito sea el mensaje sellado de Daniel 12.4,9; ahora se abre para que se cumpla.

El Señor reclama, como antes, toda la tierra y los mares al estar parado sobre ellos. Léase Josué 1.1-3. No sabemos lo que Él dijo, ni lo que los truenos dijeron (véanse 1 S 7.10 y Sal 29). Es inútil hacer conjeturas. A Juan se le dice que selle (que no revele) las palabras de los truenos, la única revelación del libro que se sella. Esta visión de Cristo deja en claro que Él está en control y que cumplirá los propósitos de Dios y reclamará su herencia.

II. El anuncio del Ángel (10.5-7)

Esta solemne escena empieza cuando Cristo levanta su mano y afirma que ya no habrá más demora («el tiempo ya no sería más»). Las almas debajo del altar habían preguntado: «¿Hasta cuándo?» (6.10,11) y ahora se da la respuesta: ¡Ya no habrá más demora! Los burladores de hoy preguntan: «¿Dónde está la promesa de su venida? ¿Por qué Dios no hace algo?» (2 P 3). Este presente período de tardanza es la oportunidad del pecador para salvación. Cristo afirma que en los días cuando suene la séptima trompeta (11.15-19), Dios concluirá su programa. El término «misterio» (v. 7) significa una verdad oculta de Dios. El hombre mortal no puede comprender por qué hay pecado y sufrimiento en el mundo y por qué santos honestos sufren mientras que los pecadores rebeldes andan libres. Podemos estar seguros de que Dios enderezará las cosas y completará su programa. Note especialmente 11.18, ¡y anímese!

Algunos piensan que el librito contiene «el misterio de Dios». Tal vez. Lo que sabemos es esto: Dios está en control de la historia y al final hará que el bien triunfe sobre el mal.

III. La apropiación del libro (10.8-11)

No es suficiente que Juan vea el libro en la mano de Cristo ni que incluso sepa lo que contiene. Debe apropiarse de él, hacerlo parte de su persona interior. Lea en Ezequiel 2-3 y Jeremías 15.16 acontecimientos similares. La Palabra de Dios es nuestro alimento (Mt 4.4; Sal 119.103); debemos tomarla y asimilarla antes de que pueda hacernos algún bien. Es bueno leer la Biblia y estudiarla; pero también necesitamos memorizarla y digerirla internamente mediante el poder del Espíritu.

El acto de comer el librito tuvo un doble efecto en Juan: fue dulce a su paladar, pero amargo en su estómago, muy parecido al efecto de la espada de dos filos que es la Palabra (Heb 4.12). Disfrutamos de las bendiciones de la Palabra, pero también debemos sentir sus cargas. Juan fue bendecido al saber que Dios cumpliría sus promesas; pero sintió amargura al darse cuenta de los sufrimientos que vendrían durante los siguientes tres años y medio de la tribulación.

Esta digestión de la Palabra preparó a Juan para seguir su ministerio como profeta. ¡Qué lección para nosotros como testigos! ¡Qué trágico es cuando tratamos de servir al Señor y hablar por Él, sin primero prepararnos para apropiarnos de su Palabra. Sólo lo que es parte de nuestro ser interior puede darse a otros. Cuán importante es que diariamente el santo dedique tiempo a leer la Palabra y a absorberla.

La palabra «sobre» en el versículo 11 significa «acerca»; Juan profetizaría respecto a muchos pueblos, naciones, lenguas y reyes. En la siguiente sección de Apocalipsis vemos frecuentes referencias a las naciones del mundo, por cuanto Satanás las turbará y preparará para la batalla del Armagedón (16.12-14).

APOCALIPSIS 11

En los capítulos 11-12 estamos definitivamente en terreno judío. Vemos el templo judío (11.1-2), Jerusalén (11.8), el arca (11.19), el Cristo reinante (12.5), Miguel (12.7) y la persecución de los judíos por parte de Satanás (12.17). Si espiritualizamos este pasaje y aplicamos alguna parte del mismo a la Iglesia, estamos en serios problemas. En este punto nos encontramos ya en medio de la tribulación.

I. El ministerio de los dos testigos (11.1-14)

A. *El período de su ministerio (vv. 1-4).*

Aquí ya se ha reconstruido el templo judío y la nación (aunque en incredulidad) adora de nuevo a Jehová. Parece probable que los dos testigos ministrarán durante la primera parte de la tribulación, predicando a los judíos y teniendo acceso al templo. A mediados de la tribulación el anticristo romperá su pacto con Israel y tomará posesión del templo (2 Ts 2; Dn 9.27; Mt 24.15). Se proclama dios, trayendo así la «abominación desoladora» que tanto Daniel como Cristo predijeron. Vemos a los gentiles hollando el templo durante tres años y medio. Dios le pide a Juan que mida el área del templo, una acción simbólica que retrocede hasta Ezequiel 40-41 y Zacarías 2. Medir algo quiere decir tomar posesión. A pesar de que las fuerzas de Satanás se han apoderado del templo, Cristo lo reclamará de nuevo y lo devolverá a su pueblo. Note la alusión en el versículo 4 a Zacarías 4-5 concerniente a Zorobabel y Josué, el sumo sacerdote. Estos dos hombres fueron los siervos de Dios para reclamar y reconstruir el templo y la nación después del cautiverio en Babilonia, un período de problemas nacionales.

B. *El propósito de su ministerio (vv. 5-6).*

Demostrarán el poder de Dios ante los judíos y gentiles incrédulos, y muchos se salvarán por su testimonio. Se les llama tanto profetas (vv. 6,10) como testigos. Anunciarán al mundo los grandes acontecimientos que vendrán y sufrirán la ira de la bestia y de su gente. Debido a los milagros que realizan a estos hombres se identifican con Moisés y Elías. Moisés convirtió el agua en sangre en Egipto, y Elías oró por la sequía y por lluvia y también hizo descender fuego del cielo. Malaquías 4.5,6 promete que Elías vendrá de nuevo a ministrar. Sin embargo, algunos creen que estos testigos son Enoc y Elías, puesto que no murieron, sino que ambos fueron llevados vivos al cielo.

C. La persecución de su ministerio (vv. 7-10).

Los pecadores nunca han querido oír u obedecer la Palabra de Dios (cf. 9.20,21). Estos dos testigos serán protegidos divinamente hasta que su obra quede terminada; entonces Dios permitirá que la bestia se les oponga y los mate. Es cierto que el anticristo no se podrá apoderar del templo a menos que estos dos profetas no se interpongan. Los ciudadanos de Jerusalén ni siquiera les darán sepultura apropiada (véase Sal 79) y el mundo entero verá sus cadáveres y se regocijará. Este período de tres días y medio será una celebración de una «navidad satánica». La gente festejará y se dará regalos y se regocijará que quienes los atormentaban ya estén muertos.

D. El pánico que sigue después de su ministerio (vv. 11-14).

¡Dios los levanta de los muertos! Piense en el temor que se apoderará de los corazones de todos al ver que estos muertos vuelven a la vida en las calles de Jerusalén. Y entonces estos dos hombres serán arrebatados al cielo mientras su enemigos se quedan mirando. Después habrá un terremoto que destruirá una décima parte de la ciudad y matará a siete mil personas. ¡Qué día será ese!

II. El testimonio de la séptima trompeta (11.15-19)

Desde el capítulo 8 hemos esperado este «tercer ay» que fue prometido. El séptimo ángel tocó la trompeta y grandes voces del cielo anuncian que Cristo tiene el poder del reino (no reinos, porque ahora la bestia tiene un reino unido, 17.13) de este mundo. Cristo no recupera el control del mundo sino hasta 19.11ss, de modo que esta es una declaración de hechos que aún no han acontecido. En esta sección tenemos también un vistazo anticipado del cielo mientras los ancianos miran hacia adelante a lo que ocurrirá. ¡Qué maravilloso es tener la ventaja del cielo y no la de la tierra! A partir de aquí, todo lo que ocurre conduce al momento en que el Hijo de Dios toma las riendas del gobierno y conquista a sus enemigos.

A esta profecía le sigue alabanza y los ancianos glorifican a Cristo por su poder. Esta es la tercera de las alabanzas celestiales. En 4.10,11 le alaban como Creador; en 5.8-10 le alaban como Redentor; y aquí le alaban como Rey y Juez. Ahora se contestarán tanto las oraciones de los mártires (6.9-11), como las del pueblo de Dios: «¡Venga tu reino!»

El versículo 18 bosqueja lo que ocurrirá en los últimos tres años y medio del período de la tribulación:

A. Hostilidad nacional e internacional.

«Se airaron las naciones (gentiles)». Léanse los Salmos 2 y 83, y Joel 3.9-13. Esto significa que las naciones mostrarán su odio hacia Cristo y su pueblo, y que la persecución crecerá. Por supuesto que Satanás está en la escena (véase 12.12ss), haciendo un esfuerzo especial por destruir a los judíos. Ha procurado destruir al pueblo de Dios desde que Caín mató a Abel (1 Jn 3.10-13).

B. Resurrección.

Resucitarán tanto los mártires de la tribulación (20.4) como los muertos impíos (20.2ss). Daniel 12.1-3 parece indicar que los santos del AT resucitarán después de la tribulación.

C. Juicio.

Se juzgarán las obras de los santos, y los malos serán juzgados y condenados por sus pecados. Será un tiempo de recompensa para los santos y de ira para los pecadores. Note que a los perdidos se les describe como «los que destruyen la tierra». Satanás es el destructor (9.11) y todo el que le sigue participa de su programa de destrucción. Dios le ordenó al hombre que cuidara de la tierra y que usara sus recursos para su bien y para la gloria de Dios; pero Satanás ha guiado a los hombres a destruir la tierra y a usar sus recursos egoístamente para mal.

Los tres años y medio finales de la tribulación ahora llevan al clímax el programa de Dios. No habrá más demora (10.6). El capítulo empieza en el templo en la tierra y concluye con el templo en el cielo. Tenemos de nuevo las evidencias de la tormenta que se avecina: relámpagos, truenos, voces. Lo vimos en 4.5 saliendo del trono; en 8.5 saliendo del altar del incienso; y ahora saliendo del Lugar Santísimo del templo. Algunos creen que el arca aquí es la misma del templo del AT, que desapareció después del cautiverio. Pero esto no es probable, puesto que ninguno de los demás enseres del templo en el cielo tiene un origen terrenal. El arca es el símbolo de la presencia y del pacto de Dios. Se le llama «el arca del pacto». En la tierra Israel va a atravesar intenso sufrimiento y Dios le asegura de nuevo su dirección y cuidado. Hubo truenos y señales cuando se dio la Ley en el Sinaí; hay truenos ahora que Dios está a punto de juzgar al mundo por haber quebrantado su ley.

«¡Tu ira ha venido!» es la declaración del versículo 18 y este juicio se cumplirá en los capítulos 15–16 cuando Dios derrame las copas de la ira. Los primeros tres años y medio es un período de tribulación, pero los siguientes tres años y medio se les conoce como «la ira de Dios» (14.10,19; 15.7; 16.1).

APOCALIPSIS 12

El tema de este capítulo es el conflicto, con las fuerzas de Satanás oponiéndose al pueblo de Dios. Estas visiones bosquejan de manera asombrosa los temas principales de la Biblia.

I. Las maravillas en los cielos (12.1-6)

A. La mujer.

Algunos estudiosos quieren que creamos que esta es María, la madre de nuestro Señor, pero los versículos 6,13-17 lo hacen imposible. Génesis 37.9 indica que la mujer representa a la nación de Israel. El versículo 5 nos informa que la mujer da a luz a Cristo y este simbolismo apunta de nuevo a Israel (Ro 1.3; 9.4,5). En el AT a Israel se le representa como una mujer y una madre (Is 54.5; Jer 3.6-10). La mujer está de parto y el Niño que nace es Cristo (v. 5, con Sal 2.9; Miq 5.2,3; Ap 19.14ss). Hay una brecha de por lo menos treinta y tres años entre la primera y la segunda frase del versículo 5 y entre los versículos 5 y 6 tenemos toda la edad de la Iglesia.

B. El dragón.

Este es Satanás (v. 9); y las cabezas, los cuernos y las diademas nos remiten a 13.1 y 17.3, donde se describe la bestia (el anticristo). Por favor, tenga presente que la bestia está presente desde el comienzo como el líder de las naciones federadas de Europa, pero que no se revelará abiertamente como el «superhombre» de Satanás sino hasta la mitad del período de la tribulación. El versículo 4 se relaciona a Isaías 14.12ss, cuando Satanás se rebeló contra Dios y atrajo a algunos de los ángeles consigo. Véanse Job 38.7 y Judas 6.

Satanás siempre ha sido un homicida (Jn 8.44) y ahora procura destruir a Cristo. Durante los días del AT Satanás hizo todo lo que pudo para evitar que el Salvador naciera; cuando Jesús nació, trató de matarlo (Mt 2.16ss). Durante su vida terrenal Cristo fue atacado por Satanás de varias maneras, culminando en la cruz. Satanás también ataca a los judíos. Dios protegerá a los 144.000 debido a que Él los ha sellado, pero Dios cuidará también a los demás judíos. Tal vez la expresión «la sustenten» del versículo 6 se refiera a los gentiles que cuidan de los judíos en este tiempo (Mt 25.31-46).

Jesús les dijo a los creyentes judíos que huyeran cuando se revelara el anticristo (Mt 24.15-21). Nótese la admonición entre paréntesis de Mateo 24.15 que se refiere a «leer» la Palabra. A mediados de la tribulación los judíos creyentes leerán Mateo 24.15-21 y sabrán qué hacer.

II. La guerra en el cielo (12.7-12)

Los primeros dos capítulos de Job dejan en claro que Satanás tiene ahora acceso al cielo y Zacarías 3 revela que Satanás acusa a los santos delante del trono de Dios. A mediados de la tribulación Satanás será arrojado fuera del cielo y a la tierra. Miguel es el arcángel asignado para proteger a Israel (Dn 10.13,21; 12:1; Jud 9). Su nombre significa: «¿Quién es como Dios?» Satanás dijo: «Seré como el Altísimo», pero Dios lo derrotó; y ahora Satanás es arrojado fuera del cielo. El versículo 9 lo describe como una serpiente, lo cual nos lleva de nuevo a Génesis 3; la palabra «diablo» significa «acusador», lo cual se relaciona con el versículo 10 y con Zacarías 3; y «Satanás» significa «adversario». ¡Qué enemigo es Satanás! Ha estado acusando a los santos en el cielo, pero estos le han vencido con tres armas: (1) la sangre, que nos limpia de todo pecado, 1 Juan 1.9–2.2; (2) la Palabra, que nos asegura el perdón y es la espada del Espíritu, y (3) su rendición, porque prefieren morir antes que obedecer a Satanás. Hay gozo en el cielo porque Satanás es derrotado; ¡pero habrá un ay en la tierra! El tiempo de Satanás es corto (tres años y medio); entonces será arrojado al abismo sin fin (20.1-3).

III. La ira sobre la tierra (12.13-16)

El gran dragón desciende con gran ira. Puesto que ya no puede acusar más a los santos ante Dios en el cielo, los perseguirá en la tierra. El mentiroso se convierte en león. Enfoca sus ataques contra Israel fundamentalmente. El antisemitismo (persecución de los judíos) es satánico en origen. Egipto persiguió a los judíos; y también lo hizo Babilonia. En los días modernos Alemania masacró a millones de judíos en la Segunda Guerra Mundial. Dios juzgó a estas naciones. Satanás no pudo matar al Hijo de la mujer, de modo que ahora trata de exterminar a su simiente, el remanente creyente de Israel.

Dios protege al remanente judío (v. 14). Cuando Dios sacó a Israel de Egipto, fue «en alas de águilas» (Éx 19.4). Dios los cuidó en el desierto como un águila madre cuidaría a sus polluelos (Dt 32.11,12). Su regreso de la cautividad babilónica sería «en alas de águila» (Is 40.31). Dios lleva al remanente creyente a un sitio especial de protección (v. 6) en donde Satanás no puede penetrar.

Satanás entonces usa «agua como un río» para tratar de exterminar a los judíos (v. 15), lo cual quizás sea la persecución de parte de los gentiles. Léase con cuidado el Salmo 124. Sin duda, este salmo lo cantarán los judíos de la tribulación cuando Dios los libre de los ataques de Satanás. Léase también en Isaías 26.20–27.13 otro pasaje semejante. Daniel 11.41 indica que cuando la bestia (inspirada por Satanás) empiece a perseguir a los judíos a mediados de la tribulación, los judíos huirán a lugares de refugio en Edom, Moab y Amón. Los arqueólogos han excavado esta área y han encontrado ciudades labradas en las rocas, perfectos lugares de refugio para Israel. Los judíos fugitivos de Mateo 24.16-21 hallarán seguridad y paz durante los últimos tres años y medio, el período llamado la «gran tribulación».

Una guerra doble está ahora teniendo lugar: Dios está en guerra en contra del mundo incrédulo y Satanás (a través de la bestia) está en guerra contra los santos (13.7). ¡Qué tiempo de conflicto y problemas será este! No es de asombrarse que Jesús dijera: «Y si aquellos días no fuesen acortados, nadie sería salvo» (Mt 24.22). «Por causa de los escogidos» (los creyentes judíos) los días tienen límite.

Hay varias lecciones prácticas que aprender de este capítulo. (1) Satanás está en guerra contra los santos y podemos vencerlo sólo mediante la fe en la Palabra de Dios. (2) Satanás es el acusador de los hermanos. Los pecados de los santos le da a Satanás toda la prueba que necesita ante el trono de Dios.

¡Gracias a Dios que tenemos un Abogado en Cristo! (1 Jn 1.9–2.2) Cuando confesamos nuestros pecados, ¡Cristo nos limpia y Satanás es silenciado! (3) Ojalá no nos encontremos acusando a los santos, porque si lo hacemos, estamos del lado de Satanás y no del Señor. «El amor cubre multitud de pecados». (4) Nunca debemos ser culpables de antisemitismo. Los judíos son el pueblo escogido de Dios y si no fuera por Israel, no tendríamos ni al Salvador ni la Biblia. Debemos amar a Israel, orar por su paz y procurar ganar a nuestros amigos judíos para Cristo. Tal vez la nación de Israel no esté siempre en lo correcto políticamente, pero es el pueblo de Dios y tiene una tarea importante que cumplir en este mundo. Debemos orar por la paz de Jerusalén.

APOCALIPSIS 13

Este capítulo nos presenta a las dos bestias. Tenga en cuenta que el término «bestia» no significa que estas personas sean animales. Son personas que actúan como animales en vez de hacerlo como humanos. Estos versículos presentan a la «trinidad satánica»: Satanás, la bestia (el anticristo) y el falso profeta.

I. El anticristo: La bestia del mar (13.1-10)

El versículo 1 puede leerse: «Y él [Satanás, 12.17] se paró sobre la arena del mar». El mar simboliza a las naciones (17.15), así como también la arena del mar (20.8). Satanás llama a su «superhombre» de las naciones y revela su verdadero carácter al mundo. Hasta ahora el anticristo ha estado operando pacíficamente como amigo de Israel. Hizo un pacto con los judíos tres años y medio antes (Dn 9.27), prometiéndoles protección de la federación europea que controla. Pero ahora se revelará el verdadero carácter de este gobernante mundial. (Véase 17.10-12 respecto a las cabezas, cuernos y diademas.)

Se usan tres animales para describir a la bestia, lo cual se asemeja a la profecía de Daniel 7. Por favor, lea el capítulo con cuidado. Las cuatro bestias ilustran cuatro imperios sucesivos: babilónico (el león), medo-persa (el oso), griego (el leopardo) y el reino del anticristo (la terrible cuarta bestia espantosa). El «cuerno pequeño» de Daniel 7.8 es la bestia de Apocalipsis 13, el anticristo. Nótese que Juan vio los animales en orden inverso, puesto que miraba hacia atrás; Daniel miraba hacia adelante. En otras palabras, el reino de la bestia será una continuación de estos reinos, un resurgimiento del Imperio Romano.

¿Quién es la bestia? Los estudiosos de la Biblia difieren en su interpretación de los símbolos en Apocalipsis 13 y 17. Es importante notar que tres veces se nos menciona sus heridas (13.3,12,14). Esto pudiera sugerir que la bestia será matada y resucitada de entre los muertos. En 11.7 y 17.8 se nos dice que la bestia asciende y sale del abismo, lo que sin duda sugiere una resurrección. Algunos piensan que será Judas, resucitado de los muertos. Tanto a la bestia como a Judas se les llama «el hijo de perdición» (Jn 17.12; 2 Ts 2.3); a Judas se le llama «diablo» en Juan 6.70. Quien quiera que sea, la bestia es el superhombre de Satanás, su cristo falso. El mundo entero admirará a la bestia y adorará a Satanás (v. 4), algo que este siempre ha anhelado.

Hasta este momento la bestia ha sido la cabeza de la federación europea, trabajando en íntima cooperación con la iglesia mundial (Ap 17). Pretenderá ser obediente a este apóstata sistema religioso y lo usará para el avance de sus propias conquistas. Aproximadamente a mediados de la tribulación Egipto y Rusia invadirán Palestina (Ez 37–38), obligando a la bestia a proteger a los judíos. Cuando la bestia llegue a Israel, hallará que Dios ha derrotado a Rusia; y decidirá conquistar a Israel. Es aquí donde destruirá la iglesia apóstata (la ramera de Ap 17) y se levantará como gobernante y dios del mundo. Satanás le dará poder para hacer maravillas; 2 Tesalonicenses 2 indica que Dios permitirá que venga sobre el mundo incrédulo un «fuerte engaño». La gente no aceptará a Cristo, quien es la verdad, sino que recibirá al anticristo, «la mentira». La bestia blasfemará contra la Iglesia en el cielo y perseguirá al remanente judío creyente en la tierra. Como vimos en Apocalipsis 11, aquí también matará a los dos testigos, cuyos cuerpos resucitarán de entre los muertos después de tres días y medio.

II. El falso profeta: La bestia de la tierra (13.11-18)

Vemos una trinidad satánica (vv. 19-20). Satanás falsifica al Padre; la bestia es la imitación del Hijo y Salvador; y el falso profeta falsifica al Espíritu. Esta segunda bestia viene «de la tierra», lo que tal vez quiera decir Israel. A lo mejor es un judío. Hallamos en Daniel 9.26 que el anticristo tendrá ciudadanía romana; pero, como Pablo, puede ser un judío romano. Sin embargo, el anticristo necesitará un aliado que le ayude a ganar al mundo. Este aliado será el falso profeta. Tiene «cuernos semejantes a los de un cordero», lo que sugiere paz y amistad, pero no hay coronas (autoridad) en los cuernos. Satanás le da el mismo poder que a la primera bestia, pero su tarea es glorificar a la bestia y lograr que el mundo le siga y le adore. Léase en Daniel 3 una situación similar.

El falso profeta duplicará los milagros de los dos testigos al hacer que caiga fuego del cielo (11.5; 13.13). Este hecho será el cumplimiento de la profecía de Pablo en 2 Tesalonicenses 2.9 y la profecía de Cristo en Mateo 24.24.

El falso profeta es el que ordena que se haga la imagen de la bestia. Esta es la «abominación desoladora» que se halla en Mateo 24.15, Daniel 11.45 y 2 Tesalonicenses 2.4. En este tiempo la bestia hará que se levante esta imagen en el templo judío restaurado en Jerusalén. ¡Esta imagen cobrará vida! Hablará y asombrará grandemente al mundo. Tanto la bestia y su imagen hablarán «grandes palabras», y lanzarán blasfemias contra el cielo.

La adoración mundial no es la única meta del falso profeta. También establecerá controles económicos mundiales. Así como los 144.000 tienen en sus frentes la marca del Padre (14.1), los seguidores de la bestia tendrán su marca en sus frentes o en sus manos derechas. Esta marca les permitirá vender y comprar. Los que no siguen a la bestia y que no tienen su marca (su nombre) sufrirán grandemente; véase 20.4. Satanás ahora tendrá lo que siempre ha querido: el mundo le adorará y tendrá el control completo de todos los reinos del mundo. La única «mosca en el ungüento» es que Cristo reina en el cielo y un día establecerá su reino en la tierra. Satanás descargará su furia sobre los santos de Dios en la tierra puesto que no puede tocar a Cristo y a los santos en el cielo.

Con los versículos 17-18 se ha especulado mucho: ¿cuál es el significado del número de la bestia (666)? Es interesante notar que los primeros seis números romanos suman 666 (I = 1; V = 5; X = 10; L = 50; C = 100; y D = 500). Esto sugiere, por supuesto, el resurgimiento del Imperio Romano, pero no nos dice nada respecto a la bestia. Tanto la imagen de Nabucodonosor y el gigante Goliat se identifican con el número 6 (Dn 3.1; 1 S 17.4-7), indicando que la bestia será un «superhombre» a los ojos del mundo. Sabemos que, tanto en hebreo como en griego, los números se indican con letras, como los números romanos. El valor numérico de «Jesús» en griego es 888. Sin embargo, es fútil manipular las letras y los números tratando de descubrir el nombre del gobernante mundial.

Seis es el número del hombre. El hombre fue creado en el sexto día y se le dio seis días para que trabajara. El total de las horas del día es un múltiplo de seis (4 x 6 = 24); y también el número de los meses (2 x 6 = 12) y el número de minutos (6 x 10 = 60). El AT hebreo usa cuatro palabras diferentes para «hombre», y el NT griego usa dos, un total de seis. Hay seis nombres diferentes tanto para la serpiente como para el león en el AT; ambos símbolos de Satanás. La historia nos dice que el número «seis» se usaba en las religiones secretas de misterio del Oriente. Parece, entonces, que el número del anticristo, «666», representa lo máximo a lo que el hombre puede llegar a ser separado de Cristo. Es el «superhombre» de Satanás, su falso Cristo. Siete es el número de perfección y a esto Satanás no puede llegar.

APOCALIPSIS 14

En este capítulo Dios nos da un resumen, una «vista panorámica» de los sucesos que se encuentran más adelante en Apocalipsis.

I. El establecimiento del reino (14.1-5)

Hay desacuerdo en cuanto a si el monte de Sion es un hito celestial (véase Heb 12.22,23), o si es el monte literal en la tierra. Tal parece que tenemos aquí una escena terrenal, un cuadro del reino venidero. Por un lado, en el versículo 2, Juan «oye una voz del cielo», lo cual sugiere que está en la tierra.

El «nuevo cántico» indica que es una experiencia nueva; atravesaron la tribulación y ahora reinan con Cristo. Pero, incluso si esta escena es celestial, mira de antemano al reino venidero en la tierra. El versículo 3 indica que la Iglesia (ancianos) reinará con Cristo sobre la tierra.

Ahora se describe el carácter de los 144.000. Los términos «no se contaminaron con mujeres» y «vírgenes», se deben tomar en el sentido espiritual, no físico. El pecado de los que moren en la tierra en aquel día será de fornicación espiritual (14.8; véanse Stg 4.4 y Éx 34.15). Marcados con el nombre de su Padre y no con el de la bestia, estos judíos creyentes serán espiritualmente separados y consagrados por completo a Cristo. En lugar de adorar a la bestia seguirá al Cordero. Llegarán a ser el núcleo del reino judío, las «primicias» de la cosecha que seguirá.

II. El derramamiento de las copa de la ira (14.6-13)

Cada ángel tiene un anuncio especial:

A. *El evangelio eterno (vv. 6-7).*

Hoy Dios usa a personas para dar su mensaje; pero en aquel postrer período de juicio usará también a los ángeles. «El evangelio eterno» presenta a Dios como el Creador, no como el Salvador, y advierte que el juicio viene. Llama a los hombres a temer a Dios y darle gloria, no a la bestia ni a Satanás. Lo que sugiere es que todos los que honren a Cristo serán salvos. Triste es decirlo, pero los hombres adoran y sirven a la criatura, no al Creador (Ro 1.25). Este es el llamado final de Dios a un mundo que Satanás engaña.

B. *La caída de Babilonia (v. 8).*

Este acontecimiento se describirá en los caps. 17–18, aunque aquí y también en 16.18,19 se da un anticipo. Babilonia, en este capítulo, se refiere al sistema apóstata político religioso que encabeza la bestia conjuntamente con la iglesia apóstata mundial. Léase Apocalipsis 17–18 para ver el cumplimiento de esta profecía; estúdiese también Jeremías 50.14,15,38 y 51.7,8.

C. *Los juicios finales (vv. 9-13).*

En las siete copas de juicio tenemos el derramamiento de la ira de Dios (Ap 15–18). Será «puro»; o sea, no habrá gracia ni misericordia mezclada con su ira (Hab 3.2). Este ángel advierte al mundo que todos los que llevan la marca de la bestia sufrirán tormentos eternos sin descanso ni alivio. Hay un impactante contraste en los destinos de los seguidores de la bestia y los seguidores del Cordero; los creyentes descansarán de sus labores y serán benditos. Es mejor reinar con Cristo mil años que con el anticristo durante tres años y medio. Es por eso que el versículo 12 exhorta a que los santos que atraviesan pruebas deben tener «paciencia»; véase Lucas 21.19.

Mientras que el versículo 13 se refiere estrictamente a los santos de la tribulación, es cierto que podemos aplicarlo a los creyentes de hoy. El mundo mira a la muerte como una maldición y así es para el no salvo; pero para el cristiano es una bendición. El cristiano que muere experimenta descanso y recompensa; el incrédulo, no obstante, experimenta tormento eterno y la pérdida de todo.

III. La batalla del Armagedón (14.14-20)

Juan ve a Cristo en una nube blanca, viniendo con una hoz a la tierra para recoger la cosecha. Es un cuadro del juicio. Cuando Él vino en carne, fue como el sembrador de la semilla; pero la gente rechazó la semilla de la Palabra (Mt 13.3-23). En lugar de eso, recibieron las mentiras de Satanás. Ahora Cristo debe venir como el segador, trayendo juicio al mundo. «La mies de la tierra está madura», clama el segundo ángel. Dios sabe con precisión cuándo juzgar; espera con paciencia a que las semillas de iniquidad rindan fruto (Stg 1.14,15; Gn 15.16). Esto es una muestra previa de la batalla del Armagedón (véase Jl 3.11-16).

En este momento deberíamos repasar los sucesos que conducen al Armagedón. Durante la primera mitad de la tribulación, cuando la bestia trabajaba con los judíos, Rusia y Egipto atacaron a Israel. La bestia fue obligada a ir a Palestina para guardar su pacto con los judíos. Dios derrotó a Rusia, la bestia derrotó a Egipto; ambos enemigos se retiran derrotados por completo. Entonces la bestia se establece como en gobernante y deidad mundial, reinando desde Jerusalén. Sin embargo, Rusia y sus aliados planean la rebelión en contra de la bestia. Después de que Babilonia es destruida, los enemigos de la bestia tienen su oportunidad para atacar. Durante los últimos tres años y medio de la tribulación los ejércitos avanzarán hacia Palestina (véase 16.13-16) para luchar contra la bestia. El Dr. Dwight Pentecost sugiere que la palabra «batalla» debería ser «campaña»; véase Apocalipsis 16.14. En otras palabras, la «batalla del Armagedón» no es tanto una batalla individual como un movimiento militar que alcanza su clímax cuando los ejércitos del mundo se enfrentan unos contra otros en Meguido. Apocalipsis 19.17-21 indica que la señal del Hijo del Hombre aparecerá en ese tiempo y estos ejércitos se unirán para luchar contra Cristo en lugar de hacerlo entre sí.

El cuadro en los versículos 17-18 es el de un hombre que corta racimos de uvas de una vid. El sistema mundial impío son «los racimos de la tierra» (v. 18), mientras que Cristo es la Vid verdadera (Jn 15). Israel se plantó en este mundo para ser la vid santa de Dios, para llevar fruto para su gloria (Is 5.1-7; Sal 80.8-16). Triste es decirlo, pero Israel produjo frutos amargos. Es más, rechazó al verdadero Mesías y aceptó el falso Cristo, y tuvo que sufrir amargas consecuencias. Léanse en Isaías 66.1-6 y Joel 3 material adicional sobre esta batalla final.

El versículo 20 presenta un cuadro aterrador: ¡la sangre correrá por 320 km fuera de la ciudad de Jerusalén y será tan profunda como la distancia de los frenos de los caballos hasta el suelo! Este es el lagar de la ira de Dios (19.15). Véase Isaías 63.1-6.

Tenemos, entonces, en este capítulo, un resumen profético de los sucesos que siguen. Hay varias lecciones muy prácticas para aprender en este capítulo: (1) Dios establecerá su reino en la tierra a pesar de la oposición de Satanás. Las promesas del AT se cumplirán literalmente, Israel tendrá su reino prometido. (2) Los que rechazan hoy el evangelio de la gracia de Dios enfrentarán terrible juicio mañana. Es mejor morir por causa de Cristo y tener la gloria eterna, que vivir para el diablo y sufrir eternamente. (3) En la actualidad, las naciones del mundo van rumbo al Armagedón. Vemos el surgimiento de Europa y Egipto, y de las naciones de Asia. Vemos además que se avecina la federación de Europa. Pero la guerra final del hombre en contra de Dios acabará con el completo fracaso de Satanás y sus aliados.

APOCALIPSIS 15

Antes de que los sellos se abrieran se nos mostró la escena en el cielo (caps. 4–5), y hubo una visión similar antes de que se tocaran las trompetas (8.1-6). Juan contempla dos escenas:

I. Los victoriosos y su cántico (15.1-4)

Hemos visto a estos santos antes; son los creyentes del período de la tribulación que rehusaron doblar sus rodillas ante la bestia y, como resultado, perdieron sus vidas por causa de Cristo (12.11; 13.7-10). Juan los ve como victoriosos, en pie sobre el mar celestial. De inmediato pensamos en el Israel de Éxodo 15, donde Dios había librado al pueblo victoriosamente de la esclavitud de Egipto. Por favor, note que el «mar de vidrio» ahora tiene fuego mezclado; en 4.6 este mar de cristal era claro. El fuego nos recuerda que la ira de Dios está a punto de revelarse (Heb 12.29).

A esos santos los mataron por su fe, sin embargo, ¡Juan dice que «habían alcanzado la victoria» sobre la bestia! No se sometieron a llevar su marca ni a adorar su imagen y así perdieron sus vidas; ¡pero al perderlas por Cristo, la hallaron de nuevo! Incluso si el cristiano muere por su testimonio, es vencedor, no perdedor. Aquí encontramos de nuevo a estos santos cantando junto al mar celestial; en 20.4 vemos sus cuerpos muertos resucitados para que la compañía pueda reinar con Cristo durante el Milenio. Si sufrimos con Cristo, reinaremos con Él (2 Ti 2.12).

En 14.3 los 144.000 entonan un nuevo canto que nadie más podía cantar; pero aquí tenemos el cántico de Moisés y del Cordero. El cántico de Moisés probablemente es el de victoria de Israel en el Mar Rojo, en Éxodo 15; aunque algunos estudiosos creen que este canto hace eco en las palabras finales de Moisés en Deuteronomio 31–32. Prefiero lo anterior. Nótese que el estribillo: «Jehová es mi fortaleza y mi cántico, y ha sido mi salvación» (Éx 15.2) se repite en el Salmo 118.14 y en Isaías 12.2. En cada caso hay liberación para Israel. Los judíos entonaban el cántico de Moisés cuando iban de regreso a su tierra después de la cautividad, porque el Salmo 118 quizás se escribió después del regreso de Babilonia. Isaías 12 se proyecta al tiempo en que Israel se recogería de todas partes del mundo y se reubicaría en su tierra; de modo que en cada caso el cántico celebra la liberación de Israel del enemigo. En Éxodo 15 el pueblo de Israel estuvo frente a un mar terrenal; pero aquí es un mar celestial. En Éxodo se libraron por la sangre del Cordero pascual; y aquí han vencido a la bestia «por la sangre del Cordero» (12.11). Nótese que no sólo entonan el cántico de Moisés, sino también el del Cordero. «El Cordero» es el título de Cristo que más se repite en Apocalipsis; se usa veintiocho veces. Tenemos aquí una maravillosa unión del AT y del NT, de Moisés y del Cordero. La ley de Dios está siendo vindicada; la gracia de Dios está obrando. El antiguo y nuevo pactos se cumplen a medida que Cristo juzga a las naciones y se prepara para reinar.

Verifique estas referencias en los Salmos y verá el origen que se da del canto en los versículos 3-4; Salmos 90.1,2; 92.5; 145.7; 86.9; 98.2; 111.9. «Rey de los santos» en el versículo 3, debería decir «Rey de las edades» o «Rey de las naciones». Para la Iglesia, Cristo es el esposo, la Cabeza del cuerpo, el Rey Sacerdote según el orden de Melquisedec.

II. Las copas y su significado (15.5-8)

El versículo 1 indica que los ángeles con las siete copas llevan las últimas siete plagas. Usted recordará que en 10.7 Cristo anunció que con el derramamiento de estas copas el «misterio de Dios» se completaría y que no habría más demora. En estos siete juicios finales Dios completará su ira. Satanás, en este tiempo, está derramando terrible ira sobre los creyentes, los judíos en especial (12.12ss); pero Dios tendrá la última palabra.

De nuevo se abre el templo del cielo, véase 11.19. La bestia ha tomado el templo terrenal (13.13sss; 2 Ts 2.3,4), pero ella no puede tocar el templo celestial. Todo lo que puede hacer es blasfemar de él (13.6). La apertura del templo es otro recordatorio de que Dios guardará su pacto con su pueblo, Israel. Muchos de los judíos creyentes han huido a Edom, Moab y Amón, donde Dios los protegerá. Otros morirán por su fe, junto con muchos gentiles.

Siete ángeles salen del templo. Siete es el número que indica plenitud y con siete ángeles que entregan estas copas de ira se completarán los juicios de Dios en la tierra. Los ángeles salen del Lugar Santísimo, donde se guardaban el arca y las tablas de la Ley. El mundo malo ha desafiado y desobedecido la ley de Dios, pero ahora viene el juicio. Los vestidos de estos ángeles significan santidad y realeza. El lino blanco nos recuerda el vestido de los sacerdotes del AT; el cinto dorado habla del rey. Este es otro recordatorio de que los santos de Dios son «reyes y sacerdotes» (Ap 1.6), real sacerdocio. Su vestido también nos lleva de nuevo a la descripción de Cristo en 1.13, por cuanto Él es el sumo Sacerdote según el orden de Melquisedec.

Uno de los seres vivientes entrega las copas de la ira a los ángeles. Toda la naturaleza (simbolizada por esos cuatro seres vivientes) experimentará la ira de Dios.

El templo celestial ahora está lleno con el humo de la gloria de Dios. Cuando se dedicó el tabernáculo del AT la gloria de Dios lo llenó (Éx 40.34,35), así sucedió también en la dedicación del templo del AT (2 Cr 7.1-4). Durante esos acontecimientos no hubo humo mezclado con la gloria. Aquí, sin embargo, tenemos humo, usualmente un símbolo de juicio (9.2). Cuando el profeta Isaías vio la gloria de Dios, toda la casa se llenó de humo (Is 6.4). Esto ocurrió porque el mensaje de Isaías era tanto de juicio como de misericordia. Juan afirma que a nadie en el cielo se le permitió entrar en el templo hasta que se derramaran las copas de la ira. Ningún santo ni ángel podía entrar en el templo para interceder por las naciones del mundo. Las naciones estaban ya «más allá de toda intercesión»; la paciencia y longanimidad de Dios había llegado a su fin y su juicio estaba a punto de caer.

Los que estudian la profecía no están de acuerdo respecto al arreglo cronológico de los sellos, las trompetas y las copas. Muchos creen que estas tres series de juicios siguen la una tras la otra: el séptimo sello lleva a las trompetas y la séptima trompeta lleva a las copas, como tres partes de un telescopio. Pero si esto es así, entonces las siete trompetas y las siete copas están realmente contenidas en el séptimo sello. Esto pudiera sugerir que en realidad los siete sellos se abren durante los siete años de la tribulación, con las trompetas y copas que vienen en rápida sucesión al final. William R. Newell, en su excelente comentario sobre Apocalipsis, afirma que los primeros seis sellos se abrirán durante los primeros tres años y medio, y que el séptimo sello (que incluye las trompetas y las copas) abarca los últimos tres años y medio.

APOCALIPSIS 16

Repase el bosquejo de Apocalipsis 8 para ver la semejanza entre los juicios de las trompetas y de las copas. En cada caso el juicio afecta las mismas cosas, pero los juicios de las copas son más severos. Parece también que los juicios de las copas ocurren en rápida sucesión, dirigidos especialmente a la bestia y su reino satánico. Estas aflicciones preparan el camino para el Armagedón y el regreso de Cristo a la tierra para reclamar su reino.

I. Úlceras malignas (16.1,2)

Este pasaje nos recuerda la sexta plaga en Egipto (Éx 9.9), cuando aparecieron úlceras en los egipcios. La palabra «maligna» (v. 2) procede de una que significa «problemática, aflictiva». Dios prometió enviar a Israel esta plaga si se rebelaban contra Él (Dt 28.27,35); y sin duda los judíos incrédulos sufrirán junto con los gentiles incrédulos. Nótese que estas llagas afligen todavía al mundo cuando se derrama la quinta copa (v. 11). La aflicción no suavizó los corazones; los hombres todavía blasfemaron contra Dios y rehusaron postrarse ante Él.

II. Agua convertida en sangre (16.3-7)

En estos versículos se derraman dos de las copas. El segundo ángel convierte el mar en sangre y la tercera copa convierte las fuentes y los ríos en sangre. De nuevo recordamos la primera plaga de Egipto (Éx 7.18; Sal 105.29), así como la segunda trompeta (Ap 8.8ss). Sin embargo, durante el juicio de la trompeta sólo una tercera parte del mar se convirtió en sangre; aquí vemos contaminado el sistema entero de agua del mundo. El ángel de las aguas (véanse 7.1,2 y 16.5) alaba a Dios por este juicio y explica que es equitativo. Los pueblos de la tierra han derramado sangre, de modo que deben beber sangre. Vemos esta ley operando en toda la Biblia. Faraón ahogó a los niños hebreos y su ejército se ahogó en el Mar Rojo. En el libro de Ester, Amán construyó una horca para colgar a Mardoqueo y en su lugar lo ahorcaron a él y a sus hijos. Nótese que en el versículo 7 las almas debajo del altar están ahora satisfechas; Dios ha contestado sus oraciones y las ha vindicado (6.9).

III. Quemazón y oscuridad (16.8-11)

Los juicios del cuarto y del quinto ángel involucran a los cielos. El cuarto ángel provoca que el sol queme a los hombres. Eso está en agudo contraste con el juicio de la trompeta en 8.12, donde una parte del sol se oscureció. En este caso Dios le permite al sol que queme a los hombres, para darles, como si así fuera, un bocado de prueba del infierno. Este es el día que Malaquías prometió: «ardiente como un horno» (Mal 4.1,2). ¿Se arrepintieron los pecadores? ¡No! ¡Así es la dureza del corazón humano!

El quinto ángel trae oscuridad. Es posible que esta oscuridad cubriera sólo el reino inmediato de la bestia, donde estaba ubicado su trono. Esta oscuridad es semejante a la novena plaga de Egipto (Éx 10.21-23). Satanás es el príncipe de las tinieblas, de modo que es justo que las tinieblas invadan su reino. Joel 2.1-3 declara que el Día del Señor será de oscuridad. Véase también la profecía de Cristo en Marcos 13.24. Imagínese la agonía de los hombres con llagas que no sanan, teniendo que soportar el dolor en la oscuridad. Este es otro bocado de prueba del infierno. Sin embargo, ni así se arrepienten. Como William Newell dice: «Los hombres que no se ganan por la gracia, no se ganarán de ninguna manera».

IV. Reunión de los ejércitos (16.12-16)

Cuando Dios libró a Israel de Egipto, secó el Mar Rojo para sacar a la nación. Aquí Él seca una parte del Éufrates para permitir que los ejércitos de los reyes del Oriente se enfrenten con los ejércitos de las naciones del mundo en el Armagedón. La palabra «batalla» en el versículo 14 se traduce mejor «campaña». Usted recordará que Rusia y sus aliados invadieron Palestina más o menos a mediados de la tribulación (batalla de Gog y Magog, Ez 38–39) y que el Señor los juzgó. Esto deja a la bestia en completo control del sistema mundial, gobernando desde Jerusalén. Pero Rusia, los reyes del Oriente y Egipto unen sus fuerzas para luchar contra los ejércitos de la bestia en Armagedón. La palabra «Armagedón» significa «la montaña de Meguido». Esta área ha sido reconocida desde hace mucho como uno de los campos de batalla más grandes del mundo; y es aquí donde se librará la batalla entre Cristo y el anticristo.

¿Cómo se reúnen los ejércitos? La trinidad satánica usa demonios para reunirlos (vv. 13-14). Estos no son ranas literales, por supuesto; las ranas son símbolos de los medios demoníacos que Satanás usa para reunir el ejército más numeroso en la historia del mundo para luchar contra el Señor. (Véanse 1 Ti 4.1; Éx 8.5-7; 1 R 22.20-38.) Los ejércitos se reunirán para atacar a Jerusalén; pero entonces aparecerá la señal del Hijo del Hombre (Mt 24.29,30) y los ejércitos se unirán para luchar contra Cristo. El resultado se revela en Apocalipsis 19.11-21. Léanse también Joel 3.9-14; Sofonías 3.8; Zacarías 12 e Isaías 24.1-8.

El versículo 15 es una promesa a los santos de la tierra en ese tiempo. Primera de Tesalonicenses 5.2 deja en claro que la Iglesia no será sorprendida «en oscuridad». Lea Apocalipsis 18.4 y verá que en esta advertencia Cristo le pide a su pueblo que se guarden del mundo y de la contaminación del sistema satánico. Guarden sus vestidos limpios (2 Co 7.1). Esta es una buena advertencia para los santos de hoy.

V. El misterio de Dios terminado (16.17-21)

En 10.6,7 Dios prometió que «el misterio de Dios» finalizaría cuando el séptimo ángel vaciara su copa; ahora lo vemos cumplido. Los hechos descritos en esta sección miran hacia adelante, a la caída de Babilonia y a la venida de Cristo para reinar. Lo que ocurre en los siguientes capítulos (caps. 17–19) está incluido en esta séptima copa.

¿Por qué vierte este ángel su copa en el aire? Porque este es el campo asignado a Satanás, «el príncipe de la potestad del aire» (Ef 2.2). Los juicios hasta aquí han tocado la naturaleza y la humanidad, pero no la «mente maestra» detrás de todo: Satanás. Sin embargo, a partir de este punto Cristo se enfrentará al sistema religioso de Satanás (cap. 17), su sistema político (cap. 18), sus ejércitos (cap. 19) y la misma antigua serpiente (20.1-3). Cuando se vacía la séptima copa el trono y el templo del cielo se unen para decir: «¡Hecho está!» El misterio de Dios ha concluido. Las almas debajo del altar ya no deben preguntar más: «¿Hasta cuándo?» Este anuncio nos recuerda las palabras de Cristo en la cruz: «Consumado es». Cuando comiencen los nuevos cielos y la nueva tierra, Dios dirá de nuevo: «¡Hecho está!» (Ap 21.6).

Los terremotos dividen a Jerusalén (véase 11.8) en tres partes; véase Zacarías 14.4. Pero esta no es la única ciudad juzgada; otras grandes ciudades de la tierra caerán y la gran Babilonia viene a juicio. Babilonia, en Apocalipsis 17, es la iglesia apóstata de los últimos días; la Babilonia de Apocalipsis 18 es el sistema político económico de la bestia.

El granizo (v. 16) nos recuerda la séptima plaga (Éx 9.22-26). Imagínese el granizo con granos de 125 libras, que era lo que pesaba un talento de plata en los días de Juan. Levítico 24.6 afirma que al blasfemo debía apedrearse hasta la muerte, de modo que los hombres de la tierra que siguieron blasfemando contra Dios reciben lo que se merecen (vv. 9,11,21).

APOCALIPSIS 17

Los capítulos 17 y 18 nos presentan a Babilonia, que tipifica el último gran sistema mundial antes de la venida de Cristo. El énfasis del cap. 17 es en el aspecto religioso del sistema, mientras que en el cap. 18 se recalca el aspecto comercial. La bestia derrocará a Babilonia (17.16-18), mientras que Dios destruirá a la Babilonia comercial.

I. La invitación (17.1-2)

Puesto que las siete copas (cap. 16) trajeron el clímax de la ira de Dios al mundo, incluyendo la caída de Babilonia (16.17-21), uno de aquellos ángeles invita a Juan a irse al desierto para ver a «la gran ramera», el sistema apóstata mundial. Se ha recalcado que hay cuatro mujeres en Apocalipsis: (1) Jezabel, que simboliza la apostasía introduciéndose en la Iglesia, 2.20; (2) Israel, 12.1; (3) la ramera, el sistema mundial apóstata final, cap. 17; y (4) la Esposa, la Iglesia, 19.7.

II. La explicación (17.3-18)

Hay varios símbolos que se incluyen en esta descripción, pero el ángel nos los explica. Si aceptamos la interpretación de la Palabra de Dios tendremos muy poco problema para comprender lo que enseña este capítulo.

A. *La mujer.*

El versículo 18 deja en claro que se trata de una ciudad, y en los días de Juan, reinaba sobre los reyes de la tierra. Las siete cabezas del versículo 3, se identifican como montañas en el versículo 9. Casi no hay dudas de que la ciudad es Roma. Está situada sobre siete colinas; cuando se escribía Apocalipsis, Roma reinaba sobre los reyes de la tierra.

B. *La bestia.*

Esta es la misma bestia que vimos en el cap. 13, el anticristo. El versículo 8 indica que este gobernante mundial saldrá del abismo, dando a entender que se levantará de entre los muertos. «Perdición» lo asocia con Judas (Jn 17.12; 2 Ts 2.3); y por eso algunos estudiosos creen que el anticristo será Judas resucitado de entre los muertos. La bestia es color escarlata, relacionándola con el dragón, Satanás (12.3). El hecho de que la bestia tenga siete cabezas y diez cuernos también la identifica con Satanás (véanse 12.3 y 13.1). El versículo 10 nos dice que las siete cabezas son siete reyes (así como siete montañas); y el versículo 12 explica que los diez cuernos son otros diez reyes. Por eso, la bestia se asemeja al reino del anticristo así como a su persona. Los «siete reyes» del versículo 10 podría también traducirse como «siete reinos». En otras palabras, el reino de la bestia será el séptimo reino mundial, aquel que «aún no ha venido».

C. Las siete cabezas.

Ya hemos visto que estas cabezas representan siete montañas (v. 9) y siete reyes o reinos (v. 10). Los cinco reinos que han caído eran Egipto, Asiria, Babilonia, Persia y Grecia. El reino «que es» sería Roma en días de Juan; el que aún no ha venido, el séptimo, sería el reino de la bestia. Si comparamos las siete cabezas a reyes específicos, los cinco que han caído (gobernantes romanos) serían Julio César, Tiberio, Calígula, Claudio y Nerón. El «que es» sería Domiciano; y el que aún no ha venido sería la bestia, el rey del Imperio Romano que ha resurgido.

D. Los diez cuernos.

El versículo 12 explica que estos son diez reyes más. El resurgimiento del Imperio Romano es una analogía de los diez dedos en los pies de la imagen de Daniel 2.36-45. En los días de Juan estos reyes todavía no habían recibido su poder; está reservado para los últimos días, cuando la federación europea, encabezada por la bestia, llegue al poder. Nótese que estos diez reyes voluntariamente respaldan a la bestia en su batalla contra Cristo y los santos; y que, con la ayuda de la bestia, destruirán a la gran ramera.

E. Las aguas.

Las aguas sobre la cual se sienta la ramera son las naciones del mundo (v. 15). Ella tendrá influencia sobre todo el mundo, política, económica y, sobre todo, religiosamente.

III. La aplicación

La ramera representa la iglesia mundial apóstata de los últimos días, centrada en Roma. El nombre «Babilonia» nos lleva de nuevo a Génesis 10.1-11 y 11.1-9, donde ocurrió la primera rebelión organizada contra Dios. El nombre «Babel» significa «confusión» y representa a la religión apóstata. El sistema babilónico ha sido culpable de perseguir a los verdaderos creyentes desde que Caín mató a Abel. Todas las sectas anticristianas (incluso las que se dicen «cristianas») que han matado a los siervos de Dios son parte de este sistema abominable.

En los últimos días se formará una iglesia mundial. Esta iglesia mundial (la ramera) se involucrará en los asuntos políticos y económicos del mundo y, con la ayuda de la bestia, se convertirá en un gran poder. La iglesia mundial «cabalgará al poder» en el lomo de la bestia, o sea, con la ayuda de Satanás y los Estados Unidos de Europa.

La bestia tendrá gran respaldo de los diez reyes al cabalgar en victoria (Ap 6.1,2). Existirá una unión entre las naciones de Europa, la bestia y la iglesia mundial. La escena en el capítulo 17 tiene lugar durante la primera mitad de la tribulación. Nótese que la bestia todavía no se ha revelado con su verdadero carácter satánico.

Durante la mitad de la tribulación la bestia querrá tener todo el poder y adoración para sí misma (cap. 13). Esto significa que debe deshacerse de la ramera, por cuanto representa la adoración a Dios, aunque sea de manera apóstata. El versículo 16 indica que las naciones federadas de Europa se volverán en contra de la iglesia mundial y la destruirán, cumpliendo la profecía de Apocalipsis 2.20-23. Una vez que se ha eliminado a la ramera, la bestia se declarará dios y exigirá la adoración de las naciones.

A la iglesia apóstata se la llama «ramera», en tanto que a la Iglesia verdadera se la describe como una novia pura. La ramera está en el desierto; la novia está en el cielo. La ramera la adorna Satanás (17.4), mientras que Cristo adorna a la novia (19.8). La ramera es juzgada para siempre; la novia reina para siempre. La ramera está manchada con la sangre de los mártires; la novia es redimida por la sangre del Cordero.

Toca a los cristianos consagrados separarse de la iglesia falsa de Satanás e identificarse con los que son fieles a Cristo y a la Palabra de Dios. La iglesia falsa puede parecer tener éxito por una temporada, pero su caída es cierta.

APOCALIPSIS 18

Aquí leemos de la Babilonia comercial que representa un gran sistema global de los últimos días. Por supuesto, la Babilonia religiosa (la iglesia apóstata) jugará un gran papel en la economía de las naciones. Cuando este sistema religioso se derrumbe, será el principio del fin del imperio total de la bestia, aunque tendrá todavía tres años y medio para reinar. Nos consuela leer 17.17 y darnos cuenta de que todas estas cosas dan cumplimiento a la Palabra de Dios. Nótese en este capítulo cuatro voces diferentes:

I. La voz del juicio (18.1-3)

Este ángel anuncia la caída de Babilonia, un acontecimiento que ya ha sido anunciado (14.8; 16.19). La repetición de «ha caído, ha caído» sugiere el juicio doble de los dos capítulos (sobre la Babilonia religiosa y comercial), así como la declaración en el versículo 6 de que recibirá el doble por sus pecados. La «gran ciudad» (v. 10), el centro del sistema económico mundial, recibe finalmente lo que se merece de la mano de Dios. Ha llegado a ser la habitación de demonios (véase Ef 2.22, donde la Iglesia es una morada del Espíritu) y albergue para los espíritus malos (véase 16.13-14). A Satanás a menudo se le describe como un ave (Mt 13.4,19,31,32). El versículo 3 indica que Babilonia influyó en la naciones de la tierra de la manera en que el vino lo hace en los ebrios. Pero esta ciudad los enriqueció, que era todo lo que les importaba.

II. La voz de separación (18.4-8)

En esta ciudad se encuentran algunos del pueblo de Dios y Él quiere que salgan por dos razones: (1) la ciudad será destruida y Él quiere salvarlos; (2) la ciudad es satánica y Él no quiere que se contaminen. «¡Salgan!» ha sido siempre el llamado de Dios a su pueblo, porque salvación quiere decir separación del mundo y para Dios (2 Co 6.14ss). El mundo se glorifica a sí mismo (v. 7); el cristiano procura glorificar a Dios. El mundo vive para los «deliciosos placeres del pecado», mientras que el cristiano vive para los placeres de Cristo. Mire en el versículo 7 el orgullo de Babilonia: «Yo estoy sentada como reina[...] y no veré llanto». Pero el versículo 8 indica que un día cambiará sus gozos por lamentos, sus riquezas por hambre. Hay una lección aquí para el pueblo de Dios hoy: «No participe en los pecados de otras personas» (véase 1 Ti 5.22; también Jer 51.9).

III. La voz de lamento (18.9-19)

Vemos a dos grupos que lamentan la caída de Babilonia: los reyes de la tierra (vv. 9-10) y los mercaderes de la tierra (vv. 11-19). Han «cometido fornicación» con Babilonia al rechazar al verdadero Dios e irse tras los ídolos, el dinero en particular. Han vendido sus almas por riquezas. Ahora finaliza su vida lujosa. Nótese la repetición del «¡ay, ay!» en los versículos 10, 16 y 19. Babilonia es juzgada en un día (v. 8) y una hora (vv. 10,19).

¿Por qué se lamentan los comerciantes y los reyes? Porque su mercadería se ha agotado. Los versículos 12-13 indican la vasta riqueza del sistema mercantil, incluyendo «esclavos, almas de hombres».

La esclavitud aumentará en los últimos días, porque Satanás siempre ha querido esclavizar las almas y los cuerpos de los seres humanos. El rico se enriquecerá más y el pobre empobrecerá más. Tanto lujos como necesidades serán destruidos cuando Dios juzgue a Babilonia. La flota marina será destruida y la industria naviera arruinada. Las naciones del mundo dependen de este sistema económico para que los cuide, los proteja y los satisfaga; pero al final este les fallará.

IV. La voz de regocijo (18.20-24)

Los hombres de la tierra nunca tienen el mismo punto de vista del pueblo de Dios. Cuando arrojaron del cielo a Satanás, los cielos se regocijaron, pero la tierra se lamentó (12.10-12). Ahora que Babilonia está destruida los cielos se regocijan, pero la tierra se lamenta.

La principal razón para el regocijo de los cielos es que Dios ha vengado la sangre de los mártires. El sistema babilónico es satánico y desde el mismo principio (Gn 4) ha sido el responsable del martirio de los fieles de Dios. Las almas debajo del altar en Apocalipsis 6.9-11 habían preguntado: «¿Hasta cuándo, Señor?» Ahora su oración es contestada: Dios ha vengado su sangre. Véase Romanos 12.19.

La piedra de molino arrojada indica lo súbito del juicio de Dios sobre el imperio de la bestia. Algunos estudiosos ven en esta piedra de molino el regreso de Cristo, la Piedra que hirió, según se menciona en Daniel 2.34-35,44-45. Cuando el mundo piensa que anda de maravillas, Cristo volverá para destruir sus obras.

Nótese en este capítulo la repetición de la declaración «nunca más» y léase Jeremías 25.9-11. Cuando Dios dice: «Nunca más», no hay nada que el hombre pueda realizar para hacerlo desistir. Lea también Jeremías 51.

Hemos visto, entonces, la destrucción del imperio económico y religioso de la bestia. Todo lo que queda es que Cristo destruya sus ejércitos y esto lo veremos en el cap. 19.

APOCALIPSIS 19

Estos versículos representan el clímax de la ira de Dios, cuando Jesucristo viene para destruir los ejércitos de las naciones del mundo.

I. Los himnos de gozo en el cielo (19.1-10)

Aquí, una gran multitud celestial proclama cuatro veces «Aleluya», como preludio de la venida de Cristo a la tierra. La palabra «aleluya» significa «alabanza a Jehová» y es una palabra muy usual en el AT. ¿Por qué se regocijan los cielos?

A. Porque el pecado ha sido juzgado (vv. 1-4).

En el capítulo 18 los mercaderes y reyes de la tierra se lamentaron por la caída de Babilonia; pero aquí los cielos se regocijan. Babilonia era la fuente de todo engaño y confusión religiosa; había causado la muerte de multitudes de los santos de Dios; y ahora ha sido destruida. A decir verdad, ¡la caída de Babilonia amerita tres «aleluyas» desde el cielo!

B. Porque Dios reina (vv. 5-6).

Parece que todas las voces de los cielos se unen para alabar a Dios porque Él es Dios y porque está en el trono. «Omnipotente» quiere decir «todopoderoso». Este es el tema que usa Handel en su magnífico coro «Aleluya». ¡Debemos alabar a Dios porque Él está en el trono!

C. Porque han llegado las bodas del Cordero (vv. 7-10).

Las palabras «han llegado» (v. 7) pudieran traducirse «se han completado». La novia es ahora la Esposa (v. 7) y la cena nupcial está servida. Es interesante que esta es la cena nupcial del Cordero y no del «Rey» ni del «Señor». El título que Cristo quiere enfatizar por toda la eternidad es «el Cordero», porque habla de su amor por la Iglesia y del precio que pagó para adquirirla. La Iglesia, por supuesto, tiene que «prepararse» para esta cena. Este lavamiento se hizo en el tribunal de Cristo, cuando se le quitó toda «mancha y arruga» (Ef 5.25-27). La Esposa va al cielo por la gracia de Dios y no por buenas obras. Pero una vez en el cielo, los creyentes serán juzgados en el tribunal de Cristo por su fidelidad en la vida y en el servicio. El versículo 8 indica que la Esposa se vestirá de la justicia de los santos, es decir, «las acciones justas de los santos». Cristo nos recompensará de acuerdo a nuestra fidelidad y las recompensas que recibiremos serán el «vestido de bodas». El Dr. Lehman Strass escribe: «¿Se le ha ocurrido alguna vez[...] que en las bodas de la Esposa del Cordero cada uno estaremos vistiendo el vestido de bodas que nosotros mismos hayamos hecho?» ¡Qué pensamiento más solemne!

II. Los ejércitos de Jesucristo desde el cielo (19.11-16)

En 4.1 el cielo se abre para dejar entrar a la Iglesia; pero aquí los cielos se abren para que Cristo y sus ejércitos salgan en victoria. En su juicio, Cristo dijo que el Padre podía enviar legiones de ángeles para librarle; y aquí el Señor cabalga con los ejércitos de gloria: los santos del AT, la Iglesia y los ángeles (Mt 25.31; 1 Ts 3.13). En 6.1 el anticristo ha montado un caballo blanco, imitando a Cristo, pero aquí el «Fiel y Verdadero» (v. 11) cabalga para juzgar y hacer la guerra (Sal 45).

¡Esta descripción de Cristo es emocionante! Ya no monta un humilde asno, sino un feroz caballo de ataque. Sus ojos no están llenos de lágrimas como cuando contempló a Jerusalén; tampoco lleva la corona de espinas de mofa. En lugar de los azotes de sus enemigos, lleva un vestido teñido en sangre que significa el juicio y la victoria. Mientras estaba en la tierra, sus seguidores le abandonaron; pero aquí los ejércitos del cielo le siguen en su conquista. Su boca no habla «palabras de gracia» (Lc 4.22), sino la Palabra de victoria y de justicia. Véase Isaías 11.4. Aquí viene a reinar con vara de hierro (Sal 2). No viene a llevar la ira de Dios en la cruz, sino a pisar el lagar de la ira de Dios en la batalla del Armagedón. ¡Él es el Rey de reyes y Señor de señores!

Tenga presente que los ejércitos del Oriente se han reunido en Palestina para oponerse a la bestia y a sus ejércitos. Pero verán la señal del Hijo del Hombre en los cielos y se unirán para oponerse a Cristo. Lea de nuevo Apocalipsis 16.12-16 y 14.14-20.

III. El anuncio del juicio sobre la tierra (19.17-21)

En este capítulo se ven dos cenas: la de las bodas del Cordero (v. 9) y la del gran Dios, Armagedón. La primera es tiempo de bendición y gozo; la segunda es tiempo de juicio y lamento. Toda la historia humana se mueve rápidamente hacia el Armagedón.

El ángel anuncia que los ejércitos de la tierra perderán la batalla. Es más, no habrá mucha batalla, porque Cristo destruirá a sus enemigos al instante (2 Ts 1). Nótese la repetición de la palabra «carne» en esta sección, lo cual significa que el hombre es sólo carne y nunca puede tener éxito en su lucha contra Dios. La «carne» ha sido la fuente de problemas desde la caída de Adán. La carne no cambia; Dios la ha condenado; la carne nunca puede agradar a Dios. ¡Qué necedad que la carne luche contra Cristo! Incluso «reyes», «capitanes» y «fuertes» (v. 18) no son contendientes para el Rey de reyes.

¿Cuáles son los ejércitos reunidos contra Cristo? Son los ejércitos de la federación de diez reinos de Europa, así como las fuerzas de los reyes de Oriente, Egipto y Rusia. Se reúnen en la llanura de Esdraelón en Palestina, el área que Napoleón llamó el campo de batalla más natural del mundo. El nombre «Armagedón» quiere decir «Monte de Meguido».

Cristo destruye a los ejércitos con su Palabra, la espada que sale de su boca (Heb 4.12). Los hombres no querían postrarse ante su Palabra ni recibir el evangelio; ahora deben morir por la misma Palabra. Los seguidores de la bestia son «hombres marcados»; la marca de la bestia en sus cuerpos los sella para el juicio seguro. Cristo no sólo destruye los ejércitos de la bestia, sino que captura también a la bestia y al falso profeta y los arroja vivos al infierno. También prende a Satanás y lo arroja al abismo (20.1-3).

Los profetas del AT escribieron respecto a esta batalla. Véanse Isaías 63, Zacarías 14 y Joel 2–3.

APOCALIPSIS 20

Este es el capítulo de los «mil años» (mencionados seis veces aquí) que describe el Milenio. La palabra «milenio» quiere decir mil años. Algunos estudiosos de la Biblia niegan sinceramente que habrá un reinado literal de mil años de Cristo en la tierra. Prefieren «espiritualizar» las profecías del reino en el AT y aplicarlas a la Iglesia hoy. Pero yo creo que habrá un reinado literal de mil años en la tierra, por varias razones: (1) cumplir las promesas del AT a Israel, Lucas 1.30-33; (2) mostrar públicamente la gloria de Cristo ante las naciones de la tierra; (3) contestar las oraciones de los santos: «Venga tu reino»; (4) cumplir las promesas a la Iglesia de que los santos reinarán con Cristo; (5) traer la completa redención de la naturaleza como se promete en Romanos 8.19-22; (6) dar a la humanidad un juicio final bajo el gobierno soberano de Cristo.

I. Antes del Milenio (20.1-5)

La batalla del Armagedón ya ha terminado y se han arrojado a la bestia y al falso profeta al infierno. Ahora Cristo prende a la antigua serpiente, Satanás, y la arroja al abismo. Algunos de los seguidores de Satanás ya están encadenados (2 P 2.4; Jud 6), pero ahora se prende a la misma «serpiente antigua». La bestia salió del abismo (17.8) y fue arrojada al infierno; pero el juicio final de Satanás todavía no ha llegado.

Después que se arroja a Satanás al abismo hay una resurrección de los santos de la tribulación que dieron sus vidas en servicio fiel a Cristo. Por la descripción de Daniel 12.1-3, tal parece que los santos del AT también resucitan en este momento. Como no son miembros del cuerpo de Cristo, la Iglesia, no necesariamente resucitan con los santos en el Rapto. Para este punto, entonces, todos los salvos han resucitado para reinar con Cristo. Esto se conoce como la primera resurrección. Se extiende desde el Rapto de la Iglesia (1 Ts 4.13ss) hasta la resurrección de los santos descrita en Apocalipsis 20.4. Todos los que resucitan en la primera resurrección son salvos; no experimentarán la segunda muerte. Véase Juan 5.24-29.

Los santos del AT creyeron en la resurrección de los muertos, pero no sabían nada de la «resurrección de entre los muertos» que enseña el NT (véase Mc 9.9-10, donde «resucitar de los muertos» significa literalmente «resucitar de entre los muertos»). La Biblia no menciona una «resurrección general». Los salvados resucitan (en diferentes tiempos) en la primera resurrección; los perdidos en la segunda resurrección. Un período de mil años pasará entre la primera y la segunda resurrección.

Se preparan tronos y la nación de Israel purificada, la Iglesia, y los santos de la tribulación reinarán con Cristo. Mateo 25.31-46 deja en claro que los gentiles vivos serán juzgados antes que empiece el Milenio. Los creyentes gentiles (ovejas) habrán demostrado su fe al amar y al ayudar a los judíos creyentes («mis hermanos»). Los gentiles salvos entrarán en el gozo del reino que Dios ha prometido para su pueblo Israel.

II. Durante el Milenio (20.6)

El reino milenial será el gobierno divino del cielo sobre la tierra. Cristo gobernará con vara de hierro, sin permitir ni injusticia ni pecado. Jerusalén será el centro del reino (Is 2.1-4) y los discípulos reinarán con Cristo (Mt 19.28). Israel estará en su tierra, participando de la gloria de Cristo, su justo Rey. Habrá paz en la tierra entre los hombres y animales (Is 11.7-9; 54.13,14). Cada persona estará en su mejor trabajo y la eficiencia perfecta y el gozo llenará la tierra. Por supuesto, debido a que estas personas en la tierra son todavía humanas (aparte de la Iglesia y los santos resucitados que tienen cuerpos glorificados), habrá niños que nazcan con naturalezas pecaminosas. Al concluir el Milenio, mucha gente todavía sólo obedecerá externamente a Cristo, pero no se le someterán de corazón. Uno de los propósitos principales del Milenio es demostrar de manera concluyente que la humanidad no puede cambiar, incluso bajo un gobierno perfecto en un medio perfecto. Porque, al final de los mil años, Satanás podrá reunir un gigantesco ejército para rebelarse contra Cristo. Si las personas no cambian por la gracia de Dios, nada los cambiará.

Los santos reinarán con Cristo como reyes y sacerdotes, y le servirán con diversas capacidades durante el Milenio. Nuestra fidelidad a Él ahora determinará el alcance de nuestras gloriosas responsabilidades durante la edad del reino (Mt 25.14-30; Lc 19.11-27).

III. Después del Milenio (20.7-15)

A. La batalla final (vv. 7-10).

Al finalizar los mil años Satanás queda libre y reúne un gigantesco ejército para luchar contra Cristo. Esta rebelión demuestra que un gobierno de perfecta ley no puede cambiar el corazón humano; los pecadores prefieren seguir a Satanás. Esta no es la batalla de Gog y Magog, porque ocurre cerca del final de la primera mitad de la tribulación (Ez 38-39) y su resultado es que la bestia derrota a Rusia y a Egipto. Más bien esta batalla involucra a Rusia (Gog y Magog) quizás como la fuerza impulsora, ahora que la bestia y el falso profeta sufren el castigo eterno. Estos ejércitos atacarán a la Jerusalén milenial, pero el fuego del cielo los devorará. Satanás será capturado y confinado eternamente al lago de fuego. ¡Nótese que la bestia y el falso profeta todavía sufren en el infierno mil años después de su captura! No hay salida del infierno una vez que se llega allá. Es un lugar de tormento eterno.

B. El juicio final (vv. 11-15).

Juan ve ahora un trono de juicio. Es grande, porque todos los pecados de la historia estarán ante él. Es blanco, porque representa la santidad inmutable de Dios; Él no hace acepción de personas. El cielo y la tierra huyen; el pecador perdido no tiene donde esconderse. El Juez que está en el trono es Jesucristo (Jn 5.22,23). Hoy Él es el Salvador del mundo; en aquel día será el Juez justo.

Hay una resurrección. La muerta entrega los cuerpos de los pecadores perdidos; el Hades (no «infierno» como en el versículo 13) entrega la almas. Este breve momento en el cual el cuerpo y el alma del pecador perdido se unen ante el trono del juicio de Cristo es el único alivio del castigo que estos pecadores conocerán antes de ser arrojados al infierno. Todos los pecadores perdidos estarán allí: grandes y pequeños, ricos y pobres; no habrá escape (Heb 9.27).

¿Qué libros intervienen en este juicio final? La Biblia estará allí, según Juan 12.48. La misma Palabra que los pecadores oyen y rechazan hoy les juzgará en el día final. Está el libro de la vida, que contiene los nombres de los santos. Si el nombre de una persona no se halla en el libro de la vida, arrojan a esa persona al infierno (v. 15). También está presente el libro que contiene las obras de las personas. Dios es un Juez recto; conserva un registro de las obras y castigará a cada una con justicia. Es cierto que los que conocieron la verdad y deliberadamente la desobedecieron serán castigados con mayor severidad que los que no conocieron la verdad. El infierno tiene grados de castigo, de la misma manera que el cielo los tiene de recompensas (Mt 11.20-24). Las buenas obras no salvan a los pecadores, pero Dios juzgará sus obras y los castigará justamente en el infierno.

No habrá oportunidad para que los pecadores discutan su caso. Cuando los libros se abran y se revelen los hechos, quedarán sin habla ante Cristo (Ro 3.19). Dios no pesará al bueno contra el malo; sentenciará a condenación a todo pecador perdido. Los que participaron de la segunda resurrección deberán enfrentar la segunda muerte: el infierno eterno.

Se han juzgado a Satanás y al pecado; se ha sofocado la rebelión humana; ahora Dios puede traer los nuevos cielos y la nueva tierra: eterna bendición para el pueblo de Dios.

APOCALIPSIS 21-22

El tema de estos dos capítulos queda indicado en 21.5: «He aquí, yo hago nuevas todas las cosas». Aunque sería interesante y edificante entrar en muchos detalles en estos capítulos, nos limitaremos a las lecciones principales. Nótese las «nuevas cosas» que serán parte del hogar eterno del creyente.

I. El cielo nuevo y la tierra nueva (21.1,2)

La palabra griega para «nuevo» significa «nuevo en carácter» antes que «nuevo en tiempo», y esto sugiere que Dios renovará el viejo cielo y la vieja tierra y quitará todo lo que es pecaminoso y destructivo. Nótese 2 Pedro 3.7-10, donde se nos dice que un juicio de fuego producirá esta renovación de la vieja creación. «Pasaron» no significa «destruidos». El hecho de que «el mar ya no existía más» es significativo, puesto que Juan estaba exiliado en una isla y separado de sus seres queridos. Actualmente, dos tercios del globo son agua; de modo que en la nueva creación Dios ideará un nuevo sistema para regar la tierra.

II. El nuevo pueblo de Dios (21.3-8)

¡Qué maravillosos cambios habrá cuando entremos en la eternidad! Dios morará personalmente con su pueblo de una manera gloriosa e íntima. No habrá más llanto, ni muerte ni dolor. Todo esto vino al mundo a través del pecado (Gn 3), pero ahora la maldición es quitada (22.3). La frase de Dios «Hecho está» es análoga al «Consumado es» de Cristo (Jn 19.30). El mismo Señor que empezó la creación también la acabará; Él es el Alfa y la Omega (la primera y la última letras del alfabeto griego). Pero el versículo 8 solemnemente declara que algunas personas no entrarán en esta nueva creación. Serán los temerosos y los cobardes que no confiesan a Cristo; los que no quisieron creer en Cristo; los que «siguieron la corriente» y practicaron el pecado. Nótese que Dios pone a los «cobardes» a la cabeza de la lista. Cuando la gente teme creer en Cristo, es capaz de cometer cualquier pecado como resultado.

III. La nueva Jerusalén (21.9-27)

El versículo 2 sugiere que esta ciudad celestial estará en el aire sobre la tierra durante el Milenio y descenderá cuando llegue la nueva creación. La ciudad se identifica con el pueblo de Dios; se mira como una novia. Usted recordará que el sistema babilónico del capítulo 17 se muestra como una ramera. Después de todo, una ciudad no es sus edificios; es la gente que vive en ella. En Génesis 4.17 el rebelde Caín salió de la presencia de Dios y edificó una ciudad; pero el creyente Abraham «esperaba la ciudad[...] cuyo arquitecto y constructor es Dios» (Heb 11.10). La nueva Jerusalén es dicha ciudad. Nótese que la ciudad une al pueblo de Dios del AT y del NT, Israel y la Iglesia. Las tribus de Israel se nombran en las puertas y los doce apóstoles en los cimientos. (Respecto a los apóstoles, véanse Ef 2.20 y Mt 19.28.) Las dimensiones y descripciones de la ciudad sobrepasan nuestra imaginación. «En cuadro» significa «igual en todos los lados»; lo que significa que la ciudad es un cubo perfecto, un «lugar santísimo» resplandeciente con la presencia de Dios. O, podría ser una pirámide. En cualquier caso, la ciudad mide alrededor de 2.200 km por cada lado, o sea, ¡dos tercios del tamaño de los Estados Unidos! Los hermosos colores de las gemas (vv. 18-20) sugiere la «multiforme [de muchos colores] gracia de Dios» en 1 Pedro 4.10. Consulte su diccionario bíblico respecto a los colores de estas piedras preciosas.

Varias cosas faltan en la ciudad: un templo, luz natural y noche. Puesto que Dios mora personalmente con su pueblo, no se necesita el templo. Su gloria reemplaza la del sol, la luna y las estrellas. La noche en la Biblia simboliza muerte, pecado, tristeza; estas cosas se han desterrado para siempre de la ciudad. Las puertas nunca se cerrarán, de modo que el pueblo de Dios tendrá acceso a la ciudad desde todas partes de su universo renovado. Esta nueva tierra tendrá naciones (v. 24, véase también 22.2). Toda la gloria de estas naciones se traerá a Dios, a quien pertenece.

IV. El nuevo paraíso (22.1-5)

En esta nueva creación Dios cambia todas las tragedias que el pecado trajo a la creación original. La tierra y el cielo antiguos fueron sumergidos en juicio; este nuevo cielo y nueva tierra brillan con perfección. El Edén tenía un río terrenal (Gn 2.10-14); pero aquí tenemos un maravilloso río celestial. Desde que el hombre pecó, se guardó el árbol de la vida en Edén (Gn 3.24); pero aquí el árbol de la vida está a la disposición de todo el pueblo de Dios. En Génesis 3.14-17 se pronunció la maldición; pero aquí ya no hay más maldición. Adán y Eva se vieron obligados a salir del paraíso original y a trabajar para ganar el sustento diario; pero aquí el hombre sirve a Dios y ve su rostro en perfecta comunión. Cuando el primer hombre y la primera mujer pecaron se convirtieron en esclavos y perdieron su reino; pero el versículo 5 indica que este reinado se recuperará y reinaremos con Cristo para siempre.

La presente creación no es el producto final de Dios. Sufre y gime bajo la esclavitud del pecado (Ro 8.18-23). Pero un día Dios traerá su nueva creación y nosotros disfrutaremos perfecta libertad y plenitud de vida para siempre.

V. El mensaje final (22.6-21)

Al concluir el libro, Cristo dice tres veces: «¡He aquí, vengo pronto!» (vv. 7,12,20). La palabra «pronto» sugiere «repentinamente». Significa que cuando estos grandes sucesos empiecen a ocurrir, no habrá dilación. No sabemos cuándo aparecerá Cristo y nos conviene estar listos.

En Daniel 12.4 al profeta se le dijo que sellara el libro; a Juan, por el contrario, se le ordena que no selle el libro, porque «el tiempo está cerca» (v. 10). El cumplimiento de las palabras de Daniel era lejano; la profecía de Juan se cumpliría en corto tiempo. El versículo 11 no es una incitación a que los pecadores sigan sin cambiar; de otra manera el llamado del versículo 17 sería una burla. En lugar de eso, el versículo 11 nos advierte que continuar en el pecado define el carácter y determina el destino. «Los impíos procederán impíamente», dice Daniel 12.10. Cuando Cristo venga, nuestro carácter se revelará. Otra lección de este versículo es que las personas toman sus propias decisiones; Dios no los fuerza a que sean impíos o justos. Compárese 22.15 con 21.8.

Los versículos finales de este libro presentan una súplica, una oración y una promesa. En los versículos 7 y 12 el Señor ha dicho: «¡Vengo pronto!» En el versículo 17 el Espíritu y la Esposa le dicen al Señor Jesús: «¡Ven!» El Espíritu ora por el regreso del Salvador a través de la Iglesia. Al alma perdida se le invita: «¡Venga, tome del agua de la vida!» La última oración en la Biblia es la que hace el Espíritu Santo mediante Juan, diciendo: «Amén; sí, ven, Señor Jesús». Esta debe ser nuestra oración diaria también.

Los versículos 18-19 son una advertencia en contra de alterar la Palabra de Dios. A Satanás le encanta que los hombres le añadan o le quiten a la Palabra de Dios, pero hacerlo así es invitar el juicio. Nótese Deuteronomio 4.2 y Proverbios 30.5-6. En la época de Juan los libros se copiaban a mano y el copista podía sentirse tentado a editar o a enmendar el material. Incluso hoy la gente añade sus teorías y tradiciones a la Palabra de Dios, o le quita lo que no encaja en sus esquemas de teología. La advertencia de Juan se aplica específicamente al libro de Apocalipsis, pero sin duda incluye toda la Palabra de Dios.

Así termina el último libro de la Biblia, el libro de las últimas cosas. La mejor forma de finalizar estas notas de estudio es haciéndonos eco de la oración del Espíritu: «Amén; sí, ven, Señor Jesús».